朱伯玉 管洪彦 / 著

债与合同法总则

研究

人民出版社

目　　录

第 一 章

债与债法概述

债是现代社会中最为重要的法律关系之一，基于债功能的重要性，债法在现代社会中处于绝对的优越地位。现代民法中，债法理论体系与构造愈发复杂、发达，且其价值取向呈现出社会化发展趋势，债法的立法体例也呈现出不断的发展变化。

一、债的概念和特征

（一）债的概念

在现实生活中，债的含义多种多样，一般认为债有三个方面的含义：其一，债是法律、宗教或道德所强加的"责任"；其二，债是"感激之情"或"道德义务"；其三，债是一种法律关系。[①] 只有第三种含义才是债法所讨论的债。在大陆法系中，债是一个非常严格的法律概念，它不同于人们常说的生活概念"人情债"、"孽债"等。民法中的债也不同于民间所谓的债，民间所谓的债专指债务，且多指金钱债务，如借债、欠债、还债等。在我国的古代法中，债的含义也很狭窄，仅指借贷，并且自汉律以来债的概念一直未见扩大，直至清末《大清民律草案》，西方民法中债的概念才首次被引入

---

① 张民安：《法国民法》，清华大学出版社 2015 年版，第 263 页。

我国。①

现代民法中的债来源于罗马法。在罗马法上，债既指债权、债务，也指债权、债务关系，有时并称为法锁。在《法学阶梯》中债的定义是，"债是一种迫使我们必须根据我们城邦的法律制度履行某种给付义务的法律约束。"② 现代民法中的债是指一种法律关系。一般认为，债是指特定当事人之间得请求为特定行为的法律关系。《德国民法典》第二编的标题称为"债务关系法"，债务关系所涉及的权利和义务仅存在于当事人之间，因此它是一种法律上的特殊联系。③

我国《民法通则》第84条第1款规定："债是按照合同的约定或者依照法律的规定，在当事人之间产生的特定的权利和义务关系。享有权利的人是债权人，负有义务的人是债务人。"

1. 债是特定当事人之间的民事法律关系。民事法律关系根据主体是否特定，可以分为绝对法律关系和相对法律关系。绝对法律关系如物权法律关系、人身权法律关系等，它们的权利主体一般是特定的，但义务主体是不特定的。债属于相对法律关系，即权利主体和义务主体都是特定的，这是债的相对性的重要体现。债的主体的相对性是和债权的请求权性质紧密相关的，主体的相对性为债权人行使权利提供了方便。债是一种民事法律关系，是民法调整社会关系的结果，其具有一般民事法律关系的特点。与债需要加以区别的是发生在纯属社交层面的协议。通过这种协议并不产生债务关系，而仅产生情谊关系。社会交往中的协议（如邀请参加晚餐或者烧烤聚会）以及日常生活中的情谊行为（如在邻居休假期间为其照料花草）并不成立债务关系。如果几个同事为了解决去工作场所的交通问题而建立了一个分担费用的驾驶共同体，就要认定存在债务关系（德国民法典第705条及以下条文规定的民法合伙）。相反，如果一个雇员在工作间歇将其生病的同事送回家，则仅存在情谊行为。情谊行为与债务关系的区分在个案中可能会面临困难，应通过解释来规定当事人行为是否具有受法律约束的意思，如果欠缺受法律约

① 郭明瑞主编：《民法学》，高等教育出版社2007年版，第329页。
② ［意］彼得罗·彭梵得：《罗马法教科书》，黄风译，中国政法大学出版社2005年版，第216页。
③ ［德］迪尔克·罗歇尔德斯：《德国债法总论》，沈小军、张金海译，中国人民大学出版社2014年版，第3页。

束的意思就不存在意思表示，因此也就不存在合同了。①

2. 债是特定当事人之间得请求为特定行为的法律关系。债作为一种特定当事人之间的法律关系，其内容表现为当事人之间得请求为特定行为（即给付）。债的实现通过请求权来实现，即债权人有权请求债务人为一定行为或不为一定行为，例如请求给付金钱、交付财物、移转权利等。债的请求内容一般表现为积极的作为，有时也可能表现为不作为。

3. 债是依照法律行为或法律规定产生的法律关系。债产生的原因是多样的。一方面，债可以依法律行为产生，既可以是双方行为、多方行为（如合同、合伙人协议、发起人协议），也可以是单方行为（如悬赏广告、代理权授予），这种债集中体现了私法自治原则，具有自治性的特点。另一方面，债也可以依照法律规定直接产生，这种债往往体现了法律一定的立法目的，具有强制性的特点。

4. 债体现的是财产法律关系。民事法律关系根据其内容的不同，可以分为财产法律关系和人身法律关系。债本质上体现了一定的权利移转关系，其反映的是财产法律关系的内容。一般情况下，在计算民商事主体的财产时把债权称为积极财产，把债务称为消极财产。

5. 债是当事人之间的一种特别结合的法律关系。债之关系或者是基于彼此间的信赖，或者是立法者对某种社会政策的考虑。② 在债之法律关系中，当事人双方之间的结合密切，任何一方的疏忽或不注意都易于给他方造成损害，因此法律对当事人课以的注意要求较之物权关系、人身权关系等关系中对当事人的要求高些，当事人仅停留于不作为的状态并不足够，只有互负协助、照顾、保护、互通情况等项义务，才算达到要求。

6. 债是一种具有强制执行力的法律关系。依法成立的契约在当事人之间具有法律的效力。债是一种受到国家强制力保护的法律关系，当债务人不履行他们对债权人承担的债务时，基于债权人的请求，国家的司法部门有权代表国家采取强制执行措施，强迫债务人对债权人承担民事责任，这就是所

---

① [德] 迪尔克·罗歇尔德斯：《德国债法总论》，沈小军、张金海译，中国人民大学出版社 2014 年版，第 40 页。

② 张广兴：《债法总论》，法律出版社 1997 年版，第 20 页。

谓的国家制裁性。① 但是自然债务除外。

（二）债的特征

民法上的财产关系有两大支柱，一是物权关系，一是债的关系，前者调整财产的归属和利用关系，后者调整财产的流转关系。二者一静一动共同发挥着民法调整财产关系的作用。但是，这两种财产关系在本质上是不同的。

1. 债的主体是特定的。② 一般情况下，债的关系的一方仅可向特定的另一方请求为给付，而不能向债的关系之外的第三人请求为给付，它是相对法律关系。而物权关系则不同，物权具有排斥权利人以外的任何第三人的效力，是绝对法律关系。

2. 债的内容只能通过请求来实现。债的实现只能通过权利人请求义务人为给付，即需义务人的配合方可实现，因此债反映的是请求权。而物权的实现则不同，权利人完全可以通过自己对物的支配或占有来直接实现，无需义务人的积极配合。

3. 债的关系具有平等性和相容性。债的关系具有平等性，对于同一个客体，如果存在数个债的关系，它们之间是平等的，不存在优先行使的问题。债的关系还具有相容性，即在同一个客体上可以存在数个债，不必受"一物一权"的限制。

4. 债的关系可依合法行为发生，亦可依非法行为发生。引起债的关系发生的原因可以是合法行为，如法律行为（典型的如合同、悬赏广告），也可以是非法行为（典型的如侵权行为）。但是，物权关系仅可基于合法行为产生，非法行为不仅不能产生物权关系，甚至可能引发法律责任。

5. 债的关系的客体是行为（给付）。债的关系的客体是债务人的作为或不作为，而物权的客体一般是有体物。

---

① 张民安：《法国民法》，清华大学出版社 2015 年版，第 263 页。

② 债的主体是特定的，其反映的是债的相对性原理。债的相对性原理具有丰富的内涵，包括债的主体的相对性、内容的相对性和责任的相对性。我国现行《合同法》第 64、65、121 条的规定均反映了债的相对性原理。学者制定的《中国民法典学者建议稿》对该原理也有所体现，具体参考王利明等：《中国民法典学者建议稿及立法理由（债法总则编·合同编）》，法律出版社 2005 年版，第 18—22 页。

二、债的要素

所谓债的要素是指债的构成要件或组成成分。债的关系作为民事法律关系之一种，其要素和民事法律关系的要素一致，即包括主体、客体和内容。

（一）债的主体

债的主体又称为债的当事人，包括债权人和债务人双方。享有权利的一方是债权人，负有义务的一方是债务人。债权人和债务人在债的关系中相互对立、相互依存，不可或缺。债的主体最主要的特点是双方均是特定的。在我国，除法律明确规定者外，一切自然人、法人、合伙组织、个体工商户、农村承包经营户，都可以成为债的主体。国家在特定情况下，也可以成为债的主体。

（二）债的客体

债的客体是指债权人的权利和债务人的义务所共同指向的对象。债的客体和债的标的是否为同一概念，学者间有分歧。我国大陆学者一般认为二者属于同一概念，我国台湾学者史尚宽先生则认为债的客体与债的标的不同。对于债的客体，理论上也存在不同的认识。有人认为，债的客体包括物、行为、智力成果等；有人认为，债的客体是债务人的特定行为，债的标的，"谓构成债的关系之内容之债务人的行为，即债权人所得为请求及债务人所应实行者是也。自债务人方面言之，则为给付"[1]。本书认为，债的客体应为债务人的特定行为。[2] 债的关系的客体是债务人的特定行为，包括交付财物、移转权利、支付金钱、提供劳务或者服务、提交成果、不作为（如不为营业竞争、不泄露商业秘密等）等。"必须坚持债的客体是行为而不是物，才能清楚地认识物和债的基本区别，从而为债的统一性和科学性奠定

---

① 史尚宽：《债法总论》，中国政法大学出版社 2000 年版，第 231 页。
② 王利明主编：《民法》，中国人民大学出版社 2005 年版，第 403 页。

基础。"①

债的标的也称为给付。一般认为，给付应该具备以下要求：①给付应当合法。即给付不得违反法律、行政法规的禁止性规定，并不得违反公共秩序或者善良风俗，否则无效。②给付应当确定。给付可以在债的关系发生时确定，或者在履行时能够确定即可。如果给付不能确定，则债的关系归于无效。③给付是适格的。即依照事物的性质适于作为债的标的，债的标的本质上是一种行为，如与人的意识无关的事物或者与人的行为无关的事物不得作为债的标的。④债的标的需要具有法律意义。没有法律意义的活动不能成为债的标的，如一般的社交行为、男女朋友之间的约会、赴宴等活动不得作为债的标的。

（三）债的内容

债的内容，简言之，就是在债的关系中债权人享有的债权和债务人承担的债务。

1. 债权。债权是指债权人享有的得请求债务人为一定行为或不为一定行为的权利。

（1）债权属于请求权。民事权利根据其内容和效力的不同，可以分为支配权、请求权、抗辩权、形成权等类型。请求权是指请求他人为一定行为或者不为一定行为的权利。"以债权请求权统一债的体系，无论是侵权行为、合同、无因管理、不当得利、缔约过失，其后果都产生损害赔偿请求权，从而其统统都可归属债的体系中。"② 债权是典型的请求权，债权人的权利只能通过请求债务人为给付来实现。但是，债权不等于请求权。一方面，请求权包括债权请求权、物权请求权、人格权法上的请求权、身份权法上的请求权、继承法上的请求权、知识产权请求权等；另一方面，债权的内容除了具有请求权权能的内容外，还具有受领、选择、解除、终止等权能，请求权权能只是债权的一种手段或作用，它是从债权中派生出来的一项权能，不能完全等同于债权。

① 李永军：《论债的科学性与统一性》，《法律科学》2013 年第 1 期，第 132 页。
② 李永军：《论债的科学性与统一性》，《法律科学》2013 年第 1 期，第 133 页。

（2）债权是相对权。民事权利根据其效力范围，可以分为绝对权和相对权。绝对权是指其效力及于权利人之外的一切人的权利，相对权是指效力及于特定人的权利。债权是发生在特定的债权人和债务人之间的权利，它的效力及于特定的义务主体，因此债权属于最典型的相对权。但是，需要指出的是，债权虽然属于相对权，但是并不排除债权有被第三人侵害的可能性。在现代民法上，第三人恶意侵害债权的（如第三人恶意引诱债务人违约），同样构成侵权行为，这就是"第三人侵害债权理论"，它属于债权相对性的例外情形。"债的相对性原则对保护个人自由的作用卓有成效。但随着人类社会化程度提高，相互依赖性增强，限制个人自由滥用的客观要求日益迫切。为顺应上述社会需要，应突破债的相对性原则，建立侵害债权制度。"[1]

（3）债权具有任意性。根据债发生的原因，债可以分为法定之债和意定之债。意定之债是由当事人的意思决定的。意定之债的内容、形式等均由当事人在法律的限度内自由协商，法律非有正当理由不加以干涉。法定之债尽管不是当事人自由协商的结果，但是在法定之债产生后，当事人可以通过协商对债的内容作出约定，法律一般也不加以干涉。

（4）债权具有平等性和相容性。债权的平等性和相容性是指同一标的物上可以成立内容相同的数个债权，且各个债权之间是平等的，在效力上不存在排他性和优先性，这就与物权不同。

（5）债权属于有期限的权利。所有权、人格权属于永久性的权利，只要物在、人生，原则上没有期限。但是，债权之成立最终是为了消灭，只有债的内容得到有效履行，当事人通过债所欲实现的利益方可实现。

（6）债权的移转一般不需要公示。债权属于相对权，一般仅存在于特定的债权人和债务人之间，具有相对的效力，较少涉及交易过程中第三人的利益，故债权的移转不需要特别公示，这和物权的移转是不同的。有学者认为债权通常兼具诉请履行力、强制执行力、私力实现力、处分权能及保持力。[2]

一般认为，债权具有以下三种权能：①给付请求权，又称为债权的请求

---

① 佟强：《侵害债权制度法律性质考察》，《现代法学》2005年第3期，第85页。
② 王泽鉴：《债法原理》，北京大学出版社2009年版，第16页。

力，即债权人享有的请求债务人按照债权的内容为给付的权利。由于债权本质上为请求权，其实现依赖于债务人的给付，故债权人欲实现其权利，必须先向债务人请求为给付。给付请求权是债权的第一权能。②给付受领权，又称为债权的保持力，即债务人为给付时，债权人有权予以接受，并保持因债务人的给付所得的利益，这是债权人所追求的最终结果，也是债权的本旨所在。③保护请求权，又称为债权的强制力，即当债务人到期不履行债务时，债权人享有的请求有关国家机关给予保护，强制债务人履行债务的权利。这是债权人实现其债权的最后途径。

2. 债务。债务是指债务人按照当事人的约定或者法律的规定为或不为一定行为的义务。因此，债务的内容可以表现为积极的作为，也可以表现为消极的不作为。

（1）债务具有不利益性。对于债务人而言，债务本质上代表一定的负担，为了满足债权的要求，债务人就要承担一定的不利益。但是，这种不利益只是短暂的，一般情况下，债务人很快就能使这种不利益状态恢复均衡，这是由民法的公平和等价有偿原则决定的。例如在买卖关系中，买受人可以要求出卖人交付货物，出卖人此时作为债务人因交付货物承担了不利益；出卖人可以要求买受人支付价款，此时买受人作为债务人承担了不利益。买卖双方正是通过这种"不利益"的不断承担而使对方的利益获得满足的。

（2）债务具有特定性。债务的特定性是债的特定性原理的体现，其一方面表现在义务人是特定的，另一方面表现在义务的内容是特定的。例如，在买卖合同中，谁应当承担支付价款的义务、支付多少价款都必须是特定的，否则难以确定债的内容。

（3）债务具有受约束性。债务是为债权的实现服务的，债务人承担债务意味着就应当向债权人为一定行为或者不为一定行为，这对于债务人来说是一种约束。如果债务人违反了这种约束就要承担一定的责任，因此债务的受约束性是通过向债务人施加一定的责任来实现的。

债本质上是指应为一定给付的义务，责任是实现义务的强制手段，可以说责任是债务实现的一般担保。罗马法与日耳曼法时代，债务人以其人身为其债务负责，即债务人不履行债务时，债权人可以对其人身直接采取强制措施。但随着社会的进步，人权保护意识的加强，债务人仅以其全部财产为债务担保，即实现了人身责任到纯粹财产责任的转变。债务和责任在概念上应该有所区别，现实生活中存在无责任的债务如超过诉讼时效的债务，典型的是自然债务。史尚宽认为，"有债务而无责任者，称为自然债务"，并把已罹于消灭时效的债务归于自然债务之列。郑玉波也认为，"自然债务，或称无责任之债务，乃其履行与否，唯债务人意思是视，亦即纯粹听其自然，法律不加干涉者是。"这些观点，均把自然债务视为不具有完全效力的债务。正如梅仲协所言，"自然债务者，债权人不得对债务人提起诉讼及请求强制执行而获取给付的一种不完全债务也。"有学者指出，"自然债务作为一个相对于民事债务的概念，其产生的基础是社会道德义务，而不是法律义务。社会道德义务不属于国家法律调整的范围，这类义务完全由当事人自愿决定是否履行。但当事人自愿履行之后，是否可以反悔并要求返还其所给付的利益，则是法律调整的范围。"①

在法国，根据债的强制执行力的不同或者效力的不同，债分为民事债和自然债。所谓自然债是指不具有强制执行力的债。在法国民事债和自然债的共同点有二：它们在性质上均属于法律债，不属于道德债；它们均对债务人有约束力，债务人均应当履行他们对债权人所承担的债务。差别在于是否具有强制力不同。②

3. 债之关系上的义务群。在现代债法上，债法上的义务来源呈现出多元化态势，当事人所承担的义务不仅限于当事人意思表示合致，而且源于诚实信用原则、法律的强行性规定以及法官解释等。其原因在于现代民法对实质正义的要求，是诚实信用原则的体现。债法的发展过程就是债法上债之义务不断丰富的过程，以至于形成了债之义务群，形态各异的义务满足了债之不同发展阶段中债权人的需要。

（1）主给付义务和从给付义务。债务可以分为给付义务和附随义务，给付义务又可以分为主给付义务和从给付义务。主给付义务是指债的关系所固有的、必备的，也是决定债的类型的基本义务。例如，在买卖合同中，出卖人负有的交付标的物并移转其所有权的义务，买受人承担的支付价款的义

---

① 张雪忠：《自然之债的要义与范围》，《东方法学》2013 年第 6 期，第 62 页。
② 张民安：《法国民法》，清华大学出版社 2015 年版，第 272 页。

务，就是主给付义务。从给付义务是指债务人负担的主给付义务以外的给付义务。从给付义务的发生原因有三：基于法律明文规定；基于当事人的约定；基于诚实信用原则及补充的契约解释。[①] 例如，在买卖名犬的合同中，出卖人提供该犬的血统证书的义务就是从给付义务。从给付义务虽然不决定债的类型，但却是为完全满足债权人的利益所必需的。

（2）附随义务。附随义务是指除给付义务以外的，随债的关系发展依照诚实信用原则而产生的义务。附随义务属于法律规定的义务，一般包括注意义务、告知义务、照顾义务、说明义务、保密义务、忠实义务及不作为义务等。附随义务的功能，可以分为两类：①促进实现主给付义务，使债权人的给付利益获得最大可能的满足（辅助功能）。例如，花瓶的出卖人应妥为包装，使买受人得安全携回；牛肉面店的出租人不得于隔壁再行开店，从事营业竞争等。②维护他方当事人人身或财产上的利益（保护功能）。[②] 我国现行立法对附随义务有较详细的规定。《合同法》第 60 条第 2 款规定："当事人应当遵循诚实信用原则，根据合同的性质、目的和交易习惯履行通知、协助、保密等义务。"这是对为实现债权人给付利益的附随义务的规定。《合同法》第 92 条规定："合同的权利义务终止后，当事人应当遵循诚实信用原则，根据交易习惯履行通知、协助、保密等义务。"这是对后合同义务的规定。另外，《合同法》第 42、43 条规定的缔约过失责任实际上是肯定了先合同义务。

（3）原给付义务和次给付义务。给付义务还可以根据产生原因的不同分为原给付义务和次给付义务。原给付义务，又称为第一次给付义务，是指合同中原定的履行义务，如根据房屋租赁合同交付房屋或支付租金的义务。次给付义务，又称为第二次给付义务，是指在原给付义务履行过程中因特殊事由演变而生的义务，主要有两种情形：其一，因原给付义务给付不能、给付迟延、不完全给付而产生的义务，此种损害赔偿义务替代原给付义务；其二，合同解除之后所产生的恢复原状的义务。

（4）不真正义务。"不真正义务"是我国学者对德国法上"obliegenheiten"

[①] 王泽鉴：《债法原理》，北京大学出版社 2009 年版，第 29 页。

[②] 王泽鉴：《债法原理·基本理论债之发生》（第 1 册），中国政法大学出版社 2001 年版，第 41 页。

一词的翻译。不真正义务实际上指的是债之关系中非违约方的损害减损义务，它的理论基础是诚实信用原则。"不真正义务是指，法律不强制其履行，但行为人出于对自身利益的维护和照顾应当履行；其违反则使行为人遭受权利减损或丧失之不利益的行为要求。"① 不真正义务是一种强度较弱的义务，其主要特征在于相对人通常不得请求履行，而且不履行该义务并不发生损害赔偿责任，仅仅是使承担该义务的一方遭受权利减损或丧失不利益。不真正义务在很多方面与义务具有相同的结构，但重要的区别在于，法律体系让负担不真正义务的人自己决定是否履行不真正义务。因此对方不享有履行不真正义务的请求权。如果不真正义务没有被遵守，则负担不真正义务者虽然必须忍受某些不利益（如请求权的丧失或缩减），但他的行为并不违法，因而不负担损害赔偿义务。不真正义务是强度很低的行为要求，只是在负担不真正义务的人想避免可能的法律上不利益的发生时才遵守它。② 我国现行《合同法》规定了不真正义务，其第 119 条第 1 款规定："当事人一方违约后，对方应当采取适当措施防止损失的扩大；没有采取适当措施致使损失扩大的，不得就扩大的损失要求赔偿。"

三、债的发生原因

（一）债的发生原因概述

债的发生是指债的关系的原始发生，债权让与或债务主体变更则不是债的发生而是债的移转。债的发生原因是指引起债发生的法律事实。债的发生原因既有行为如合同、单方允诺，又有行为外的事实如事件；既有合法行为如合同行为、单方允诺，又有违法行为如侵权行为、缔约过失。

关于债的发生原因，各国的法律规定并不相同。罗马法将债权发生的原因分为四种：契约、准契约（包括不当得利、无因管理）、私犯和准私犯。《法国民法典》沿袭罗马法体例，将债的发生原因分为契约、准契约、侵权

---

① 王冰：《论不真正义务》，硕士学位论文，中国政法大学，2009 年，第 9 页。

② [德] 迪尔克·罗歇尔德斯：《德国债法总论》，沈小军、张金海译，中国人民大学出版社 2014 年版，第 10 页。

行为与准侵权行为四种。《德国民法典》规定债的发生原因有契约、无因管理、不当得利和侵权行为。我国台湾地区的"民法"规定的债的发生原因主要有契约、代理权的授予、无因管理、不当得利和侵权行为。

《民法通则》第 84 条第 1 款规定："债是按照合同的约定或者依照法律的规定，在当事人之间产生的特定的权利和义务关系。享有权利的人是债权人，负有义务的人是债务人。"① 因此，从我国现行的法律规定来看，引起债的发生的原因主要有两大类：①基于当事人的意思表示。基于当事人的意思表示所生之债为意定之债，如因合同、悬赏广告等所发生的债。②基于法律规定。基于法律规定所生之债为法定之债，如基于不当得利、无因管理、侵权行为、缔约过失所发生的债。基于我国有关债的发生原因方面的现行立法之不足的现实，本书以我国现行立法为基础，区分意定之债和法定之债，分别介绍引起债发生的原因。

（二）意定之债

1. 合同。合同是指当事人之间设立、变更、终止民事权利义务关系的协议。《合同法》第 2 条规定："本法所称合同是平等主体的自然人、法人、其他组织之间设立、变更、终止民事权利义务关系的协议。婚姻、收养、监护等有关身份关系的协议，适用其他法律的规定。"依法成立的合同在当事人之间产生债权债务关系，因合同产生的债称为合同之债。合同是债发生的最常见、最重要的原因，它是实现私法自治最重要的法律工具，合同制度也是债法制度中最重要的组成部分。当事人不仅可以通过合同设立债的关系，而且可以通过合同变更或终止债的关系。

合同之债的特点主要有：①合同是双方当事人意思表示一致的结果。合同是双方行为，单方允诺不能产生合同。②合同是当事人在平等、自愿的基础上达成的协议。③合同之债是基于合法行为发生的。合同是合法的民事行

---

① 《民法通则》的这条规定实际上存在着不足之处，主要体现在：一方面，它仅仅指出债因合同的约定或法律的规定而产生，而忽视了除合同以外的法律行为也可以引起债的发生，如悬赏广告等单方行为；另一方面，它没有强调债主体的特定性。学者制定的《中国民法典学者建议稿》已经克服了上述不足，对债的概念作了准确的界定，具体参考王利明等：《中国民法典学者建议稿及立法理由（债法总则编·合同编）》，法律出版社 2005 年版，第 12 页。

为，非法的"合同"行为不能产生合同之债，但可能引发其他之债，如缔约过失之债。

2. 单方允诺。单方允诺又称为单独行为，是指表意人向相对人做出的为自己设定某种义务，而使对方取得某种权利的意思表示。根据私法自治原则，只要不违反法律、行政法规的强制性规定，单方允诺可以引起债的发生。现实生活中，典型的单方允诺有悬赏广告、设立幸运奖等。

（1）悬赏广告。悬赏广告是广告人以广告的形式声明对完成广告中规定行为的任何人，给予广告中约定报酬的意思表示。悬赏广告符合民事行为的特征，完全可以作为引起债发生的原因。只要是合法的悬赏广告，设立悬赏广告之人就应该按照广告的内容履行债务，完成悬赏广告中规定行为的人有权请求广告人给付悬赏金额。值得关注的是，有学者从经济学的角度对悬赏广告展开了研究，认为，悬赏广告实质上是失主向不特定人发出的、由拾得人承诺的、涉及权利交易的契约；在现实生活中，悬赏广告的出现和增多，是适应变化的现实需要而实施的制度创新；这一创新能促进人们之间的合作，产生合作剩余、增加社会福利或减少损失；但是悬赏广告作为一种新的制度或契约，从其产生到被普遍接受是一个长期的变迁过程，为节省交易费用，提高制度运行效率，需要国家从法律上加以确认。[①]

我国现行法律和司法解释已经对悬赏广告作了明确规定。《物权法》第112条第2款规定："权利人悬赏寻找遗失物的，领取遗失物时应当按照承诺履行义务。"《最高人民法院关于适用〈中华人民共和国合同法〉若干问题的解释（二）》（以下简称《合同法解释（二）》第3条规定："悬赏人以公开方式声明对完成一定行为的人支付报酬，完成特定行为的人请求悬赏人支付报酬的，人民法院依法予以支持。但悬赏有《合同法》第52条规定情形的除外。"

作为债的发生原因，悬赏广告须具备以下要件：①广告人依公开的方法对不特定的人为悬赏的意思表示；②广告中有对完成规定行为给付一定报酬的内容；③须有行为人按照广告特定的要求完成指定的行为；④须不违反我国法律、行政法规的强制性规定和公序良俗原则。

关于悬赏广告的法律性质，学术界有两种截然不同的理论：单独行为说

① 黄少安、李振宇：《悬赏广告的法经济学分析》，《经济研究》2002年第5期，第58页。

和契约说。单独行为说认为，悬赏广告系由广告人一方之意思表示，负担债务，以一定行为之完成为其生效要件，换言之，一定行为之完成，并非系对广告而为承诺，而是债务发生之条件。契约说，亦称要约说，该说认为，悬赏广告不是独立之法律行为，而是对不特定人之要约，因此必须与完成指定行为人之承诺相结合，其契约始能成立。我国实务界目前采契约说，理论界多持单独行为说，从保护相对人的利益角度考量，单独行为说更为有利。

（2）设定幸运奖。设定幸运奖也是单方允诺的一种类型。幸运奖是指民事主体出于某种目的设定幸运奖项，向随机选取的人做出给付一定物质利益的允诺。例如，电视台以摇身份证号码的方式选定幸运观众，旅游局设定当年第一百万位外国旅游者为幸运旅客，百货商场以当天第一位顾客为幸运顾客等，给予其某种奖励等都是幸运奖。幸运者被选定之后，即在设奖者与获奖者之间发生以给付奖品或者奖金为内容的债权、债务关系，获奖者取得请求权，有权请求取得设定的奖品或者奖金。①

意定之债发生的原因不限于上述所列，所有基于法律行为产生的债都可以称为意定之债，如我国台湾地区"民法"亦将代理权授予作为引起债发生的法律事实。学者制定的《中国民法典学者建议稿及立法理由（债法总则编·合同编）》第 1153 条第 1 款规定：债可以基于合同和其他法律行为而产生。② 该条规定已经通过突破了《民法通则》的规定，更具科学性。

（三）法定之债

法定之债的产生并非基于当事人的自由选择以及意思表示，而是基于法律的规定，它的产生有其独特法理依据。"总的来说，法定债务关系可以追溯至矫正正义思想。它所涉及的是立法者认为以财产方式进行补偿（的需要）非常迫切的利益冲突，以致平衡的实现不能（仅仅）任由当事人私人自主决定。"③

---

① 杨立新：《债法总则研究》，中国人民大学出版社 2006 年版，第 35 页。
② 王利明等：《中国民法典学者建议稿及立法理由（债法总则编·合同编）》，法律出版社 2005 年版，第 24 页。
③ ［德］迪尔克·罗歇尔德斯：《德国债法总论》，沈小军、张金海译，中国人民大学出版社 2014 年版，第 84 页。

1. 不当得利。不当得利是指没有法律或合同上的根据取得利益而使他人受到损失的事实。在发生不当得利的事实时，当事人之间便发生债之关系，受损失的一方有权请求对方返还所得的利益，不当得利的一方有义务向另一方返还其不当得利。因不当得利所发生的债，称为不当得利之债。

《民法通则》第 92 条规定："没有合法根据，取得不当利益，造成他人损失的，应当将取得的不当利益返还受损失的人。"可见，不当得利由四个要件构成：一方获得利益；他方受有损失；获利与受损之间有因果关系；没有合法根据。确立不当得利制度的目的在于消除受益人无法律上的原因而受有利益的情况，而不在于赔偿受损方的损害，所以不当得利的构成要件并不考虑受益人是否有故意或过失，但是在确定不当得利的返还范围时，需要区别受益人的善意和恶意。依据不当得利的发生原因，不当得利可以分为给付型不当得利和非给付型不当得利。

不当得利具有两项基本功能：①矫正法律关系的财货流转。例如，不知债务未发生或债务已经消灭而为清偿（非债清偿时），得依不当得利请求返还。②保护财货归属。例如，无权占用或出租他人房屋，应返还其所受利益。①

关于不当得利的法律性质，理论上存在争议。有人认为不当得利本质上属于行为，多数人认为不当得利本质上属于事件。

2. 无因管理。无因管理是指没有法定或者约定义务而为他人管理或者服务的行为。对他人事务进行管理或者服务的人称为管理人，受管理人管理事务或服务的人称为本人，因其从管理人的管理或服务中受到利益，故又称受益人。因无因管理发生的债即为无因管理之债。《民法通则》第 93 条规定："没有法定的或者约定的义务，为避免他人利益受损失进行管理或者服务的，有权要求受益人偿付由此而支付的必要费用。"可见，无因管理由以下三个要件构成：须有管理他人事务的行为；管理人须有管理的意思；管理人无法律上的或者约定的义务。一般认为，无因管理是一种法律事实，而不是民事法律行为，它不以意思表示为要素，不以发生一定民事法律后果为目的。无因管理的管理人虽需有为他人利益管理的意思，但不需有与受益人发生民事

---

① 王泽鉴：《民法概要》，中国政法大学出版社 2003 年版，第 192 页。

法律后果的目的，也无需将管理他人事务的意思表示出来。

3. 侵权行为。侵权行为是指由于过错侵害他人的人身和财产而依法应承担民事责任的行为，以及以法律的特别规定应当承担民事责任的其他损害行为。① 因侵权行为而在侵权人和受害人之间产生的权利义务关系即侵权行为之债。侵权行为分为一般侵权行为和特殊侵权行为，二者在归责原则、构成要件、举证责任等方面存在诸多不同。因侵权行为引起的债具有以下特点：它是一种法定之债；侵权行为本质上属于违法行为；侵权行为之债的主要内容是损害赔偿。我国《民法通则》没有把侵权行为规定在债权中，而是规定在民事责任一章中。但是，这并不能否认侵权行为是债的发生原因，也不能否认侵权行为会引起侵害人和受害人之间产生债的关系。

4. 缔约过失。缔约过失是指缔约当事人在订立合同的过程中，违反基于诚实信用原则所生的先合同义务而导致合同不成立、无效或者被撤销的过错。这里的过错包括故意和过失两种主观状态。因缔约过失致合同不成立、无效或者被撤销的，当事人一方应当承担因此给对方造成的信赖利益的损失，从而产生缔约过失之债。《合同法》第42条规定："当事人在订立合同过程中有下列情形之一，给对方造成损失的，应当承担损害赔偿责任：①假借订立合同，恶意进行磋商；②故意隐瞒与订立合同有关的重要事实或者提供虚假情况；③有其他违背诚实信用原则的行为。"第43条规定了缔约过失之债，即"当事人在订立合同过程中知悉的商业秘密，无论合同是否成立，不得泄露或者不正当地使用。泄露或者不正当地使用该商业秘密给对方造成损失的，应当承担损害赔偿责任"。由此可见，我国已经确立了比较系统的缔约过失责任制度。

四、债法概述

债法是指调整债权债务关系的法律规范的统称。关于债法的名称，各国的规定各有不同，有的称为债务法，如瑞士、土耳其等；有的称为债权债务关系法，如《德国民法典》第二编；有的称为债权法，如《日本民法典》

---

① 王利明：《侵权行为法研究》（上卷），中国人民大学出版社2004年版，第8页。

第三编；也有的称为债法，如我国 1929 年制定的《民法典》。① 债法有形式意义上的债法和实质意义上的债法之分。形式意义上的债法是指民法典中的债法编或者有关债的法典，实质意义上的债法除了形式意义上的债法外，还包括其他调整债的关系的单行法、其他法律或法规中有关债的条款、立法和司法解释等。本书所指的债法是指实质意义上的债法。

我国目前尚无统一的债法，《民法通则》中也未设专编规定债权债务关系，仅仅在第 5 章"民事权利"以及第 6 章"民事责任"中有债权的相关规定，在相关的司法解释中也有一些规定。目前《合同法》是我国规范债权债务关系最主要的法律，另外《担保法》、《保险法》、《破产法》等法律规范中也有关于债的规范。在民法典的制定过程中，多数学者主张，在合同法、侵权行为法独立的情况下，债法总则仍应保留，对合同之债、侵权之债、无因管理之债、不当得利之债等的一般规则作出规定。如有学者指出，"未来的民法典设立债法总则是必要的，也是可行的；债法总则的设立不是满足合同的需要，也不是满足民法典中物权与债权的需要，而是为了满足法典编纂所应进行的规范抽象作业的需要，更是为了各种债的需要和完善债法体系的需要。"② "债不一定都具有财产性，侵权行为引起侵权责任，侵权责任关系就是债。侵权行为法独立成编不影响其债法性。制定中国民法典，有必要和可能设立债法总则。"③

（一）债法的体系

债法本质上规范的是市场经济中的交易关系，在市场经济发展过程中不可或缺。在现代民法中，债法具有独立的地位，且已经处于绝对的优越地位。在大陆法系国家中，债法多在民法典中独占一编，如《德国民法典》、《日本民法典》、我国台湾地区"民法"等，债法的内容由债法总则、合同之债、侵权之债、不当得利、无因管理、缔约过失、单方允诺等内容组成。民法典中债法内容的编排集中体现了近现代民法典关注形式理性的特点，但随

---

①　刘凯湘主编：《民法学》，中国法制出版社 2004 年版，第 459 页。

②　柳经纬：《我国民法典应设立债法总则的几个问题》，《中国法学》2007 年第 4 期，第 12 页。

③　崔建远：《债法总则与中国民法典的制定》，《清华大学学报（哲学社会科学版）》2003 年第 4 期，第 67 页。

着社会经济的发展，债法的体系也在发生着变化，其突出表现在：债法的体系更加丰富，合同之债和侵权之债的独立性日趋增强。关于债法的未来，有学者指出，"中国债法必须完善，应当制定债法典或民法典中的债编。侵权责任法具有债法所需要的品格，应纳入债法典之中。在未来的民法典采取将合同法、侵权责任法并列设编的体系下，应当设置债法总则。中国现行债法的众多制度及规范均应完善，明确构成要件和法律效果，不宜仅有禁止性规定而无相应的法律后果。"①

（二）债法的性质

1. 债法是交易法。交易关系有广义和狭义之分，广义的交易是指市场经济条件下的所有交换关系，而狭义的交易关系仅指以买卖为代表的商品交换关系。债法调整广义的交易关系；合同之债反映狭义的交易关系；无因管理、不当得利与侵权行为发生的债，涉及维护等价交换原则的利益的分配，即所谓的交换正义。②

2. 债法是财产法。财产法是调整财产关系的法律规范的统称，主要包括调整财产归属、利用方面和财产流转方面的法律规范。债法本质上属于调整交易关系和财产流转关系的法律，通过制定交易规则，在财产与人身受到不法侵害时提供救济，以实现维护社会动态安全的目的。

3. 债法是任意法。债法规范以任意性规范为主，当事人可以通过约定选择或排除其适用，特别是作为债法主体的合同法规范，以契约自由原则为其核心精神。

4. 债法是具有国际性的法。物权法律制度特别是所有权法律制度是一国所有制关系在法律上的体现，具有较强的固有法色彩，而且物权法律制度具有较强的民族性。但是债法却不同于物权法，债法本质上是交易关系在法律上的体现，其具有较强的技术性和普适性，特别是世界经济一体化的发展，迫切需要在国际间制定统一的交易规则。近现代以来，在各种世界性、区域性国际组织的推动下，债法已经呈现出较强的国际性色彩，特别是在合同法领域。

---

① 崔建远：《中国债法的现状与未来》，《法律科学》2013 年第 1 期，第 135 页。
② 郭明瑞主编：《民法学》，高等教育出版社 2007 年版，第 330 页。

第 二 章
债 的 分 类

现代社会，债的形式和内容呈现出多样化和复杂化的态势。从不同的角度出发，根据不同的标准，可将债做不同的分类。

一、法定之债和意定之债

根据债的发生原因，债可以分为法定之债和意定之债。法定之债是指按照法律的规定所产生的债务，如侵权之债、不当得利之债、无因管理之债、缔约过失之债等。意定之债又称为约定之债，主要指合同之债，也包括悬赏广告、代理权授予、单方允诺等发生的债。

区分法定之债和意定之债的法律意义主要在于：意定之债贯彻意思自治原则，债的主体、类型、内容、履行期限、履行方式及债务不履行的责任等方面，均可由当事人约定；而法定之债的发生及效力均由法律规定。

二、单一之债和多数人之债

根据主体双方的人数，债可以分为单一之债和多数人之债。单一之债是指债的双方主体即债权人和债务人都仅为一人的债。多数人之债是指债的双方主体均为二人以上或者其中一方主体为二人以上的债。

区分单一之债和多数人之债的法律意义主要在于，因单一之债的主体双方都只有一人，当事人之间的权利、义务比较简单，不在一方主体之间发生权利义务关系。而多数人之债中，当事人之间的关系比较复杂，不仅有债权人和债务人之间的权利义务关系，而且还发生多数债权人或多数债务人之间的权利义务关系。因此，正确地区分单一之债和多数人之债，有利于准确地确定债的当事人之间的权利和义务。

三、按份之债和连带之债

根据各方当事人各自享有的权利或承担的义务以及相互间的关系，可以将多数人之债再分为按份之债和连带之债。对该种类型分类，有学者指出，我国在多数人之债的制度设计上，继受了苏联民法的模式，进而作"按份之债"与"连带之债"的划分。但在学理解释上，我国学者却通常将"按份之债"等同为德日等国民法中的"可分之债"。这种错位的认识本身就突显出了我国多数人之债制度的"先天"不足。我国现行法上的多数人之债存在着体制性的弊端，即不可分之债的制度缺失。因此，在我国未来的民法典中，应摒弃现行法上"按份之债"与"连带之债"的二元划分体系，并转而继受"可分之债"、"不可分之债"及"连带之债"的立法模式。①

（一）按份之债

按份之债是指债的一方主体为多数，各自按照一定的份额享有权利或承担义务的债。债权人为多数人，各债权人按一定份额分享权利的，为按份债权；债务人为多数人，各债务人按一定份额分担义务的，为按份债务。《民法通则》第 86 条规定："债权人为 2 人以上的，按照确定的份额分享权利。债务人为 2 人以上的，按照确定的份额分担义务。"

按份债权的各个债权人只能就自己享有的份额请求债务人履行和接受履行，无权请求和接受债务人的全部给付。按份债务的各债务人只对自己分担的债务份额负清偿责任，债权人无权请求各债务人清偿全部债务。

---

① 李响：《多数人之债：认识错位的制度解析》，《理论与改革》2014 年第 2 期，第 174 页。

（二）连带之债

连带之债是指债的主体一方为多数人，多数人一方当事人之间有连带关系的债。所谓连带关系，是指对于当事人中一人发生效力的事项对于其他当事人同样会发生效力。连带之债包括连带债权和连带债务。债权人为多数人且有连带关系的，为连带债权；债务人为多数人且有连带关系的，为连带债务。《民法通则》第 87 条规定："债权人或者债务人一方人数为 2 人以上的，依照法律的规定或者当事人的约定，享有连带权利的每个债权人，都有权要求债务人履行义务；负有连带义务的每个债务人，都负有清偿全部债务的义务，履行了义务的人，有权要求其他负有连带义务的人偿付他应当承担的份额。"

连带之债既可因法律的直接规定发生，也可因当事人的约定发生。基于法律的直接规定产生的连带之债主要有：合伙人的连带债务、合伙型联营企业对外的债务、共有人对共有物侵权的责任、连带保证之债、代理中委托授权不明的债务、代理人与第三人串通给本人造成损害形成的债务、共同侵权产生的债务等。基于当事人的约定所产生的连带之债则主要由当事人的意思自治决定。

连带之债的效力主要体现在：债权人得向债务人中的一人或者数人同时或者先后请求其履行全部或部分义务，每个债务人都负有清偿全部债务的义务，即承担连带的清偿责任。但是，连带债务人的连带责任是相对于债权人而言的，在各债务人之间，他们仍然是各自按一定份额承担债务。因此，若某一个或某几个债务人履行了义务而使其他债务人因此而免除履行责任时，履行了义务的债务人有权请求其他债务人偿付其应当承担的份额。这一权利即连带债务人相互间的求偿权。连带债务人行使求偿权需要满足以下条件：连带债务的债务人履行了债务；其他债务人因该债务人的履行而共同免责；债务人履行的债务已经超过了其应该承担的份额。

区分按份之债和连带之债的法律意义主要在于：按份之债的各债权人的权利或者各债务人的义务都是各自独立的，相互间没有连带关系。任一债权人接受了其应享受的份额的履行或者任一债务人履行了自己应负担份额的义务，其债权、债务即已了结，并与其他债权人或者债务人不发生任何权利义务关系。而连带之债的债权人的权利或者债务人的义务是连带的，任一连带债权人接受了全部义务的履行，或者任一连带债务人清偿了全部债务，原债即归于消灭，并同时又在连带债权人或者连带债务人内部之间产生了按份之债。

四、种类物之债和特定物之债

根据债的标的物的性质，债可以分为特定物之债和种类物之债。

特定物之债又叫特定之债，是指以特定物为标的物的债。特定物具有特定化的特点，因此特定之债的标的物在债成立时就必须确定、存在，并不能为其他物所代替。种类物之债又称种类之债，是指以种类物为标的物的债。种类物是以度量衡加以确定的，可以用同种类、同数量的物替代的物，因此种类之债的标的物在债成立时，并不具有特定性，甚至往往还不存在，只有在交付时才能特定化。对此，有学者指出，"故种类物与特定物之分，同代替物与不代替物之区分，微有不同：前者纯系依债之关系当事人的主观意思为标准，对民事流转中的物所作的区分；后者则系以一般社会观念为客观标准，对静态的物所作的区分。而且，两类区分的实益也各不相同。在我国民法理论上，因为受苏联民法学说的影响，迄今仍将种类物与可代替物、特定物与不可代替物等同，这种做法未见妥当。"①

区分特定物之债与种类物之债的法律意义主要在于：①特定物之债的债务人只能以交付规定的特定物履行债务，如债的标的物毁损、灭失，则发生债的履行不能；而种类物之债的标的物是可以代替的，债务人的部分种类物毁损、灭失而非该种类物全部毁损、灭失的，不发生债的履行不能问题，债务人仍应继续实际履行。②转移所有权的特定物之债，除法律另有规定外，当事人也可以约定标的物的所有权自债成立之时起转移；而种类物之债取得所有权的，标的物的所有权只能在交付之时或在交付后转移。

---

① 张谷：《种类物与特定物的区别及意义》，《人民法院报》2003 年 10 月 24 日。

五、单一之债和选择之债

根据债的标的有无选择性，债可分为简单之债和选择之债。

简单之债是指债的标的是单一的，当事人只能以该种标的履行而没有选择余地的债，所以又称不可选择之债。选择之债是相对于不可选择之债而言的，是指债的标的为两个以上，当事人可以从中选择其一来履行的债。

选择之债选择权的归属，决定于法律的规定或当事人的约定。法律没有规定，当事人也没有约定的，选择权属于债务人一方。有选择权的当事人一方只能在可供选择的标的中选择一种标的，且一经选定，当事人就应按选定的标的履行。可见，选择之债的选择权一经行使，选择之债也就成为简单之债。这也是选择之债与任意之债的区别。任意之债虽也有数种标的，但当事人可以任意以其中的一种履行。我国有法院裁判认为：当事人约定债的标的有数种，当事人可任意选择其中一种、多种或全部种类为给付标的的债，属任意选择之债。任意选择之债中，债务人对数种债的标的有任意选择的权利，而无必须选择其中一种的义务；债务人未选择其中一种债的标的时，选择权不能自然转移给债权人。①

区分简单之债和选择之债的法律意义主要在于：①简单之债的标的是特定的一种；而选择之债的标的是两种以上，只有在有选择权的一方行使选择权以后才能特定，也才能履行。②简单之债的标的毁损、灭失的，发生债的履行不能，而选择之债的某种可选择的标的毁损、灭失的无法履行时，不发生债的履行不能，当事人可以在其他标的中选择其一履行，而只有在所有可选择的标的均毁损、灭失的，才发生债的履行不能。

六、货币之债和利息之债

按照金钱作为债的标的的不同作用，债可以分为货币之债与利息之债。

①　杨学军：《任意选择之债与择一选择之债的区分——安徽宣城中院判决惠雪芬与王中平合伙协议纠纷案》，《人民法院报》2010 年 5 月 13 日。

货币之债又称为金钱之债，是以支付一定的货币为标的的债。货币之债具有以下特点：①货币之债以货币为标的物；②货币之债不存在履行不能的问题；③货币之债不发生因不可抗力而免责的问题。利息之债是以给付利息为标的的债。

区分货币之债与利息之债的法律意义主要在于：货币之债通常作为主债存在，而利息之债通常作为货币之债的从债。

七、主债和从债

以具有相互牵连关系的债之间是否具有从属关系为标准，债可以分为主债和从债。主债是指在两个具有牵连关系的债中，居于主要地位能够独立存在的债。从债是相对于主债而言的，是指在具有牵连关系的债中居于从属地位的债。例如，甲公司与银行签订了一个借款合同，为担保该借款合同，甲公司又与银行签订了一个抵押合同。在该案中甲公司与银行之间的借款合同属于主债，抵押合同属于从债。

区分主债和从债的法律意义主要在于：主债可以独立存在，不需要以他债的存在为前提，而从债必须以主债的存在为前提，其效力依附于主债的效力，其产生、变更、消灭都依附于主债。

八、财物之债和劳务之债

根据债务人给付义务的内容不同，债可以分为财务之债和劳务之债。凡是以给付一定财物为标的的债为财物之债。凡是以提供一定的劳务为标的的债为劳务之债。前者典型的如买卖合同之债，后者典型的如演出合同之债。

区分财物之债和劳务之债的法律意义主要在于：当债务人无正当理由不履行债务时，财物之债可以申请强制执行，而劳务之债则不可以申请强制执行。

九、作为债和不作为债

　　根据的客体不同，分为作为债和不作为债。作为债是指债务人所承担的积极采取某种措施或者积极从事某种活动的债。不作为债是指债务人所承担的不积极采取任何措施或者不积极从事任何活动的债。例如医生所承担的不泄露其患者秘密的债，债务人所承担的不同其债权人开展竞争义务的债，商事营业资产的出卖人所承担的不与买受人从事同类商事经营活动的债。①

　　区分作为债和不作为债的意义在于：债的履行行为的表现形式不同。

---

① 张民安:《法国民法》，清华大学出版社 2015 年版，第 266 页。

第 三 章
债 的 履 行

一、债的履行概述

债的履行是指债务人以满足债权人的债权为目的实行其给付的行为，简言之，债的履行就是债务人按照债的内容履行债务。债的履行在债法体系中处于至关重要的地位，因为债权是请求权，债权人权益的实现依赖于债务人全面、适当地履行其债务。《民法通则》第84条第2款规定："债权人有权要求债务人按照合同的约定或者依照法律的规定履行义务。"一般认为，债的履行是债最主要的效力。

债的履行的含义有广义、狭义之分。"债务履行者，实现债之内容之行为也。应分广狭二义，狭义的债务履行指债务人任意履行而言，广义的履行则除任意履行外，尚包括强制履行（即债务人不任意履行时，债权人得借公权力强制执行之）。"① 本节中的债的履行指狭义的债的履行。

需要区分的是履行、给付和清偿三个概念。"履行与给付、清偿这三个概念互相联系而又具有不同的含义。给付指债务人应为的特定行为，它作为债的标的，具有抽象的、静态的意义；履行指债务人实行给付的行为，具有具体的动态的含义；清偿指债务人履行的结果，通常在债的消灭原因的意义

---

① 郑玉波：《民法债编总论》，陈荣隆修订，中国政法大学出版社2004年版，第248页。

上使用。"①

二、债的履行原则

（一）全面履行原则

全面履行原则是指债务人应该严格按照债的内容全面履行其债务，而不得任意变更。以合同之债为例，债务人应该按照合同的标的、数量、质量、价款或者报酬等，在适当的履行期限、履行地点，按适当的履行方式全面履行合同义务。"债务的履行是债权人利益实现的唯一途径，且债权人的利益体现在债的内容的各个方面。因此，法律要求债务人按照债的内容的要求，全面履行债务。"② 我国《合同法》第 60 条第 1 款规定："当事人应当按照约定全面履行自己的义务。"这是关于合同的全面履行原则的规定。债的全面履行原则是债的效力的体现，是实现债权人利益不可或缺的原则。

债的全面履行原则与实际履行原则有一定的联系但又有区别。二者的联系在于：实际履行原则为全面履行原则的内容，其一方面要求债务人自觉地按照债的标的履行，不得任意以其他标的代替；另一方面，当债务人不履行债务时，债权人可以要求债务人承担继续履行债务的责任。二者的区别在于：全面履行原则还包括在履行主体、履行期限、履行方式、地点等方面的适当履行，显然全面履行原则较之实际履行原则的内容更为丰富。

（二）诚实信用原则

诚实信用原则是民法中的帝王条款，也是债的履行的基本原则。诚实信用原则作为债的履行的基本原则，适用于合同之债以及其他债务的履行，对债务人和债权人均适用。对于债务人来说，其不仅应该履行主债务，而且应该履行从债务和附随债务，在给付标的、给付期限、给付地点、给付方式等方面都要依诚实信用原则为之。例如交付房屋时，应该保持房屋的完整与

---

① 张广兴：《债法总论》，法律出版社 1997 年版，第 167 页。
② 梁慧星：《中国民法典草案建议稿附理由（债权总则编）》，法律出版社 2013 年版，第 138 页。

清洁；返还标的物时，不能用脚踢回而应以手递的方式返还；在婚礼上不能返还借用的丧服等，否则将有违诚实信用原则。诚实信用原则同样适用于债权人，例如债务人给付的标的物虽有数量上的不足，但对债权人并无明显损害时，债权人不得拒绝受领或拒绝付款。在债的履行中强调诚实信用原则，在于强调履行债务应当根据债的性质、目的以及交易习惯进行，应履行没有约定或可能没有约定的诸如通知、协助及保密等附随义务。在债法理论上，将履行这些附随义务概括为协作履行原则和经济合理原则。① 因此，协作履行原则和经济合理原则本质上属于诚实信用原则的内容。

（三）情事变更原则

情事变更原则又称为情势变更原则，是指在债的关系产生后且尚未履行完毕前，因为不可归责于双方当事人的事由，导致债的关系成立的基础丧失，如继续履行债务将导致不公平的后果，因而允许当事人可以变更或解除债的关系的原则。债的关系成立后，对债权人和债务人均产生约束力，一般而言，债权人和债务人均应按照的债的内容行使债权、履行债务，这在合同法上称为契约严守原则，该原则早在罗马法上就是合同履行的基本原则。"契约严守"原则对于弘扬"言必信、行必果"的诚信契约伦理观念具有非常重要的意义，更是实现债的目的的必然要求。相对于"合同严守"原则而言，情事变更制度通常被认为具有例外性及补充性。② 但是，随着社会经济的发展，固守"契约严守"原则有时可能造成不公平的后果，情事变更原则便应运而生。

在德国民法体系中，情事变更原则已经有一百多年的历史。该原则根源于德国普通法，是一个在成文法之外通过学说、判例形成和发展起来的制度。在 2002 年德国债法修订中，该原则被以"交易基础的干扰"为标题整合到了德国民法典，成为该法第 313 条。德国司法实践中直接引用情事变更原则的案例，在丰富多样的民事纠纷里，毕竟只是少数。但司法实践对该原则的慎用，却不影响其作为民法上一个重要制度的地位。就像无权处分是

---

① 杨立新：《债法总则研究》，中国人民大学出版社 2006 年版，第 72 页。
② 韩世远：《情事变更若干问题研究》，《中外法学》2014 年第 3 期，第 657 页。

一个"法学上的精灵"一样，情事变更原则在法学方法论的层面，长期以来，也是一个核心问题。在这次债法修改中，立法者将其写入民法典，主要是期望能够借此总结过去学说判例的发展，使其成为可预见、有操作性的规则。① 关于情事变更的理论基础，有约款说、法律行为基础说、法律制度说和诚信原则说四种观点。② 一般认为，情事变更原则的理论基础是诚实信用原则。关于情事变更的理论基础，有约款说、法律行为基础说、法律制度说和诚信原则说四种观点。一般认为，情事变更原则的理论基础是诚实信用原则。在我国学说上，情事变更原则是被普遍承认的。

在合同法立法过程中对于是否采纳情事变更原则曾有争议。赞成的意见认为，情事变更不同于不可抗力，不可抗力是致使合同不能履行，情事变更是致使履行合同显失公平，规定情事变更制度有利于贯彻公平原则，最高人民法院在审判实践中，已做出过有关情事变更的判决和规定。反对的意见认为，如何划分正常的商业风险和情事变更较为困难，在经济贸易中能够适用情事变更制度的情形是极少的，掌握不好，有可能使有的当事人规避正常的商业风险，有的法官也可能滥用这项权力，甚至助长地方保护主义。最后，情势变更制度，被认为"是一个很复杂的问题"，而未被《合同法》规定。《合同法解释（二）》第26条规定了情事变更制度。

出于法官可能滥用自由裁量权的考虑，我国《合同法》中并没有确认情事变更原则，但是司法实践中已经有判决承认该原则。③《合同法解释（二）》第26条规定了情事变更制度："合同成立以后客观情况发生了当事人在订立合同时无法预见的、非不可抗力造成的不属于商业风险的重大变化，继续履行合同对于一方当事人明显不公平或者不能实现合同目的，当事人请

---

① 卡斯腾·海尔斯特尔：《情事变更原则研究》，许德风译，《中外法学》2004年第3期，第385页。
② 王利明：《合同法研究》（第2卷），中国人民大学出版社2003年版，第25—26页。
③ 1992年3月6日最高人民法院关于武汉市煤气公司诉重庆检测仪表厂煤气表装配线技术转让合同购销煤气表散件合同纠纷一案适用法律问题的函（法函〔1992〕27号）中认为，就本案购销煤气表散件合同而言，在合同履行过程中，由于发生了当事人无法预见和防止的情事变更，即生产煤气表散件的主要原材料铝锭的价格，由签订合同时国家定价为每吨4400元至4600元，上调到每吨16000元，铝外壳的售价也相应由每套23.085元上调到41元，如要求重庆检测仪表厂仍按原合同约定的价格供应煤气表散件，显失公平，对于对方由此而产生的纠纷，可依照《中华人民共和国经济合同法》第27条第1款第4项之规定，根据本案实际情况，酌情予以公平合理地解决。一般认为，这是我国最高人民法院第一次对情事变更的承认。

求人民法院变更或者解除合同的，人民法院应当根据公平原则，并结合案件的实际情况确定是否变更或者解除"。该条规定在我国立法上具有开创性意义。根据该条的规定，情事变更的构成要件有以下几个方面：须有情事变更之事实；须情事变更发生于法律关系成立后且尚未履行完毕前；情事之发生须不可归责于债权人或债务人；须继续履行债务将导致不公平的结果。司法实践中，情事变更和不可抗力以及商业风险经常混淆。关于情事变更和不可抗力，有学者结合我国的立法体例指出，"情事变更与不可抗力虽然各自功能不同，法体系位置有别，但是，它们所规范的生活事实却不妨存在交集，在规范当事人没有承受的、支配领域外的风险上，二者具有共同性。我国《合同法》及《合同法解释（二）》对于情事变更与不可抗力采'二元规范模式'，有别于 CISG 所采的'一元规范模式'。在'二元规范模式'下，情事变更免责的规范基础不在于《合同法》第 117 条第 1 款，而有必要在解释论上承认受情事变更不利影响的当事人有中止履行抗辩权。就不可抗力场合的合同变更问题，有必要在因不可抗力而木已成舟的'不得不然'（消极变更）之外，承认当事人有积极变更的可能性。当事人无法通过再交涉而协商解决场合，可请求法院或者仲裁机构变更合同内容，裁判者可以考虑类推适用《合同法解释（二）》第 26 条。"① 关于情事变更和商业风险的判断，有学者指出，"情事变更原则的确立虽然在我国立法中一直反反复复，但一直存在于司法实务中。近些年来经济状况的不稳定，使得情事变更成为司法实务关注的焦点问题。去年国家各地出台的商品房限购措施，对很多合同关系产生影响。这些案件为对情事变更的检讨提供了机会。将某种情事认定为商业风险应当是原则，认定为情事变更是例外；不存在一般意义的情事变更，其认定是个案的判断；利益衡量是情事变更的分析工具；最终的判断还是结果的公正与善良"②。

① 韩世远：《情事变更若干问题研究》，《中外法学》2014 年第 3 期，第 674—675 页。
② 王成：《情事变更、商业风险与利益衡量——以张革军诉宋旭红房屋买卖合同纠纷案为背景》，《政治与法律》2012 年第 1 期，第 108 页。

三、债的适当履行

（一）履行主体

债的主体和债的履行主体并非同一概念。债的主体是债权人和债务人，债的履行主体包括履行债务的主体和接受债务履行的主体，是指履行债务和接受债务履行的人。债是特定当事人间的权利义务关系，在一般情况下，债是由当事人实施特定行为来履行的，也就是由债务人履行债务，由债权人接受债务人的履行。但在某些情况下，也可以由第三人代替债务人履行，或由第三人代替债权人履行。但依法律规定或者当事人的约定，或者依照债的关系的性质，须由当事人亲自履行的债，不得由第三人代替履行，否则就为不适当履行。

《合同法》第 64 条规定："当事人约定由债务人向第三人履行债务的，债务人未向第三人履行债务或者履行债务不符合约定，应当向债权人承担违约责任。"第 65 条规定："当事人约定由第三人向债权人履行债务的，第三人不履行债务或者履行债务不符合约定，债务人应当向债权人承担违约责任。"依上述规定，第三人代替履行时，第三人只是履行主体，而不是债的当事人。因此，在第三人代债权人接受履行时，债务人未向第三人履行或履行不当的，应向债权人承担责任；在第三人代替债务人履行时，债务人须对第三人的代替履行行为负责。需要注意的是，在第三人代替当事人履行时，第三人也不是债务人或债权人的代理人，因此不能适用代理的规定。由代理人代理债务人履行或者代理债权人接受履行的，履行主体仍为债务人和债权人，而不是该代理人。

（二）履行标的

通说认为，履行标的即给付标的，是指债务人应给付给债权人的对象，如货物、劳务等。债务人应当按照债的标的履行，不得随意以其他的标的代替，这是实际履行的基本要求。但如果债权人同意债务人用其他标的代替履行，则债务人以其他标的履行也为适当履行。债务的性质不同，其对履行标的的适当性的要求也不同。①履行标的为货物的，债务人交付的标的物应当符合约定的或规定的标准。标的物的数量应按照约定的或者法定的数量和计量方法确定。凡规定或约定合理磅差或尾差的，只要交付的标的物的数量在规定的幅度以内，其标的物的数量即为适当的。标的物的质量应当符合合同的约定。当事人对质量要求不明确又不能达成补充协议的，按照合同有关条款或者交易习惯也不能确定的，按照国家标准、行业标准履行；没有国家标准、行业标准的，应当按照通常标准或者符合债的目的的特定标准履行。②履行标的为劳务的，债务人应当按照合同约定的或者法律规定的数量和质量完成工作或者提供劳务。③履行标的为货币的，应当遵守国家关于现金管理的规定。当事人在因支付价金而须支付货币时，应当按照约定的计价办法结算；对价款或酬金约定不明确的，应执行政府定价或者政府指导价；不属于应执行政府定价或者政府指导价的，应按照订立合同时履行地的市场价格履行。

（三）履行期限

履行期限是债务人履行债务和债权人接受履行的时间。债的当事人应在合同约定的或者法律规定的期限内履行。履行期限没有约定或者约定不明确的，可以协议补充；不能达成补充协议的，按照合同有关条款或者交易习惯确定。如仍不能确定的，债务人可以随时向债权人履行义务，债权人也可以随时要求债务人履行义务，但应当给对方必要的准备时间。债务人在必要的准备时间内履行的，债的履行期限即为适当。双方互有对待给付义务的债，除另有法律规定或者双方另有约定外，双方应当同时履行。在分期履行的债中，债务人应当在每一期的履行期限内履行。

（四）履行地点

履行地点是债务人履行债务和债权人接受履行的地点。履行地点关系到履行费用的负担，当事人应按照约定的或者规定的地点履行。履行地点没有约定或者约定不明确的，可以协议补充；不能达成补充协议的，按照合同有关条款或者交易习惯确定。如仍不能确定，给付货币的，应在接受给付的一方所在地履行；交付不动产的，在不动产所在地履行；其他标的，则在履行义务一方所在地履行。

（五）履行方式

履行方式是指债务人履行义务的方法，它是由法律规定或者合同约定的，或者是由债的关系的性质决定的。凡要求一次性履行的债务，债务人不得分批履行；凡要求分期、分批履行的债，债务人也不得一次性履行。对履行方式没有明确规定或者约定的，应依诚实信用原则确定，按照有利于实现债的目的的方式履行。

四、债的不履行

关于债的不履行的含义，学者们有不同的界定。不给付，谓未依债务本旨为给付，以满足债权之状态，即所谓债务不履行是也。[1] 债务不履行者，乃债之内容未能实现之状态。易言之，即因可归责于债务人之事由，而未依债之本旨以为给付之状态也。[2] 债务不履行者，债务人因可归责之事由，未依债之本旨而为给付，致债权内容未能实现之现象。[3] 债的不履行也称为债的不给付，是指债务人没有完全履行自己的债务。[4] 债的不履行又称为债务违反，是指债务人未依债务的内容实施给付的行为。[5] 本书认为，债的不履行是指基于可归责的事由，债务人未依债务的内容完成给付的行为。在传统大陆法系民法中，债的不履行通常包括给付不能和给付迟延，但是在现代民法中，债的不履行的形态日趋丰富。一般认为，债的不履行主要包括拒绝履行、履行不能、迟延履行和不完全给付。债的不履行虽然形态各样，但其共同结果是债权人的债权没有实现或者没有完全实现。研究债的不履行形态，旨在针对不同的形态给予债权人以充分的救济。

[1]　史尚宽：《债法总论》，中国政法大学出版社2000年版，第370页。
[2]　郑玉波：《民法债编总论》，陈荣隆修订，中国政法大学出版社2004年版，第255页。
[3]　邱聪智：《新订民法债编通则》（下册），中国人民大学出版社2004年版，第271页。
[4]　郭明瑞主编：《民法学》，高等教育出版社2007年版，第347页。
[5]　刘凯湘主编：《民法学》（修订本），中国法制出版社2004年版，第491页。

（一）拒绝履行

拒绝履行是指债务人能够履行，无正当理由而拒绝履行债务的行为。拒绝履行在债的不履行体系中是一种比较年轻的形态。罗马法观念认为，在清偿期到来之前，债权人不享有实际的请求履行的权利，因此此时并不发生债务人不履行债务的责任，在罗马法上，违约形态分为履行不能和履行迟延，期后拒绝履行被归于履行迟延。因此，虽说现实中拒绝履行现象屡见不鲜，但罗马法学说和观念上不承认拒绝履行。罗马法的观念以及对违约形态的分类影响了法国和德国的民法典，在这两部民法典中，都没有明确规定拒绝履行制度。在 2002 年颁布实行的《德国债法现代化法》第 323 条中明确规定了拒绝履行。①

拒绝履行的构成要件有：①客观上须有债务的存在，这是构成拒绝履行的前提。②债务人主观上存有故意或过失，拒绝履行的主观状态多数是故意，少数是过失。也有认为，"拒绝履行以债务人的故意为构成要件。债务人的故意，由法官依据具体情事判断，不须债权人举证。但对于债务人拒绝履行的事实，则须由债权人举证。"② ③给付是可能的，如给付不能的，则属于履行不能的性质，无所谓拒绝履行。④拒绝履行是违法的，即没有正当理由，如果债务人因正当行使抗辩权不履行则不构成拒绝履行。拒绝履行不以明示为必要，默示亦可以构成拒绝履行。拒绝履行根据是否已届履行期限，可以分为期前的拒绝履行和期后的拒绝履行，期前的拒绝履行又称预期违约。

拒绝履行会产生一系列法律后果：①对于已届履行期限的拒绝履行，债权人可以要求债务人强制履行债务，并有权请求赔偿损失。②对于未届履行期限的拒绝履行，债权人可以在履行期限到来前要求债务人承担债务不履行的责任，也可以在履行期限到来后请求债务人承担债务不履行的责任。债权人可以要求解除合同，并可以要求赔偿损失。③在有担保的债务中，当债务人明确拒绝履行债务时，债权人可以要求保证人履行债务或者实现担保物权

---

① 刘信业：《拒绝履行的理论问题》，《河南政法管理干部学院学报》2008 年第 6 期，第 42 页。
② 梁慧星主编：《中国民法典草案建议稿附理由（债权总则编）》，法律出版社 2013 年版，第 174 页。

以实现债权。

（二）履行不能

履行不能又称为给付不能，是指由于某种原因，债务人履行债务实际上已经不可能。需要注意的是，所谓的不能并非指物理上或逻辑学上的不能，而是指社会一般观念或法律上的不能。例如，大海里捞针虽然从物理上是可能的，但在社会观念上一般认为是不可能的；出卖人将房屋出卖给买受人甲，但是并没有办理过户登记手续，然后出卖人又将房屋出售给买受人乙并办理完毕了过户登记手续，则此时对于买受人甲来说要求出卖人交付房屋，已经属于法律上的不能。履行不能的概念，在德国合同法和受德国法影响的一些大陆法系国家的合同法中占据着重要地位，诚如台湾学者王泽鉴指出："给付不能是契约法上核心问题之一。"① "履行不能主要是大陆法系国家合同法上的一个概念，其渊源可以追溯到罗马法的相关规定。履行不能制度在德国制定民法典时期得到了极大的发展和完善，并成为给付障碍法的核心内容。"② 然而，在英国法中履行不能规则的地位并不像其在原来的德国债法中那样显赫，而且在英国普通法的资源中也找不到履行不能能够免除或者不免除合同债务的理论依据。所以在履行不能规则的创设过程中，起初并没有统一的规则，而且就是这样不统一的规则也常常是通过参照圣经、罗马法等外来资源才完成的。但是英国法通过几个著名的判例建立起了自己的履行不能法体系，这个体系不但对后来的美国法产生了深远的影响，而且对几个有关的国际公约也影响颇深。③

王泽鉴先生指出，给付不能是民法上之基本问题。给付不能可分为两个基本类型，四种情形：自始客观不能；自始主观不能；嗣后客观不能；嗣后主观不能。④ 在我国大陆地区履行不能有主观履行不能与客观履行不能、自始履行不能与嗣后履行不能、全部履行不能与部分履行不能、一时履行不能与永久履行不能等区分，不同的履行不能有不同的法律效力。客观履行不能

---

① 王利明：《论履行不能》，《法商研究》1995 年第 3 期，第 33 页。
② 王琼娟：《履行不能研究》，硕士学位论文，中国政法大学，2010 年，第 1 页。
③ 王茂祺：《论英国法履行不能规则的嬗变》，《法学评论》2005 年第 3 期，第 152 页。
④ 王泽鉴：《民法学说与判例研究》（第 3 册），中国政法大学出版社 2005 年版，第 39 页。

是指给付对任何人而言皆为不能，有基于自然法则的，如标的物于订约前业已灭失；有基于法律规定的，如应交付之物为禁止流通物。主观履行不能是指因可归责于债务人的事由导致履行不能，如仅债务人不能为给付，但至少有一他人可以为给付的履行。例如，甲将其邻居乙所有的房屋出售给丙，甲无法交付，但乙却可以为交付。

自始履行不能是指在给付义务成立之时给付即为不可能，如出卖本不存在之物。嗣后履行不能是指给付在债务成立后始为不可能，如出卖之物在合同成立后交付前灭失。

全部履行不能是指给付标的全部不能履行。部分履行不能是指给付的标的部分不能履行。

永久履行不能是指履行债务存在障碍，该障碍在履行期间内或在债务人得为履行的期间内不可能消除。而该障碍在履行期内或债务人得为履行期内可能消除的，则为一时履行不能。

需要注意的是，金钱债务不存在履行不能的问题，仅发生履行迟延。但给付困难、无资力和种类之债不属于履行不能。履行不能的法律后果，应该区分履行不能是因可归责于债务人的事由还是因不可归责于债务人的事由两种情况。

1. 因可归责于债务人的事由造成履行不能的，法律后果有：①债务人免除履行原债务的义务。但在部分履行不能时，债务人仅能免除不能履行部分的履行义务。②债务为合同之债的，债务人有权解除合同。③债务人应就履行不能而对债权人负赔偿责任。

2. 因不可归责于债务人的事由而履行不能的，法律后果有：①免除债务人的履行义务。全部履行不能的，免除债务人的全部履行义务；部分履行不能的，免除债务人的部分履行义务。②债务人因履行不能的事由，而对第三人享有损害赔偿请求权或对保险人享有保险金给付请求权时，债权人得请求债务人让与该损害赔偿请求权或保险金给付请求权。债务人已从第三人处取得赔偿物时，债权人有权请求债务人交付其所受领的赔偿物，即因不可归责于债务人的事由发生履行不能时，债务人虽不负赔偿责任，但当其从第三人处取得代偿利益时，应将该代偿利益移转给债权人，债权人取得代偿请求权。通说认为，债权人对债务人享有的代偿请求权，并非原债的继续而是新发生的债权，因此应重新计算其诉讼时效。③若当事人之间的债为双务合同之债，则债权人因此免除对待给付的义务。

（三）履行迟延

履行迟延又称为债务人迟延，是指在债务履行期限届满后，债务人能履行债务而未履行债务。早在罗马共和国时期，迟延交付便已出现并于海上贸易开始适用。罗马法规定债务因可归责于当事人的事由而致履行迟延者，该过失之一方应负迟延之责任。"迟延履行，虽然是一种最为常见的和最为典型的合同债务不履行的形态，但相关的理论问题目前还并不能说已经完全清楚。"① 履行迟延是履行期限不适当的情形。履行期限的不适当包括提前履行与迟延履行。提前履行是指未届履行期限而提前履行。法律规定或者合同约定债务人不得提前履行债务的，债务人提前履行的，债权人有权拒绝受领。法律或合同虽未规定当事人不得提前履行，但履行期限是为债权人利益而设定的，或者履行期限关系到双方利益的，债务人未经债权人同意而提前履行时，债权人也有权拒绝受领。如期限利益是为债务人利益设定的，债务人提前履行的，债权人应当受领，因为不能不许当事人放弃自己的期限利益。迟延履行则与提前履行相反，是指债务人于履行期限届满后才履行债务。债务人在履行期限届满时，仍未履行全部债务的，为履行迟延。

履行迟延有以下几个构成要件：①有有效债务存在；②债务的履行期限届满；③债务人能够履行债务；④债务是因可归责于债务人的事由而未履行；⑤债务人无法律上的正当理由而迟延履行，债务人有正当理由而未按期履行的，例如因行使同时履行抗辩权而未按期履行，则不构成迟延履行。但债务人交付的标的物的数量不足或者提供的劳务不足而未能在履行期限内补足的，仍构成履行迟延。因债务履行地点不当或给付的标的物有瑕疵而未能按期履行的，也为履行迟延。值得注意的是，履行迟延和履行期限的类型具有紧密关系。确定期限、不确定期限和履行期限不明确三种不同类型应该相应地配置以不同的法律规则。

---

① 韩世远：《履行迟延的理论问题》，《清华大学学报（哲学社会科学版）》2002 年第 4 期，第 45 页。

履行迟延的法律后果有以下几点：①债权人有权要求债务人继续履行；②债权人得请求赔偿因履行迟延而受到的损失；③债务人的继续履行对债权人无利益的，债权人得解除合同而请求损害赔偿；④债务人承担标的物意外灭失的风险，如在迟延期间标的物意外毁损、灭失的，债务人应负履行不能的责任。

（四）不完全履行

不完全履行又称为不完全给付，是指虽然债务人有履行行为，但是履行不符合债的本旨，债权人的权利没有得到完全实现。不完全履行与拒绝履行、履行不能不同，不完全履行的前提是债务人已经履行，只是没有完全按照债的内容履行，拒绝履行和履行不能根本就没有履行行为。一般认为，不完全履行有三个构成要件：①须有债务人的履行行为；②须债务人的履行不当；③履行不当须可归责于债务人。不完全履行主要包括瑕疵履行和加害给付。

1. 瑕疵履行。瑕疵履行是指债务人虽然有履行行为，但是履行在数量、质量、方式、地点、时间等方面存在瑕疵，以至于债权人的债权没有完全实现。例如，出卖人的缺斤少两行为（数量不当）、米里添加沙子的行为（质量不当）、在洗手间里交付食品（地点不当）的行为。对于清偿期内能够补正的瑕疵履行，债权人可以要求债务人补正给付，如补足货物数量、改变交易地点等；对于不能补正的瑕疵履行，债务人应当承担损害赔偿责任。一般而言，构成瑕疵履行的，债权人可以依照关于迟延履行或者履行不能的规定行使权利。但司法实践中，有裁判指出，"瑕疵履行致使合同目的无法实现可解除合同。"在杨永强诉浙江省湖州苏宁电器有限公司一案中[1]，法院指出，"买卖双方依所签订的合同，应当遵循诚实信用原则全面履行自己的义务，一方履行不符合合同约定的，属瑕疵履行。若该瑕疵在两年多均未能消除，给对方造成一定的经济损失，导致最终不能实现合同目的的，构成根本性违约，依合同法第一百一十条法定解除合同情形规定，一方当事人在法定解除合同的条件成就时，可以直接行使解除权"。[2]

---

[1] 一审：（2009）湖吴商初字第411号，二审：（2009）湖吴商终字第386号。

[2] 杨军、张炳南：《瑕疵履行致使合同目的无法实现可解除合同》，《人民司法》2012年第14期，第34页。

2. 加害给付。加害给付是指债务人的履行有瑕疵，致使债权人遭受履行利益以外的损失，相对于一般的瑕疵履行，加害给付在性质上更为严重。"不完全给付所造成之损害，可分为两类：其一，给付本身不完全，具有瑕疵，致减少或丧失该给付本身之价值或效用，其所侵害的是债权人对完全给付所具有之利益（履行利益），台湾学者称之为瑕疵给付。其二不完全给付具有瑕疵，除该给付本身减少或丧失价值或效用外，尚对债权人人身或其他财产法益，肇致损害，易言之，即为履行利益以外其他权益之侵害，德国学者称为附带损害，台湾学者称之为加害给付。通说认为，债务人不为完全给付时，对此两种损害均应负债务不履行原则，负损害赔偿责任。最近，钱国成先生认为，关于加害给付，债务人仅依侵权行为法之规定负责。"① 例如，出卖人交付患有传染病的马而导致买受人的其他马匹也受到传染；出卖人交付构造有瑕疵的汽车导致债权人因车祸受到伤害等。

通说认为，在加害给付的情况下，债务人不仅应继续履行原来的债务，而且对于履行利益以外的损害还应当承担赔偿责任。此时还会发生侵权责任和违约责任的竞合，债权人可以择一请求权行使。也有学者认为，"这种观点是否得当颇值商榷。加害给付应为债务人有责违反合同义务，给债权人造成履行利益以外的人身、财产利益损害并不排除可能同时侵害债权人履行利益的行为；对于加害给付的救济并非只能依据合同法第 122 条规定的责任竞合来处理，而应根据加害给付侵害的利益区别对待。"②

五、债的履行中的抗辩权

广义上的抗辩权是指妨碍他人行使其权利的对抗权，至于他人所行使的权利是否为请求权在所不问。而狭义的抗辩权则是指专门对抗请求权的权利，亦即权利人行使其请求权时，义务人享有的拒绝其请求的权利。合同履行中的抗辩权在双务合同中因合同双方当事人义务履行的次序上有不同，可分为同时履行抗辩权、先履行抗辩权以及不安抗辩权。

① 王泽鉴：《民法学说与判例研究》（第 3 册），中国政法大学出版社 2005 年版，第 73 页。
② 王荣珍：《对加害给付概念与救济的再思考》，《政法论坛》2005 年第 5 期，第 173 页。

（一）同时履行抗辩权

1. 同时履行抗辩权的概念

同时履行抗辩权，是指在未约定先后履行顺序的双务合同中，当事人一方在他方当事人未为对待给付之前，有权拒绝其履行要求的权利。《合同法》第66条规定："当事人互负债务，没有先后履行顺序的，应当同时履行。一方在对方履行之前有权拒绝其履行请求。一方在对方履行债务不符合约定时，有权拒绝其相应的请求。"同时履行抗辩权具有独特功能。"现代交易以双务合同为典型，双务合同履行遇到障碍就需要法律配备相应的救济措施，而这些救济措施也就成为现代合同法的重点所在。其中，违约责任固然可以发挥重要作用，也为中国审判实践所倚重，但它往往需要借助公权力；相比之下，同时履行抗辩权作为合同当事人私力救济的手段之一，兼具'避免授予信用'及'增施履行激励'双重功能，运用得当，可发挥违约责任所不可替代的作用；即使在涉讼阶段，借助该制度也可发挥诉讼经济的效用。"①

同时履行抗辩权的立法依据在于双务合同的牵连性。即在双务合同中，一方的权利与另一方的义务有牵连性，一方的权利与另一方的义务之间具有相互依存、互为因果的关系。一方履行义务是另一方实现权利的前提。合同履行上的关联性要求双方当事人同时履行自己所负的合同义务。

法律上设立同时履行抗辩权的目的，在于维持当事人在利益关系上的公平，平衡当事人之间的利益，平等维护当事人的权利，增进双方合作，维护交易安全。

2. 同时履行抗辩权的适用条件

（1）必须是在同一双务合同中互负债务。首先，只有在双务合同中才可能产生同时履行抗辩权；其次，应是同一双务合同产生的义务，即双方当事人的债务是根据同一合同产生的；最后，双方当事人的义务在履行上无先后顺序。至于双方当事人所负的债务是否具有对价关系，目前学界有争议。所谓对价给付是指一方履行的义务和对方履行的义务之间具有互为条件、互为牵连的关系而且在价值上大致相当。基于合同自由原则及价值的主观性，

---

① 韩世远：《构造与出路：中国法上的同时履行抗辩权》，《中国社会科学》2005年第3期，第104页。

当事人的债务是否在价值上相当并不能影响同时履行抗辩权的行使。

（2）双方互负的债务均须已届清偿期。同时履行抗辩权的适用，是双方对待给付的交换关系的反映，旨在使双方所负的债务同时履行，双方享有的债权同时实现。因此，只有在双方的债务都到清偿期时，才可行使同时履行抗辩权。

（3）必须是对方当事人未履行债务或者未按照约定正确履行债务。原告向被告请求履行债务时，原告自己已负有的与对方债务有牵连关系的债务未履行，被告因此可以主张同时履行抗辩权，拒绝债务履行。如果原告已履行债务，则不发生同时履行抗辩权问题。同时，原告未履行的债务与被告所负的债务之间若无对价关系，则被告不得援用同时履行抗辩权。

（4）对方的对待给付必须是可能履行的。同时履行抗辩权的机能，在于一方拒绝履行可迫使他方履行合同，这样就能够促使双方同时履行其债务。但是，同时履行是以能够履行为前提的，如果一方已经履行，而另一方因过错而不能履行其所负的债务（如标的物已遭到毁损、灭失等），则只能适用债务不履行的规定请求补救，而不发生同时履行抗辩问题。如果因不可抗力发生履行不能，则双方当事人将被免责。在此情况下，如果一方提出了履行的请求，对方可提出否认该请求权存在的主张，而不是主张同时履行抗辩权。① 如果对方履行合同债务的可能性不复存在，则行使同时履行抗辩权也达不到应有的目的，因而也没有行使的必要。

3. 同时履行抗辩权的行使及效力

当事人应以明示的方式行使同时履行抗辩权，至于口头还是书面，均无不可。同时履行抗辩权如何行使，《合同法》并未规定。事实上，同时履行抗辩权是双务合同当事人所享有的一项权利。依当事人意思自治原则，对此权利，当事人可以行使，也可以不行使，完全由当事人自由决定，法院和仲裁机构不得依职权主动援用。当事人（被告）应向法庭表明援用同时履行抗辩权的意思，但被告无证明原告未履行或未提出履行对待给付义务的举证责任，而应由原告负举证责任，证明自己已履行或已提出履行。简言之，当事人所负之举证责任，仅须证明合同已经成立即可。在履行不符合约定的情

① 马强：《试论同时履行抗辩权》，《法学论坛》2001年第2期，第72页。

况下行使同时履行抗辩权，其举证责任与通常之同时履行抗辩权相同。① 当事人行使同时履行抗辩权的效力是拒绝对方的履行请求，易言之，抗辩权人不履行己方债务是正当行使权利，而非违约。其他的效力体现在对抵销的影响、对履行迟延的构成等方面。

（二）先履行抗辩权

1. 先履行抗辩权的概念

先履行抗辩权是对《中华人民共和国合同法》第六十七条的学理概括。检索罗马法以降的大陆法之债法的概念体系，无从发现先履行抗辩权这个概念，更遑论有关该概念的细致分析了。我国有学者因此断言，先履行抗辩权是《合同法》的首创。在大陆法上，先履行抗辩其实是合同不履行的抗辩或同时履行的抗辩的内涵之一。《国际商事合同通则》第 7.1.3 条首次将先履行抗辩权规定为一项独立规则，我国《合同法》为矫正司法实践对双务合同之牵连性的认识缺陷，借鉴《国际商事合同通则》第 7.1.3 条，对先履行抗辩权作出了明确规定。因此，先履行抗辩权并非《合同法》所独创。② 先履行抗辩权在《合同法》上的确立，标志着我国合同法理论在司法实践的协力之下克服了对双务合同之牵连性的狭隘认识，弥补了片面理解同时履行抗辩权所造成的制度缺陷，就此而言，规定先履行抗辩权具有明显的"补漏"意义，谈不上有任何制度创新意义。先履行抗辩权为《合同法》所独创的观点，明显经不起推敲。③

先履行抗辩权是《合同法》第 67 条首次明确规定的。先履行抗辩权，又叫后履行抗辩权，又叫顺序履行抗辩权，目前理论界的叫法不一，学界主流观点称之为"先履行抗辩权"。所谓先履行抗辩权是指当事人互负债务，有先后履行顺序的，先履行一方未履行之前，后履行一方得拒绝其履行请求，先履行一方履行债务不符合约定的，后履行一方得拒绝其相应的履行要求的权利。

① 马强：《试论同时履行抗辩权》，《法学论坛》2001 年第 2 期，第 74 页。
② 朱广新：《先履行抗辩权之探究》，《河南省政法管理干部学院学报》2006 年第 4 期，第 125 页。
③ 朱广新：《先履行抗辩权之探究》，《河南省政法管理干部学院学报》2006 年第 4 期，第 128 页。

2.先履行抗辩权的适用条件

根据《合同法》的规定，先履行抗辩权的构成要件有如下三方面的条件。

（1）须双方当事人互负债务。双方当事人因同一合同互负债务，在履行上存在关联性，形成对价关系。单务合同无对价关系，不发生先履行抗辩权。如果当事人互负的债务不是基于同一双务合同，亦不发生先履行抗辩权。

（2）双方债务须有先后履行顺序。在双务合同中，双方当事人的履行，多是有先后的。这种履行顺序的确立，或依法律规定，或按当事人约定，或按交易习惯。很多法律对双务合同的履行顺序做有规定。当事人在双务合同中也可以约定履行顺序，谁先履行，谁后履行。在法律未有规定、合同未有约定的情况下，双务合同的履行顺序可依交易习惯确立。

（3）先履行一方未履行债务或其履行不符合约定。但是，需要注意的是，未履行债务应是未履行主合同债务。有裁判指出，"未履行合同附随义务并非先履行抗辩权的行使条件。先履行抗辩权的行使条件跟主给付义务的履行与否有直接关系，并且要求双方义务有对价性，而不能以对方不履行附随义务或履行瑕疵而提出先履行抗辩权，拒绝履行主给付义务。"①

3.先履行抗辩权的行使及效力

因后履行一方享有顺序利益，在先履行一方未履行或未适当履行债务时，后履行一方可以行使先履行抗辩权，即不履行债务或者拒绝先履行一方的履行要求，而且无须以明示方式行使，沉默亦为有效。先履行抗辩权，在效力上，赋予了后给付一方一种中止履行权。该权利在性质上具有消极防御的特点，在作用上具有迫使对方积极履行债务的功用，在效力上只是使对方权利的效力向后延伸，并不导致对方当事人债务的消灭。但是需要注意：其一，行使中止权所产生的事实状态具有暂时性。其二，中止权是一种法定权利，行使中止权，具有阻却违法的效果。

---

① 郑方舟：《未履行合同附随义务并非先履行抗辩权的行使条件》，《人民司法》2014年第24期，第77页。

（三）不安抗辩权

1. 不安抗辩权的概念

不安抗辩权，是指双务合同中有先为给付义务的当事人，如果发现对方的财产或履行能力明显减弱，有难为履行对待给付义务的可能时，暂时拒绝自己给付的权利。《合同法》第 68 条第 1 款规定："应当先履行债务的当事人，有证据证明对方有下列情形之一的，可以中止履行：①经营状况严重恶化；②转移财产、抽逃资金，以逃避债务；③丧失商业信誉；④有丧失或者可能丧失履行债务能力的其他情形。"在合同成立以后，发生后履行一方当事人财产状况恶化，有可能不能履行其债务，可能危及先履行一方当事人债权的实现时，如仍强迫应当履行一方先为给付，则有悖于公平原则。法律为贯彻公平原则，避免一方当事人蒙受损失，特设立不安抗辩权制度。

不安抗辩权制度是大陆法系国家立法上的制度，与英美法系的默示违约制度具有极为相似之处。但是，不安抗辩权和预期违约的差别，主要表现为：其一，前提条件不同。不安抗辩权行使的前提条件之一是债务履行时间有先后之别。而预期违约无此前提。其二，过错是否为构成要件不同。不安抗辩权的成立无须对方主观上有过错，只要其有可能丧失对待给付能力即可，至于何种原因引起，不予考虑。而预期违约则不同。明示毁约即要求考虑过错问题。其三，法律后果不同。合同当事人行使不安抗辩权仅能中止合同，在对方提供担保或恢复履行能力之后，仍应恢复履行，不得直接解除合同。但一方预期违约时，依照合同法第 94 条、108 条的规定，对方当事人则有权立即解除合同。"通过英美判例而得以确立的默示预期违约与大陆法系国家通过民法典而规定的不安抗辩权在构成要件、法律效果上存在一些差异，但这些差异是否大到必须将这两处制度同时予以规定的地步，还是需要进行一番考察的。虽然默示预期违约与不安抗辩权存在一些差异，但这些差异并没有像一些学者所说的那么大，更没有大到必须将这两种制度同时予以规定的地步，两种制度所针对解决的是同一问题，因此没有必要在民法中同时规定两种极为相似的法律制度。"①

---

① 李军：《默示预期违约与不安抗辩权制度法系适应性之探讨》，《政法论坛》2004 年第 4 期，第 164 页。

2.不安抗辩权的成立要件

根据法律规定，不安抗辩权的行使必须具备以下几个条件。

（1）可以中止合同履行的人，必须是负有先履行债务的一方。也有学者指出，"应当允许双务合同的任何一方当事人在有理由陷于不安的情形下，不仅可以中止债务的履行，而且可以中止履行准备，由此导致迟延履行的，不负迟延责任。"[1] 并进而指出，"不安抗辩权的适用范围应予扩张，不安抗辩权规则应当作如下修正：在双务合同中，陷于不安的任何一方当事人都可以就自己的对待给付义务中止履行，或者中止为履行债务所作的准备工作，但须及时通知对方。"[2]

（2）有证据证明对方有《合同法》第68条第1款规定情形的：经营状况严重恶化；转移财产、抽逃资金，以逃避债务；丧失商业信誉；有丧失或者可能丧失履行债务能力的其他情形。

（3）对方当事人没有提供担保。设立不安抗辩权的目的就在于保证先履行义务一方债权的安全性，当对方已提供适当的担保后，先履行义务一方的债权已得到了保证，就不得再行使不安抗辩权，因此不安抗辩权的行使仅应限于合同未约定担保条款或所提供的担保不适当的情况。

（三）不安抗辩权的效力

为了兼顾后给付义务人的利益，也为了便于其能及时提供适当担保，先给付义务人行使不安抗辩权的，应及时通知后给付义务人，该通知的内容为中止履行的意思表示，如在此通知中要求后给付义务人提供适当担保，亦无不可。先给付义务人及时通知后给付义务人，可使后给付义务人尽量减少损害，及时地恢复履行能力或提供适当的担保以消除不安抗辩权，从而恢复合同的正常履行秩序。行使不安抗辩权的先给付义务人负有证明后给付义务人的履行能力明显降低，有不能为对待给付的现实危险的责任，以防止其滥用不安抗辩权。如果先给付义务人没有确切证据而中止履行，应当承担违约责任。行使不安抗辩权的效力是暂时中止履行合同，一旦对方提供了担保，

---

[1] 葛云松：《不安抗辩权的效力与适用范围》，《法律科学》2003年第1期，第86页。
[2] 葛云松：《不安抗辩权的效力与适用范围》，《法律科学》2003年第1期，第92页。

应恢复履行。同时，不安抗辩权属于自助权，是一种单方法律行为。先履行义务一方只要有确切证据证明对方在履行义务期限届至前，有难以对待给付的现实危险时，就可以单方中止合同，而不必得到对方的同意或人民法院、仲裁机构的许可。中止合同履行可能产生以下法律后果。

1. 对方承担违约赔偿责任。当事人中止合同履行后，对方当事人由于种种原因可能会不再履行合同，中止履行合同后对方在合理的期限未恢复履行能力，也未提供适当的担保的，此种中止相当于合同的解除或终止。中止合同的一方可以要求对方承担违反合同的赔偿责任。

2. 提出中止方继续履行合同。中止履行合同后，对方也可能对履行合同提供了适当的担保，采取中止合同履行的一方，应根据对方提供的担保，恢复合同的履行。

3. 承担违反合同的责任。当事人一方采取中止合同履行措施后，如果没有确切证据证明对方不能履行或不履行的，中止合同履行的一方，应当承担违反合同的责任，给对方造成损失的，应赔偿损失。

4. 附随义务。先履行一方行使不安抗辩权时应附随两项义务：

（1）通知义务。当事人因行使不安抗辩权而中止履行时，应当及时通知对方。这是对对方权利的必要保护，便于对方及时了解情况后及时提供担保，避免对方因此受到损害。如权利人没有及时通知相对人，应视具体情形承担违约责任。

（2）举证义务。先履行义务一方当事人不得随意行使不安抗辩权，必须有确切的证据证明对方经营状况严重恶化或严重丧失商业信誉，难以对待给付时，才能根据合同法的规定行使该权利。

具体行使不安抗辩权的过程中，根据后履行方在合理期限内是否提供担保或恢复履行能力，可将不安抗辩权的效力划分为两个层次。第一个层次是上述的中止履行。中止履行后仍不能实现目的的，则开始发生第二层次的效力。如果合理期限届满，后履行方未提供适当担保且未恢复履行能力，则发生第二次效力，即先履行方可以解除合同并要求损害赔偿。我国合同法明确赋予先履行方以解约权，这是对大陆法系各国不安抗辩权制度的重大发展，从而使得该制度能够为先履行方提供更加充分的法律保护。然而我国不安抗辩权制度也有缺憾，这主要表现在赋予先履行方解约权的同时，并未规定先履行方还可以请求损害赔偿。笔者认为，该损害赔偿的范围应为后履行方默示毁约时应支付的损害赔偿额，不能以后履行方的履行期到来时的价格作为赔偿标准计算赔偿数额。[1]

---

[1]　曹更生、侯卫国：《不安抗辩权的适用条件及效力》，《人民法院报》2001 年 7 月 13 日。

第 四 章

债 的 保 全

一、债的保全概述

债的保全又称为责任财产的保全、债的一般担保，是指为了保证债权人债权的实现，防止债务人的责任财产积极或消极地不当减少而采取的一种法律措施。债的关系成立后，债务人便负有履行债务的义务，其全部财产就成为履行债务的一般担保，民法上称为责任财产。债权本质上属于请求权、相对权，债权人原则上只能请求债务人履行债务，而不能直接支配债务人的财产。如果债务人的财产应该增加而没有增加或者不应减少而减少，则势必会影响债务人的偿债能力，甚至会使债权人的债权难以实现，为了维持债务人的责任财产并确保债权人的利益，法律上设置了债的保全制度。"债的保全制度赋予债权人干预债务人责任财产之权利，用于保全债权的实质的价值。"[1]

债的保全制度包括代位权和撤销权两种制度。代位权旨在防止债务人责任财产的消极减少，适用于债务人的财产应当增加且能增加而由于债务人的懈怠没有增加的情形；撤销权旨在防止债务人责任财产的积极减少，适用于债务人的财产不应减少而债务人恶意减少的情形。债的保全制度突破了债的相对性原理，是债的对外效力的体现。债的保全制度是为所有债权人的利益而设的，而不是专门为特定债权人的利益而设，因此债的保全不同于债的

---

[1] 林诚二：《民法总则》（下册），法律出版社2008年版，第507页。

担保，其在本质上属于债的一般担保的范畴。我国《合同法》及其司法解释确立了比较健全的债的保全制度。

《合同法》在第 73 条规定了债权人的代位权，在第 74 条和第 75 条规定了债权人的撤销权。这一制度的确立，意义十分重大。首先，合同保全制度的确立弥补了合同债的救济制度的不完备。这样，就进一步丰富了合同债权的保护方法，使得债权人当债权受到侵害时可以采用多种方法加以保护。诸如合同的司法救济、合同的担保、履行抗辩权及合同保全等，从而使自身的债权得以顺利实现。其次，合同保全制度的确立，在一定程度上突破了合同相对性的原则，扩大了合同效力的范围。合同是当事人意思一致的协议，即对合同当事人具有法律约束力，无力约束当事人以外的第三人，因而具有相对性。按照合同相对性原则，债权人只能向债务人请求为一定给付，债务人也仅对债权人负有给付义务及附随义务，其他第三人与合同无关。而债权人的代位权和撤销权的行使须向债务人以外的第三人进行主张或者请求，其效力已涉及合同关系之外的第三人，是对合同相对性原则的突破，因而被称为债权的对外效力。这主要是为了保障债权人债权的安全，在债务人或者第三人的行为危及债权的特殊情况下，使债权的效力及于第三人是十分必要的。第三，实践中，企业的"三角债"、"赖账"现象比较普遍，合同保全制度可以有效地遏制这种现象的蔓延，规范我国合同市场。债权人的代位权制度主要是为解决企业"三角债"而设立。债权人的撤销权制度主要是解决企业"赖账"而形成的讨债难的问题。

二、代位权

（一）代位权概述

债权人代位权是指债务人怠于行使自己的权利而害及债权人债权实现时，债权人为了保全其债权，得以自己的名义代位行使属于债务人权利的权利。简言之，债权人的代位权就是债权人代债务人之位以自己名义行使债务人权利的权利。我国《合同法》第 73 条规定："因债务人怠于行使其到期债权，对债权人造成损害的，债权人可以向人民法院请求以自己的名义代位行使债务人的债权，但该债权专属于债务人自身的除外。代位权的行使范围以债权人的债权为限。债权人行使代位权的必要费用，由债务人负担。"

债权人的代位权可以从以下几个方面理解。其一，债权人代位权是由债权人以自己的名义行使属于债务人的权利。债务人的权利是对于第三人的权利，债权人行使代位权也就涉及第三人，也就表现为对第三人行使权利。其二，债权人代位权是于债务人怠于行使权利而危及债权人权利时得行使的权利。债权人行使代位权是为了保全债权，目的是使债务人得增加的财产能够增加，从而保障债权人利益的实现。因此，若债务人积极行使了自己权利的，债权人不能行使代位权。其三，债权人代位权是债权人以自己的名义对债务人的义务人行使权利的权利。债权人代位权是债权人代债务人的地位对债务人的义务人行使权利的权利，因此债权人是以自己名义而不是作为债务人的代理人行使债务人的权利。

债权人代位权制度最直接的目的是通过干预债务人和第三人的行为来实现保护债权人利益的目的，事实上代位权制度是在平衡债权人与债务人的利益、债务人的意思自由与交易安全的基础上所设立的制度。关于债权人代位权的性质，理论界争议颇大。有人主张其为形成权，有人主张其为管理权，我国大陆学者多认为债权人的代位权具有管理权和形成权的双重性质。[①] 关于代位权的性质，本书不再评述，但应该明确的是：代位权属于实体权利而非程序权利；代位权属于债权人的权利而非债务人的权利。

（二）代位权的要件

《最高人民法院关于适用〈中华人民共和国合同法〉若干问题的解释（一）》（以下简称《合同法解释（一）》）第 11 条规定："债权人依照合同法第 73 条的规定提起代位权诉讼，应当符合下列条件：①债权人对债务人的债权合法；②债务人怠于行使其到期债权，对债权人造成损害；③债务人的债权已到期；④债务人的债权不是专属于债务人自身的债权。"本书认为，上述司法解释的第二个要件实际上已经包括了第三个要件，因此债权人的代位权具备下列三个条件即可成立。

---

① 王利明：《民法》，中国人民大学出版社 2007 年版，第 469 页。

1. 债权人对债务人的债权合法。这是代位权成立的前提，代位权是为保全债权人的债权而存在的权利，如果债权人对债务人的债权不合法，代位权也就无从谈起。"债权人对债务人的债权合法"实际上包含着两层含义：首先，债权人与债务人之间已经成立了债权债务关系；其次，这种债权债务关系必须是合法的。如果债权人和债务人之间的债权债务关系并不存在，或者具有无效的因素，或者已经被撤销，或者已经解除，或者债权债务已经沦为自然债权，则债权人就不再享有代位权。如果债权债务关系并不成立，或者具有无效或可撤销的因素而应当被宣告无效或者可能被撤销，或者债权债务关系已经被解除，或者债权人和债务人之间的债权是一种自然债权，则债权人并不应该享有代位权。[1]

2. 债务人怠于行使其到期债权。《合同法解释（一）》第 13 条规定："合同法第 73 条规定的'债务人怠于行使其到期债权，对债权人造成损害的'，是指债务人不履行其对债权人的到期债务，又不以诉讼方式或者仲裁方式向其债务人主张其享有的具有金钱给付内容的到期债权，致使债权人的到期债权未能实现。次债务人（即债务人的债务人）不认为债务人有怠于行使其到期债权情况的，应当承担举证责任。"原因在于："由于诉讼或仲裁方式能够清晰地显示出债务人的权利行使状况，其证明力最为直接和确凿；而非诉讼和仲裁方式，即债务人直接请求第三人履行的方式，在识别债务人对次债务人是否确实行使权利的问题上相对困难。因为在非诉讼和仲裁方式下，其权利行使与否更多地取决于债务人、第三人是否承认，如果债务人实际上未行使权利却谎称已经行使，甚至债务人和次债务人恶意串通欺骗债权人，其均不易查清。"[2] 但是，有学者指出，《合同法解释（一）》的上述规定的负面作用却是明显的，主要体现在：①它漠视我国现行法上规定的权利行使的多种途径和方式，人为地、不当地排除了当事人最为常态的行使权利的形式。②无论最高人民法院是否意识到，适用《合同法解释（一）》第 13 条第 1 款规定的前提和结果是认定债务人不通过诉讼方式或者仲裁方式向其义务人主张权利为"怠于行使其到期债权"，也就是权利行使不当，其实质是将债权

① 王利明：《论代位权的行使要件》，《法学论坛》2001 年第 1 期，第 36 页。
② 崔建远：《债权人代位权的新解说》，《法学》2011 年第 7 期，第 135 页。

人径行主张权利的合法行使视为过失，含有否定之意，至少在债务人尚未向债权人清偿时是这样的。其价值导向和对善恶的区分与把握，均值商榷。③债务人直接向其义务人主张权利，较通过诉讼方式或者仲裁方式请求其成本要低得多。并进一步指出，"判断债务人是否怠于行使权利不宜限于行使权利的过程，而应兼顾行使权利的结果，即在债务人直接请求次债务人履行义务的情况下，不应过分纠缠于债务人是否向次债务人主张了权利的过程，而是更看重次债务人是否已向债务人清偿的结果，只要债务履行期届满时次债务人尚未清偿，债务人又未通过诉讼方式或仲裁方式请求，就认定债务人怠于行使权利。这样，债务人、次债务人谎称债务人已经行使权利就变得没有实际价值了。"①

3. 债务人怠于行使债权对债权人造成损害。代位权是以保全债权为目的的，若无保全债权的必要，也就无成立代位权的必要。例如，债务人虽怠于行使对第三人的权利，但债务人有足够的财产清偿债务，债务人不为清偿时，债权人请求法院强制执行自可保障其债权的实现，则债权人自无保全债权的必要，也就不成立债权人代位权。关于判断标准，时至今日，多数观点认为，应赞同"无资力说"和"特定物债权说"并存和各有其适用领域的模式。在不特定物债权及金钱债权的场合，对债权有无保全必要的判断，宜采用"无资力说"；在特定物债权的情况下，对债权有无保全必要的判断，宜采用"特定物债权说"。不过，在特定物债权的实现发生障碍、债权人代位行使债务人对第三人的权利时，如果不是请求该第三人交付该特定物，而是主张损害赔偿或支付违约金的，因该损害赔偿请求权或支付违约金请求权与一般债权在性质上没有两样，故也应以无资力为要件。② 有学者指出，对于给债权人造成损害应当作较为严格的解释。因为代位权的行使毕竟已突破了合同的相对性规则，会直接影响到第三人的权利和利益，如果将"对债权人造成损害"作出宽泛的解释，必然导致代位权行使的要件过于宽泛，使得债权人非常容易地行使代位权，这将会使合同相对性规则受到非常严重的冲击。"对债权人造成损害"应当从三个方面来判断：债权人对债务人的债权

---

① 崔建远：《债权人代位权的新解说》，《法学》2011 年第 7 期，第 135 页。
② 崔建远：《债权人代位权的新解说》，《法学》2011 年第 7 期，第 135 页。

已经到期；债务人构成迟延履行；债务人因怠于行使自己对次债务人的权利，造成自己无力清偿对债权人的债务。[①]

4. 债务人的债权不是专属于债务人自身的债权。该要件是对代位权行使客体的要求。关于代位权的客体，根据《合同法》第 73 条的规定，债权人可以代位行使的权利必须是非专属于债务人的权利。对于什么是专属于债务人自身的债权，相关司法解释已经明确。《合同法解释（一）》第 12 条规定："合同法第 73 条第 1 款规定的专属于债务人自身的债权，是指基于扶养关系、抚养关系、赡养关系、继承关系产生的给付请求权和劳动报酬、退休金、养老金、抚恤金、安置费、人寿保险、人身伤害赔偿请求权等权利。"所谓专属于债务人自身的债权，往往是与债务人的人格权、身份权相关的债权，这些权利与债务人的生活密切相关，不可分离，故对这些债权不能由债权人代位行使。《合同法解释（一）》第 12 条列举了专属于债务人自身的债权的种类，即基于扶养关系、抚养关系、赡养关系、继承关系产生的给付请求权和劳动报酬、退休金、养老金、抚恤金、安置费、人寿保险、人身伤害赔偿等权利，这些权利不属于代位权的标的。[②]

（三）代位权的行使

只要符合代位权的行使要件，债务人的所有债权人均可以行使代位权。债权人为多人的，其可以单独行使，也可以共同行使，多人行使的是"多数债权人代为诉讼"。但是，如果对于同一债务已经有债权人行使代位权的，则其他债权人不得就债务人的同一权利再次行使代位权。一般认为，代位权人应为私法上的债权人，如税务机关基于公法上的关系征税时，不得代位行使纳税人的债权。[③] 但是，我国的《税收征收管理法》第 50 条规定："欠缴税款的纳税人因怠于行使到期债权，或者放弃到期债权，或者无偿转让财产，或者以明显不合理的低价转让财产而受让人知道该情形，对国家税收造成损害的，税务机关可以依照合同法第 73 条、第 74 条的规定行使代位权、撤销权。税务机关依照前款规定行使代位权、撤销权的，不免除欠缴税款的

① 王利明：《论代位权的行使要件》，《法学论坛》2001 年第 1 期，第 40—41 页。
② 曹守晔：《代位权的解释与适用》，《法律适用》2000 年第 3 期，第 16 页。
③ 孙森焱：《民法债编总论》（下册），法律出版社 2006 年版，第 513 页。

纳税人尚未履行的纳税义务和应承担的法律责任。"这就确认了所谓的"税收代位权",但对该制度的利益冲突和平衡机制仍值得探讨。

关于代位权行使的方式,国外立法采取了两种方式,即裁判方式和径行行使的方式,前者是指债权人通过提起诉讼方式行使代位权,后者是指债权人直接向第三人行使权利。关于这一问题,国内学术界也存在争议。有学者认为,债权人应以自己的名义行使代位权,并应尽到善良管理人的注意。债权人的代位权和撤销权不同,其行使不以诉讼为必要方式,可以其他方式行使。① 多数学者认为,债权人应该以诉讼的方式行使代位权。我国《合同法》第 73 条规定,债权人需通过法院行使其代位权。《合同法解释(一)》第 16 条规定:"债权人以次债务人为被告向人民法院提起代位权诉讼,未将债务人列为第三人的,人民法院可以追加债务人为第三人。两个或者两个以上债权人以同一次债务人为被告提起代位权诉讼的,人民法院可以合并审理。"

代位权属于债权人自己的实体权利,所以债权人应当以自己的名义行使代位权。从程序法的视角观察,债权人代位起诉,是一种法定的诉讼担当,债权人所享有的诉讼实施权是基于法律的直接规定。对于代位权诉讼而言,以"诉的利益"作为债权人诉讼实施权的基础较之管理权处分说更为妥当。理由在于,之所以承认债权人可以向次债务人直接提起诉讼,并不是因为债权人对代位债权有管理处分权,而是因为如果不承认债权人可以向次债务人直接起诉,则债权人的权益就得不到有效的保护。因而在债务人怠于行使其到期债权并给债权人造成损害时,债权人与次债务人之间就存在一种"诉的利益",这种"诉的利益"经法律的明确规定即成为法定的诉的利益。正是由于这种法定的诉的利益的存在,债权人才相应地具有诉讼实施权,故而能以次债务人为被告提起代位权诉讼。②

代位权的行使范围以债权人的债权为限。《合同法》第 73 条第 2 款规定:"代位权的行使范围以债权人的债权为限。债权人行使代位权的必要费用,由债务人负担。"另外,代位权的行使范围须以所需保全的债权价值为

---

① 刘凯湘主编:《民法学》(修订本),中国法制出版社 2004 年版,第 510 页。
② 赵钢、刘学在:《论代位权诉讼》,《法学研究》2000 年第 6 期,第 5 页。

限。如果超出保全债权的范围，应当分割行使债务人的债权。但当债务人的该项权利超过债权人须保全的债权数额时，债务人若无其他数额相当的权利可供行使或者该权利不可分割，债权人亦得代位行使该项权利。如果债权人行使债务人的部分债权足以保全债权，则应以行使部分债权为限。《合同法解释（一）》第21条规定：在代位权诉讼中，债权人行使代位权的请求数额超过债务人所负债务额或者超过次债务人对债务人所负债务额的，对超出部分人民法院不予支持。

（四）代位权的效力

从实体法的视角观察，代位权的行使对债权人、债务人和次债务人均产生一定法律效力。从程序法的视角观察，代位权诉讼的既判力及于债权人、债务人和次债务人。

1. 对债务人的效力。我国《合同法》对代位权行使的效果未作规定，债权人行使代位权的效果归属于何人不明确。在理论上主要有三种观点：①"入库原则说"。该观点认为，代位权行使的效果应该归属于债务人，行使代位权所得的财产应该先归属于债务人的责任财产，然后按照债的清偿之一般规则进行分配。这是因为，代位权本身与代位权的客体并不是一回事，代位权的客体是归属于债务人的，故其结果也应归属于债务人。债权人代位权虽是为了让债权人保全自己的债权，却并非是自己债权的直接满足，而是一种对全体债权人的共同担保的制度，是一种保全债务人责任财产的制度（即共同担保的保全），债权人代位权是要通过这种"共同担保的保全"来实现债权人"自己债权的保全"。②债权人平均分配说。该观点认为，代位权属于债权的范畴，因代位权的行使所获得的财产应该在债务人的债权人之间进行平均分配。③代位权人优先受偿说。该观点认为，为激励债权人行使代位权，应该将行使代位权所获得的财产让债权人优先受偿，这还可以避免出现其他债权人"搭便车"的现象。《合同法解释（一）》第20条规定："债权人向次债务人提起的代位权诉讼经人民法院审理后认定代位权成立的，由次债务人向债权人履行清偿义务，债权人与债务人、债务人与次债务人之间相应的债权债务关系即予消灭。"由此可见，该司法解释实际上采纳了第三种观点。我们认为，根据代位权本质上属于债的一般担保的法理，债权人行使代位权的效果应直接归属于债务人，第三人也应向债务人本人履行债务。如果债务人怠于受领，债权人可代位受领，但债权人不得以该受领物全部清偿自己的债权或者优先受偿，而必须与其他债权人平等受偿。对此，有学者做不同解释。单单赋予债权人行使代位权时的优先受偿权，违反了相似的事务相同处理的公平理念。既然如此，不惜大面积地破坏民法制度及其理论，赋予债权人的债权优先受偿的效力，很有些得不偿失。就此看来，"入库规则"最具合理性。有鉴于此，对《合同法解释（一）》第 20 条关于"由次债务人向债权人履行清偿义务"的规定，可不作债权人就次债务人的给付享有优先受偿权的解释，而宜将之解读为：它并未否定"入库规则"，而是在无其他共同债权人主张或依债务人的指令所为诸种情况下，次债务人向债权人交付标的物或提供劳务。其根据在于，该规定可有不同的解读，盖"次债务人向债权人履行清偿义务"的含义和依据可能包括以下数种情形：依债务人（次债务人的权利人）的指令，或依债权人、债务人和次债务人之间的约定，或依法律的直接规定，甚至是债权人的请求。在依债务人即次债务人的权利人的指令、债务人的共同债权人都在债权上睡眠等情况下，所谓"次债务人向债权人履行清偿义务"，并不表明债权人代位权具有使债权人直接请求次债务人清偿并使自己的债权优先受偿的效力。[1]

2. 对第三人的效力。代位权行使的结果是使第三人向债务人履行债务。债务人怠于受领而由债权人代位受领的，第三人对债务人的债务归于消灭。对第三人来说，债权无论是由债务人亲自行使，还是由债权人代位行使，均不影响其法律上的地位和利益。债权人行使代位权后，第三人对债务人所享有的一切抗辩，如权利不发生之抗辩、权利消灭之抗辩、同时履行之抗辩等都可用来对抗债权人。《合同法解释（一）》第 18 条规定："在代位权诉讼中，次债务人对债务人的抗辩，可以向债权人主张。"关于行使代位权的必要费用的负担问题，《合同法》第 73 条规定："代位权的行使范围以债权人的债权为限。债权人行使代位权的必要费用，由债务人负担"。《合同法解释（一）》第 19 条规定："在代位权诉讼中，债权人胜诉的，诉讼费由次债务人负担，从实现的债权中优先支付。"显然二者存在冲突，哪种规定较为合理，

---

[1]   崔建远：《债权人代位权的新解说》，《法学》2011 年第 7 期，第 140 页。

则仍值得探讨。

3. 对债权人的效力。债权人向次债务人提起的代位权诉讼，人民法院经审理后认定代位权成立的，由次债务人向债权人履行清偿义务，债权人与债务人、债务人与次债务人之间相应的债权债务关系即予消灭。对于因行使代位权所得的财产，债权人能否优先受偿，存有争议，如上文所述。根据相关司法解释的规定，在代位权诉讼中，债权人胜诉的，诉讼费由次债务人负担，从实现的债权中优先支付。

三、撤销权

（一）撤销权概述

债权人的撤销权又称废罢诉权，是指债权人对于债务人所为的积极危害债权的行为，可请求法院予以撤销的权利。债权人的撤销权起源于罗马法，是由罗马法务官保罗所创设的概念，故又称为保罗诉权。查士丁尼《法学阶梯》中有明文规定，后世许多法典都继受了这一概念。撤销权有民法上的撤销权和商法上的撤销权，民法上的撤销权即本书所讨论的撤销权，商法上的撤销权是指破产法上的撤销权。

我国《合同法》第74条规定："因债务人放弃其到期债权或者无偿转让财产，对债权人造成损害的，债权人可以请求人民法院撤销债务人的行为。债务人以明显不合理的低价转让财产，对债权人造成损害，并且受让人知道该情形的，债权人也可以请求人民法院撤销债务人的行为。撤销权的行使范围以债权人的债权为限。债权人行使撤销权的必要费用，由债务人负担。"有学者指出，侵害私权利的行为，其效力应该由受害人决定。债务人不当减少财产，损害债权的法律行为的效力，在损害范围内应由债权人决定，法理上应属由第三人决定效力之效力待定行为，非可撤销行为。债权人撤销权的规定也混淆了效力待定行为和可撤销行为的关系。[1]

关于撤销权的性质，有请求权说、形成权说、责任说、折中说等不同

---

[1]　李锡鹤：《论民法撤销权》，《华东政法大学学报》2009年第2期，第31页。

的学说。①请求权说认为，撤销权的实质是对因债务人的行为而受有利益的第三人请求其返还所得利益的权利，故此说又称债权说。依此说，请求撤销之诉为给付之诉。②形成权说认为，撤销权是依债权人的意思表示而使债务人与第三人间的法律行为归于消灭。依此说，请求撤销之诉为形成之诉。③责任说认为，债权人并不需请求受益人返还利益，即得将该利益视为债务人的责任财产而径行向法院申请强制执行。④折中说认为，债权人的撤销权不仅以撤销债务人与第三人间的行为为内容，而且含有请求恢复原状以取得债务人财产的作用，因而兼具形成权与请求权的双重性质。上述诸说，以折中说为通说。撤销权制度一方面可恢复债务人清偿债务的财力，保护债权人的利益；另一方面可使债务人实施的有害于债权的行为归于无效，有利于维护正常的社会经济秩序。

债权人的撤销权可以从以下几个方面理解：

（1）债权人撤销权的行使对象是债务人和第三人的行为。因债权人撤销权的行使是撤销债务人与第三人间的行为，从而破坏债务人与第三人间已成立的法律关系，当然的涉及第三人，因此债权人的撤销权也是债的关系对第三人效力的体现形式之一。

（2）债权人的撤销权是债权人在债务人实施积极侵害债权的行为时所行使的权利。代位权针对的是债务人懈怠行使权利的行为，撤销权针对的是债务人积极侵害债权的行为。

（3）债权人的撤销权是以提起诉讼的方式而行使的权利。但应该注意的是，债权人的撤销权虽然需要通过诉讼的方式行使，但该权利为实体法上的权利而非诉讼法上的权利。

关于撤销权的性质，有请求权说、形成权说、责任说、折衷说等不同的学说。①请求权说认为，撤销权的实质是对因债务人的行为而受有利益的第三人请求其返还所得利益的权利，故此说又称债权说。依此说，请求撤销之诉为给付之诉。②形成权说认为，撤销权是依债权人的意思表示而使债务人与第三人间的法律行为归于消灭。依此说，请求撤销之诉为形成之诉。③责任说认为，债权人并不需请求受益人返还利益，即得将该利益视为债务人的责任财产而径行向法院申请强制执行。④折衷说认为，债权人的撤销权不仅以撤销债务人与第三人间的行为为内容，而且含有请求恢复原状以取得债务人财产的作用，因而兼具形成权与请求权的双重性质。上述诸说，以折衷说为通说。①

（二）撤销权的要件

《合同法》第74条第1款规定："因债务人放弃其到期债权或者无偿转让财产，对债权人造成损害的，债权人可以请求人民法院撤销债务人的行为。债务人以明显不合理的低价转让财产，对债权人造成损害，并且受让人知道该情形的，债权人也可以请求人民法院撤销债务人的行为。"《合同法解释（二）》第18条规定："债务人放弃其未到期的债权或者放弃债权担保，或者恶意延长到期债权的履行期，对债权人造成损害，债权人依照合同法第74条的规定提起撤销权诉讼的，人民法院应当支持。"可见，债权人撤销权的成立要件包括客观要件与主观要件，并且依债务人所为的行为是否有偿而有所不同。

1. **客观要件——债务人实施了危害债权的行为**

（1）债务人须于债权成立后实施行为。债务人的行为可以是双方法律行为，例如赠与、买卖、互易、借贷、保证、租赁等；也可以是单方法律行为，例如遗赠、捐助、债务免除等；可以是无偿法律行为，如赠与、遗赠、捐助、债务免除等；也可以是有偿法律行为，如买卖、互易等。但不包括事实行为与无效民事行为，因为事实行为无从撤销，无效民事行为无须撤销。其他的行为，诸如诉讼上的和解等，凡属于处分债务人财产的行为且是可撤销的皆可以。

（2）债务人的行为须为使其财产减少的财产行为。一方面，债务人的行为"须为财产行为"，债务人所为的不以财产为标的的行为不得撤销；另一方面，债务人的行为"须为使其财产减少的行为"，财产没有发生变化或使财产增加的行为不得撤销。可撤销的行为主要有：放弃到期债权、无偿转让财产、以明显不合理的低价转让财产等。"目前债务人放弃继承权等财产利益的行为、恶意抵押等增加共同担保财产负担的行为、恶意清偿等行为能否成为债权人行使撤销权的对象已成为司法实践中亟待解决的

---

① 王利明：《民法》，中国人民大学出版社2007年版，第473页。

问题。"①

何谓"明显不合理的低价",《合同法解释（二）》第 19 条规定："对于合同法第 74 条规定的'明显不合理的低价'，人民法院应当以交易当地一般经营者的判断，并参考交易当时交易地的物价部门指导价或者市场交易价，结合其他相关因素综合考虑予以确认。转让价格达不到交易时交易地的指导价或者市场交易价 70% 的，一般可以视为明显不合理的低价；对转让价格高于当地指导价或者市场交易价 30% 的，一般可以视为明显不合理的高价。债务人以明显不合理的高价收购他人财产，人民法院可以根据债权人的申请，参照合同法第 74 条的规定予以撤销。"司法实践中"明显不合理的低价"的判断标准略有差异。② 对于除法律明文规定之外的其他使债务人财产减少的行为可否撤销，一般认为，应该采取目的性扩张解释，即凡是债务人所实施的有害于债权并且适于撤销的行为，债权人均有权主张撤销。司法实践中由法院裁判认为，"判断债务人与受让人的房屋买卖行为是不是以明显不合理低价转让财产，应当以交易当地一般经营者的判断为基准，参考交易当时交易地房管部门评估价，结合诉争房屋价格、受让人是否构成善意取得、房屋交易行为是否对债权人的债权造成损害和房屋使用情况等进行综合分析予以确定。"③

（3）须债务人的行为有害债权。所谓有害债权，是指债务人的行为足以减少其一般财产而使债权不能完全受清偿。若债务人的行为虽使其财产减

---

① 尹秀：《论债权人撤销权制度的司法适用》，《私法研究》（第 15 卷），法律出版社 2014 年版，第 257 页。

② 在浙江温州中院判决陈丽婵诉施文颖等撤销权纠纷案中，法院裁判指出：被告施文颖以 120 万元的价格转让其所有的北岙街道新城区某房产，该房评估的市场价值为 161.16 万元至 172.57 万元，转让价格低于市场价值 25.5% 至 30.4%；且转让金额中除房产、装修价值外，还包括被告一并转让给第三人的地暖设备、整套家电、家具。被告及第三人所辩称的《存量房买卖合同》中约定的房屋转让价格 120 万元是为了规避国家税收而低价申报转让过户的辩解观点，不予采信。被告与第三人之间的房产交易金额应以房管部门登记的《存量房买卖合同》中载明的 120 万元为准，该价格明显属于不合理的低价，可见被告该转让行为存在主观恶意。此外，第三人在主观上也明显存在恶意，不符合正常的房产交易习惯。由于被告和第三人以明显不合理的低价转让房产，导致其责任财产减少，清偿债务能力降低，直接造成原告的债权无法实现这一实际损害后果，撤销权条件具备。法院判决：撤销被告施文颖与第三人施剑雄、沈小燕签订的北岙街道新城区某房屋买卖合同。被告及第三人不服，提起上诉。浙江省温州市中级人民法院判决：驳回上诉，维护原判。具体参见：池进峰、周建青：《债权人撤销权的认定——浙江温州中院判决陈丽婵诉施文颖等撤销权纠纷案》，《人民法院报》2013 年 10 月 17 日。

③ 王松：《债权人撤销权的成立要件和法律效果》，《人民司法》2011 年第 24 期，第 27 页。

少，但尚未影响其对债权的清偿时，债权人自不能干涉债务人的行为。在司法实践中，债务人的行为是否害及债权，应主要从三方面考察：①债务人的行为是否导致其财产减少。债务人减少其财产的情形有两种：一是减少其积极财产，如让与所有权及其他财产权、设定他物权、放弃权利等；二是增加消极财产，如债务人新承担债务、为他人提供担保等。②债务人财产的减少是否导致债务人无资力。债务人财产的减少通常会对债权人的债权产生不利的影响，但此种不利影响须达到一定程度方才构成对债权的损害。如果债务人的行为虽然致其财产减少，但并未达到影响债务人清偿资力的程度，即无资力状态时，则不能认定该行为有害于债权。何为债务人无资力，各国有不同规定，瑞士以债务超过为要件，而德国以支付不能为要件。一般来说，于债务人为行为时，债务人的其他资产不足以满足一般债权人的要求，即为无资力。债务人有无资力应以客观上是否存在不能支付的事实为标准，而不能以债权人的主观认识为标准。③债务人的行为与无资力之间具有相当的因果关系，如其无资力系由其他原因引起的，则不发生撤销权。如果不具备上述要件，不能认定是"有害债权"。①

2.主观要件——债务人和第三人主观上的状态

罗马法上的"废罢诉权"制度，将债务人的行为分为有偿行为和无偿行为，德国、瑞士和我国台湾地区"民法"加以继受，规定有偿行为的撤销以债务人恶意为成立要件，而对于无偿行为的撤销，仅须具备前述三个条件即可，不以主观上有恶意为必要。根据我国《合同法》第74条的规定，债务人放弃债权或者无偿转让财产的，不以主观恶意为必要，而债务人以明显不合理的低价转让财产，本身即可以推知债务人有损害债权的故意，同时要求受让人也知道该情形，即受益人也须为恶意。

---

① 在浙江宁波中院判决郑国良诉金惠民等撤销权案一案中，法院裁判认为：根据《中华人民共和国合同法》相关规定，因债务人无偿转让财产，对债权人造成损害的，债权人可以请求人民法院撤销债务人的行为。根据金亮宇提供的金惠民社保个人账户查询结果，金惠民目前具有稳定工作和收入，金惠民在离婚后将其挂靠在其他公司的车辆又转让过户给他人，因此金惠民尚具备偿还债务的能力，难以认定金惠民转让财产行为对郑国良造成了损害。况且，原告郑国良就其对被告金惠民享有的债权已经向法院申请强制执行，而该执行案件尚未结案。因此，原告郑国良主张被告金惠民赠与房产的行为对其造成损害，理由不充分，不能支持。具体参见：邹永明：《债权人撤销权成立的司法认定——浙江宁波中院判决郑国良诉金惠民等撤销权案》，《人民法院报》2012年6月21日。

债务人有无恶意，一般应实行推定原则，即只要债务人的行为使其无资力就推定其有恶意，而受益人的恶意，则应由债权人证明。受益人的恶意以其知道其所为的有偿行为会害及债权为要件，而无须对债务人有害及存在与债权人的串通。

（三）撤销权的行使

撤销权由债权人行使。凡在债务人为有害债权的行为前有效成立的债权，其权利人均可行使撤销权。因撤销权的行使突破了债的相对性原理，有可能干涉私法自治和损害交易安全，因此债权人的撤销权须由债权人以自己的名义依诉讼方式行使。债权人可以单独行使撤销权，也可以共同行使撤销权。根据《合同法解释（一）》第 25 条第 2 款的规定："两个或者两个以上债权人以同一债务人为被告，就同一标的提起撤销权诉讼的，人民法院可以合并审理。"也有学者指出，"合同撤销权的行使存在意思表示方式、诉讼方式等不同的立法例。我国《合同法》规定必须以诉讼或仲裁方式行使合同撤销权是不科学的，应改以意思表示方式为宜。理由主要在于：将合同撤销权的行使限定为诉讼或仲裁方式会增加当事人的负担；认为撤销权人向相对人为撤销的意思表示时可发生协议解除合同的效力之观点，混淆了合同撤销与合同之协议解除这两项不同的法律制度；将行使合同撤销权的方式限定为诉讼或仲裁方式，在除斥期间的计算上可能不利于当事人；以可撤销事由的具体内涵具有一定的不确定性和撤销权有可能被滥用等为由，主张合同撤销权必须以诉讼或仲裁方式行使，其论证并不充分。因此，合同撤销权的行使只需规定以意思表示方式为之即可，至于在相对方有异议而发生争议时，可提起诉讼或者根据仲裁协议申请仲裁乃是自然而然的道理。"[①]

因对撤销权性质的认识不同，对债权人行使撤销权应以何人为被告的认识也有不同。依折衷说，债权人行使撤销权应以债务人、与债务人为行为的相对人以及利益转得人为共同被告，因为行使撤销权既要求撤销债务人与相对人所为的行为，又要求受益人返还其所得利益。《合同法解释（一）》第 24 条规定："债权人依照合同法第 74 条的规定提起撤销权诉讼时只以债务人

---

① 张里安、胡振玲：《略论合同撤销权的行使》，《法学评论》2007 年第 3 期，第 115—118 页。

为被告，未将受益人或者受让人列为第三人的，人民法院可以追加该受益人或者受让人为第三人"。"在司法实践中相当多的法院将债务人与受让人或受益人作为共同被告参与诉讼。本文认为撤销权诉讼被告主体资格的确定应根据法律行为当事人和撤销权诉讼性质加以确定。在无偿行为中债务人的行为为单方行为时应以债务人作为单独被告此时受益人和转得人则为无独立请求权的第三人债务人的行为为双方行为时，应将债务人与受益人作为共同被告转得人为无独立请求权的第三人。在有偿行为中，债务人的行为基本为双方行为因此撤销权诉讼应当以债务人与受让人作为共同被告转得人为无独立请求权的第三人。"①

根据《合同法》第 74 条第 2 款的规定，债权人行使撤销权的范围以债权人的债权额为限。由此可见，《合同法》采取了撤销权的相对效果说，意在尽可能地减少对交易安全的影响。

债权人的撤销权如同其他撤销权一样，应有除斥期间。这是因为如果允许债权人长时间享有撤销权，势必会影响交易安全。债权人应在权利行使期间内行使撤销权，在除斥期间届满时，债权人的撤销权即消灭。依《合同法》第 75 条的规定："撤销权自债权人知道或者应当知道撤销事由之日起 1 年内行使。自债务人的行为发生之日起 5 年内没有行使撤销权的，该撤销权消灭。"对此，有学者指出，"基于稳定当事人之间法律关系和维护交易秩序的要求，我国合同法亦应规定最长的撤销权行使期限，可规定自合同成立之日起 10 年的，撤销权消灭。这样一来，既可使撤销权人有一个相对较长的时间去获悉撤销的事由，又不致使合同关系处于过长的不确定状态，影响交易安全和法律秩序的稳定。"②

（四）撤销权的效力

债权人行使撤销权的效力及于债务人、受益人及债权人。

1. 对债务人的效力。对于债务人，债务人的行为一经被撤销，便视为自始无效。例如为财产赠与行为的，视为未赠与；为放弃债权行为的，视为

---

① 尹秀：《论债权人撤销权制度的司法适用》，《私法研究》（第 15 卷），法律出版社 2014 年版，第 303 页。

② 张里安、胡振玲：《略论合同撤销权的行使》，《法学评论》2007 年第 3 期，第 120 页。

未放弃。《合同法》第 74 条第 2 款的规定："债权人行使撤销权的必要费用，由债务人负担。"

2. 对受益人的效力。对于受益人，已受领债务人财产的，应当返还。原物不能返还的，应当折价返还其利益。受益人已向债务人支付对价的，得向债务人主张返还不当得利。《合同法解释（一）》第 26 条规定："债权人行使撤销权所支付的律师代理费、差旅费等必要费用，由债务人负担；第三人有过错的，应当适当分担。"

3. 对债权人的效力。传统民法理论认为，撤销权与代位权均采用"入库规则"。所谓"入库规则"，是指债权人提起代位权和撤销权诉讼的结果只能归于债务人，行使代位权和撤销权的债权人对追回或者避免减少的债务人的财产需要与其他债权人平等受偿，不享有优先受偿权。"先入库，再清偿"是"入库规则"奉行的原则。对此，有学者指出，"债权人撤销权'入库规则'虽然符合传统民法理论，但不符合我国司法实务要求，挫伤债权人行使此权利的积极性，客观上遏制了该制度的实施。只有采用'直接受偿规则'，才能激励债权人利用此制度维护自己的合法权益。"① 行使撤销权的债权人可请求受益人将所得利益返还给债务人，也可请求将所得利益直接返还给自己。但是撤销权行使的效力及于全体债权人。由受益人返还的财产为债务人的所有债权的一般担保，因此行使撤销权的债权人不得从受领的给付物中优先受偿。如该债权人依强制执行程序请求受偿的，全体债权人可申请按比例分配，但行使撤销权的债权人的债权与返还的财产发生抵销状态时，债权人得以抵销方式受偿。

---

① 徐山平：《债权人撤销权入库规则质疑》，《求索》2006 年第 5 期，第 116 页。

第 五 章

债 的 担 保

一、债的担保概述

（一）债的担保的概念和特点

债的担保是指法律为保证特定债权人利益的实现，而特别规定的以第三人的信用或者以特定财产保障债务人履行义务、债权人实现权利的制度。

债的担保的概念具有以下三方面的含义。

1. 债的担保是保障特定债权人债权实现的法律制度。债的担保不同于债的保全。债的保全是担保全体债权人利益的，是债的一般担保；而债的担保是一种特殊担保，是担保特定债权人利益的，其目的也正是为了强化债务人的清偿能力和打破债权人平等的原则，使特定债权人能够从第三人处受偿或者优先于其他债权人受偿。

2. 债的担保是以第三人的信用或者特定财产来保障债权人债权实现的制度。一般情况下，债以债务人的信用为基础，也就是说，债务人以自己的全部财产担保债权的实现，债务人的全部财产是其清偿全部债权的责任财产。而债的担保则是以第三人的信用或者特定的财产来担保特定的债权实现，因此债的担保的标的可以是第三人的信用，也可以是第三人或者债务人的特定财产，但不能是债务人的一般财产。以债务人的一般财产作担保不属于债的担保，而属于债的保全。

3.债的担保是对债的效力的一种加强和补充，是对债务人信用的一种保证措施。债的效力之一是债务人须以其全部财产承担债不履行的责任，但对于特定债权人来说，由于债务人责任的有限性和债权人地位的平等性，其债权并不具有完全的保障。担保的设定则使特定的债权人或得以第三人的财产受偿，或得从特定的财产价值中优先于其他债权人受偿，因此债权的实现更有保障，债的效力得到了加强。债的担保是在债务人不履行债务时保障债权人利益的措施，从而也就是对债的效力的一种补充。也正因为如此，债权人所享有的担保上的权利为一种从权利，其对债务人享有的债权为主权利。

债的担保一般具有平等性、自愿性及从属性的特点。

（1）平等性。平等性是指债的担保关系的当事人的法律地位是平等的，各方平等地协商确定相互间的权利义务，平等地受法律保护。设定债的担保是一种民事法律行为，任何一方都不能享有超越他人的特权，都不能将自己的意志强加给对方，各方之间也不存在管理和服从关系。

（2）自愿性。自愿性是指担保一般是由当事人自愿设定的。就担保的发生原因而言，担保有法定担保与约定担保之分。法定担保是指由法律直接规定的担保，约定担保是指由当事人自行设定的担保。约定担保是最主要的、最常见的担保。因此，在一般情况下，完全由当事人按照自己的意愿依法自主地决定是否设定担保、采用何种担保方式、担保的债务范围等等。任何人不能强迫他人作担保，也不能以不正当手段让他人作担保。

（3）从属性。从属性是指担保之债与被担保的债为主从关系，担保之债从属于被担保的债。担保之债为从债，其效力取决于所担保的债，被担保的债为主债。主债不成立或者无效，担保之债也就不能发生效力；主债消灭，担保之债也就随之消灭。《担保法》实际上规定了五种担保方式，即保证、抵押、质押、留置、定金，其中抵押、质押、留置三种担保方式本质上属于担保物权，故属于物权部分的讨论范围，本节所谓的债的担保方式仅指债的债权性担保方式，即保证和定金。

（二）债的担保的分类

根据不同的标准，债的担保可以作不同的分类，例如依担保产生的原因，债的担保可以分为法定担保和约定担保；依担保的对象，债的担保可以分为本担保和反担保；依债的担保方式，在现代各国法上，债的担保一般都包括人的担保和物的担保两类。此处主要讲述债的担保的形式，也就是担保的方式、方法，它是指当事人用以担保债权的手段。债的担保方式随着社会经济关系的发展和债权法的发展而不断发展。

1. 人的担保。人的担保是指以第三人的信用保证债的履行的担保方式。人的担保即保证担保，是由保证人以自己的信用担保债务人履行债务的担保。保证也是一种债的关系，在债务人不履行债务时，债权人得请求保证人履行。保证的成立实际上扩大了债务人清偿债务的责任财产的范围。因此，保证担保对于债权人行使权利以保障其利益是十分方便的。但是在保证担保中，债权人利益的实现还取决于第三人即保证人的信用，而保证人的信用具有浮动性，且其财产也处于不断地变动之中，这是保证担保的不足之处。

2. 物的担保。物的担保是指直接以一定的财物为债权作担保的担保方式，包括移转物的所有权或其他权利的权利移转型的物的担保和不移转物的所有权或其他权利的限定物权型的物的担保两种形态。

（1）不移转物的所有权或其他权利的物的担保，是指在第三人或债务人的一定财产上设定一定权利的物的担保。为担保债的履行而在一定财产上设定的权利，称为担保物权；在其上设定担保物权的财产称为担保物。享有担保物权的债权人在债务人不履行债务时得优先从担保物的变价中受偿。由此可见，担保物权是以确保债权的实现而设定的，是以直接取得或支配特定财产的交换价值为内容的一种物权。我国《民法通则》规定的担保物权包括抵押权和留置权。而《担保法》区分了抵押权与质权，规定了抵押权、质权和留置权三种担保物权。抵押权、质权一般是由当事人自行设定的，所以称为约定担保物权。留置权是直接基于法律规定的条件而发生的，因此称为法定担保物权。另外，在《海商法》、《民用航空法》及其他法律中还规定了优先权。

（2）权利移转型的物的担保，是指以移转标的物的所有权或其他权利来担保债权实现的担保方式。这种担保方式并不是在标的物上设定限定物权来担保债权，而是转移标的物的权利归债权人，即一旦债务人不清偿债务，标的物的所有权或者其他权利直接归属于债权人。从各国法律的规定来看，权利移转型物的担保主要包括让与担保、卖渡担保（此为日本的用语，即买卖式担保）、代物清偿预约、所有权保留等。

各国法律一般都规定了定金担保。定金担保是否为物的担保，对此有不同的观点。有观点认为，定金为金钱担保，不属于物的担保；另有观点认为，定金也可归于物的担保，因金钱也属于物，定金担保可归入权利移转型的物的担保，但属于物的担保的一种特殊形态。

另外，债的担保还有广义、狭义之分。广义的担保包括各种保障债权人利益实现的措施，包括一般担保和特殊担保。债的一般担保是由债的法律效力当然引申出来的，它仅起保障债务人财产不随意减少或防止债务人财产故意不增加，从而发挥保全债权的作用，它仅保证了债务人以其全部财产承担清偿全部债务的责任。但是，债的一般担保并不能完全确保特定债权人的权利。因为债权具有平等性，各债权人处于平等的地位，不论其债权成立的先后，在债务人的总财产不能清偿总债务时，各债权人只能按照比例各自受偿。因此，法律又确认了债的特殊担保。特殊担保是指以债务人的特定财产或第三人的财产作为履行义务的担保，即狭义的担保。本节所说的担保就是指债的特殊担保。

二、保　证

（一）保证的概念和特征

1. 保证的概念

保证是指主债务人以外的第三人（即保证人）与主债权人约定，在主债务人不履行债务时，由其按照约定履行债务或者承担责任的合同担保方式。

《民法通则》第 89 条规定："保证人向债权人保证债务人履行债务，债务人不履行债务的，按照约定由保证人履行或者承担连带责任；保证人履行债务后，有权向债务人追偿。"《担保法》第 6 条规定："本法所称保证，是指保证人和债权人约定，当债务人不履行债务时，保证人按照约定履行债务或者承担责任的行为。"依据上述规定，保证具有以下含义：

（1）保证是债的债权性担保方式的一种。根据我国《担保法》的规定，保证属于五种典型的担保方式之一，但是它属于债权性担保方式，不同于能够产生物权效力的担保物权。

（2）保证是由债权人与保证人实施的双方民事行为。首先，保证是由债权人和保证人实施的民事行为，其中债权人即主合同中的债权人，保证人必须为主合同债权人、债务人以外的第三人。其次，保证是一种双方民事行为，须有保证人与债权人双方意思表示的一致才能成立。仅有一方的意思表示就可成立保证的单方民事行为，不为债权法上的保证担保，例如票据法上的保证，其不属于这里所说的保证，而是一种特别法上的担保。

（3）保证是担保债务人履行债务的行为。保证是保证人以自己的信用担保债务人履行债务，因而保证人只能是债务人以外的第三人，而不能是债务人本人。债务人对自己履行债务的担保不为保证，如债务人对自己产品的质量所做出的保证，并不是债的担保的保证。第三人对他人所做出的不属于担保其履行债务的担保也不属于保证，例如人事保证等都不是债的担保上的保证。

值得注意的是，担保债务履行的行为方式是多样的，相关司法解释已经作出了规定。《担保法解释》第26条规定："第三人向债权人保证监督支付专款专用的，在履行了监督支付专款专用的义务后，不再承担责任。未尽监督义务造成资金流失的，应当对流失的资金承担补充赔偿责任。"第27条规定："保证人对债务人的注册资金提供保证的，债务人的实际投资与注册资金不符，或者抽逃转移注册资金的，保证人在注册资金不足或者抽逃转移注册资金的范围内承担连带保证责任。"

（4）保证是约定于债务人不履行债务时由保证人承担保证责任的行为。保证人承担的保证责任，也就是保证人向债权人承担的保证债务。保证债务只在债务人不履行债务时才能生效，债务人履行债务的，保证债务也就不能生效。保证人承担保证责任的方式有实际代为履行和赔偿损失两种，一般来说，承担实际代为履行责任需要事先约定，且须具有实际履行的必要与可能。保证人实际代为履行的债务一般是金钱债务，也可以约定为非金钱债务。《担保法解释》第13条规定："保证合同中约定保证人代为履行非金钱债务的，如果保证人不能实际代为履行，对债权人因此造成的损失，保证人应当承担赔偿责任。"

2. 保证的特征

保证有以下主要特征：

（1）保证具有从属性。保证的从属性在于保证合同是主合同的从合同，保证债务是主债务的从债务。保证的从属性主要表现在以下几个方面：①保证合同以主合同的有效存在为前提，无主债务也就无从债务；②保证的范围与强度从属于主债务，不得大于或者强于主债务；③在保证期间，债权人向第三人转让债权的，债权人对保证人的保证债权原则上也一同转移，保证人仍在原担保的范围内承担保证责任；④保证债务随主债务的消灭而消灭，主债务因清偿等原因消灭的，保证债务当然消灭。

（2）保证具有独立性。保证人的保证债务虽与主债务之间存在主从关系，依主债务的存在而存在，但保证债务并不是主债务的一部分，而是独立于主债务的单独债务，这也是保证区别于债务承担的重要标志。因为保证债务具有独立性，并不是主债务的一部分，所以保证债务虽因其从属性的要求，在范围上或强度上不得大于或强于主债务，但却可以与主债务不同。主债务不附条件的，保证债务可以附条件。主债务人与债权人之间诉讼的判决，其效力也不能当然地及于保证人。基于保证合同而发生的抗辩权，债务人不得享有，保证人得单独行使其抗辩权。主债务人败诉的，保证人也得于另一诉讼中，以自己的证据证明主债务的不存在、已消灭或者具有其他事由。债权人免除保证人保证债务的，主债务人的债务仍然存在。保证合同无效的，主债务的效力不受影响。

（3）保证具有无偿性。保证合同是无偿合同，保证人的保证债务不以从债权人处取得一定财产权利为代价，债权人也不须支付任何代价即对保证人享有保证债权。但是，这并不否定主债务人和保证人之间对于其权利义务关系做出的约定。

（4）保证具有补充性。保证债务是对主债务的补充和加强，因而具有补充性。保证的补充性主要表现在：只有在主债务人不履行债务时，保证人才负有履行保证债务的责任。因此，债权人请求保证人履行保证债务时，应当证明有主债务人未履行债务的事实。

（5）保证具有单务性。保证合同为单务合同，其双方当事人之间没有相互对待给付的义务，因而不发生义务履行的顺序问题，不适用同时履行抗辩权的规定。

（二）保证的成立和方式

1. 保证的成立

（1）形式要件。保证由保证人与债权人订立保证合同。保证人与债权人可以就单个主合同分别订立保证合同，也可以协议在最高债权额限度内就一定期间连续发生的借款合同或者某项商品交易合同订立一个保证合同。保证合同应当采用书面形式。

（2）主体要件。保证债务是为债务人代为清偿债务，因此保证人原则上应当具有代偿能力。保证人自始没有代偿能力，并且其后也不具有代偿能力的，保证合同为自始不能履行的合同，一般应当认定为无效。但是，不具有完全代偿能力的主体签订保证合同后不予履行的，保证合同仍然有效。《担保法解释》第 14 条规定："不具有完全代偿能力的法人、其他组织或者自然人，以保证人身份订立保证合同后，又以自己没有代偿能力要求免除保证责任的，人民法院不予支持。"

保证是一种民事行为，因此保证人为自然人的，应当具有完全民事行为能力，无完全民事行为能力人不能订立保证合同。

依据我国法律的规定，法人可以担任保证人。但是，根据《公司法》第 149 条的规定，董事、高级管理人员不得违反公司章程的规定，未经股东会、股东大会或者董事会同意，将公司资金借贷给他人或者以公司财产为他人提供担保，否则所得的收入应当归公司所有。企业的法人机构和职能部门不具有独立的法人资格，其保证能力受到限制，保证的效力应区别对待。《最高人民法院关于适用〈中华人民共和国担保法〉若干问题的解释》（以下简称《担保法解释》）第 17 条规定："企业法人的分支机构未经法人书面授权提供保证的，保证合同无效。因此给债权人造成损失的，应当根据担保法第 5 条第 2 款的规定处理。企业法人的分支机构经法人书面授权提供保证的，如果法人的书面授权范围不明，法人的分支机构应当对保证合同约定的全部债务承担保证责任。企业法人的分支机构经营管理的财产不足以承担保证责任的，由企业法人承担民事责任。企业法人的分支机构提供的保证无效后应当承担赔偿责任的，由分支机构经营管理的财产承担。企业法人有过错的，按照担保法第 29 条的规定处理。"第 18 条规定："企业法人的职能部门提供保证的，保证合同无效。债权人知道或者应当知道保证人为企业法人的职能部门的，因此造成的损失由债权人自行承担。债权人不知保证人为企业法人的职能部门，因此造成的损失，可以参照担保法第 5 条第 2 款的规定和第 29 条的规定处理。"另外，《担保法》第 9 条规定："学校、幼儿园、医院等以公益为目的的事业单位、社会团体不得为保证人。"但是，从事经营活动的事业单位法人另当别论。《担保法解释》第 16 条规定："从事经营活动的事业单位、社会团体为保证人的，如无其他导致保证合同无效的情况，其所签定的保证合同应当认定为有效。"

国家机关一般不得担任保证人。我国《担保法》第 8 条规定："国家机关不得为保证人，但经国务院批准为使用外国政府或者国际经济组织贷款进行转贷的除外。"所以，除法律特别规定外，以国家机关为保证人的保证合同应为无效。

另外，"其他组织"也可以为保证人。《担保法解释》第 15 条规定："担保法第 7 条规定的其他组织主要包括：①依法登记领取营业执照的独资企业、合伙企业；②依法登记领取营业执照的联营企业；③依法登记领取营业执照的中外合作经营企业；④经民政部门核准登记的社会团体；⑤经核准登记领取营业执照的乡镇、街道、村办企业。"

（3）意思表示要件。保证是保证人以自己的信用为债务人作担保的，因此保证人须有明确承担保证责任的意思表示。如果第三人仅向债权人提供债务人能够履行债务的信息，或者向债权人表示债务人能够履行债务，而没有明确表示自己愿意承担保证责任，则该第三人不为保证人，保证合同不能成立。但是若第三人在主合同上以保证人的名义签字盖章而又无其他的约定，则推定该第三人有担任保证人的意思表示，保证合同成立。

保证合同当事人双方关于保证的意思表示不仅应当一致，而且当事人关于保证的意思表示必须真实，否则保证合同也无效。保证合同有可撤销的事由的，当事人可以撤销，但重大误解是因保证人自己的过错造成的，保证人不得撤销。保证合同被撤销的，保证不能成立。

根据《担保法》第 15 条的规定，保证合同应当包括以下内容：被保证的主债权种类、数额，债务人履行债务的期限，保证的方式，保证担保的范围，保证的期间，双方认为需要约定的其他事项。保证合同不完全具备以上内容的，可以补正。

2. 保证的方式

保证合同的双方当事人应当约定保证的方式。保证方式分为一般保证与连带责任保证两种。

(1) 一般保证。一般保证是指保证人仅对债务人不履行债务负补充责任的保证。《担保法》第 17 条第 1、2 款规定："当事人在保证合同中约定，债务人不能履行债务时，由保证人承担保证责任的，为一般保证。一般保证的保证人在主合同纠纷未经审判或者仲裁，并就债务人财产依法强制执行仍不能履行债务前，对债权人可以拒绝承担保证责任。"因此，一般保证是保证人享有先诉抗辩权的保证方式。先诉抗辩权亦称检索抗辩权，是指保证人在债权人未就主债务人的财产依法强制执行而无效果之前，可以拒绝债权人要求其履行保证债务的权利。先诉抗辩权是保证人依其地位可以享有的特殊权利，这种权利的行使可以达到延期履行保证债务的结果，其性质为一种延期抗辩权。但是根据我国现行法律的规定，先诉抗辩权的行使受到一定的限制，《担保法》17 条第 3 款规定："有下列情形之一的，保证人不得行使前款规定的权利：①债务人住所变更，致使债权人要求其履行债务发生重大困难的；②人民法院受理债务人破产案件，中止执行程序的；③保证人以书面形式放弃前款规定的权利的"。

(2) 连带责任保证。连带责任保证是指保证人在债务人不履行债务时与债务人负连带责任的保证。《担保法》第 18 条规定："当事人在保证合同中约定保证人与债务人对债务承担连带责任的，为连带责任保证。连带责任保证的债务人在主合同规定的债务履行期届满没有履行债务的，债权人可以要求债务人履行债务，也可以要求保证人在其保证范围内承担保证责任。"由此可见，在连带责任保证中，保证人的责任重于一般保证中保证人的责任。一般保证的保证人只在债务人不能履行债务时才承担保证责任；而连带责任的保证人则不论债务人能否履行债务，只要债务人未履行债务，其就有义务承担保证责任，并不享有先诉抗辩权。值得注意的是，《担保法》第 19 条规定："当事人对保证方式没有约定或者约定不明确的，按照连带责任保证承担保证责任"。

（三）保证的效力

1.保证债务的范围

保证债务的范围也就是保证人保证担保的范围，是指保证担保效力所及的范围。保证效力所及的范围分为有限保证和无限保证两种不同的情况。

（1）有限保证。有限保证是保证人与债权人在保证合同中明确约定保证债务范围的保证。在有限保证中，保证人仅在当事人约定的范围内承担保证债务，对于超过约定范围的债务，保证人不负担保责任。例如，当事人约定保证人仅担保原本债权的，保证人对债务人原本债务以外的其他债务（如利息债务），不负保证责任。我国《担保法》第 21 条第 1 款规定："保证担保的范围包括主债权及利息、违约金、损害赔偿金和实现债权的费用。保证合同另有约定的，按照约定。"其中后半句的规定即为有限保证的规定。

（2）无限保证。无限保证是指当事人未明确约定保证债务范围的保证。我国《担保法》第 21 条第 2 款规定："当事人对保证担保的范围没有约定或者约定不明确的，保证人应当对全部债务承担责任。"这里的全部债务包括主债务的全部及利息债务、违约金、损害赔偿金、实现债权的费用。实现债权的费用不能当然地成为主债务的内容，但它是从属于主债务的必要负担，是保证人设定保证担保时应当和可以预见的，因此也应在保证债务范围内。

2.保证人与主债权人之间的关系

保证人与债权人之间的关系是保证效力的主要表现。保证成立后，债权人对保证人享有权利而不负担义务，保证人也享有一定的防御性权利。

（1）债权人的权利。债权人的权利是在主债务人不履行债务时，得请求保证人履行保证债务即承担保证责任。债权人请求保证人履行保证债务的，除应向保证人主张外，还须证明债务人的债务清偿期届满而债务未受完全清偿。债权人仅向债务人请求履行债务而未向保证人主张权利的，对保证人不发生效力。

债权人请求保证人履行保证债务的权利，其行使条件因保证方式的不同而有所不同。在一般保证中，债权人只有在就主债务人的财产强制执行而仍不能完全受偿时，才得请求保证人承担保证责任，否则保证人有先诉抗辩权；并且在保证人享有先诉抗辩权期间，债权人不得以自己对保证人的债务与保证人的保证债务相抵销。在连带责任保证中，只要主债务人于债务履行期限届满时未完全履行债务，债权人就有权请求保证人承担保证责任。

（2）保证人的权利。保证人的权利包括以下三个方面：

第一，享有主债务人的抗辩权。我国《担保法》第20条规定："一般保证和连带责任保证的保证人享有债务人的抗辩权。债务人放弃对债务的抗辩权的，保证人仍有权抗辩。抗辩权是指债权人行使债权时，债务人根据法定事由，对抗债权人行使请求权的权利。"例如，债权人履行自己的义务不符合合同约定的，债务人应主张拒绝给付价金而不主张时，保证人有权提出拒绝给付价金的抗辩。主合同因有可撤销的事由而得撤销的，主债务人不主张撤销时，保证人也有权以主合同可撤销而拒绝债权人的清偿请求。

第二，享有一般债务人应享有的权利。如保证人主张保证合同无效的抗辩、保证债务履行期未到的抗辩、保证债务消灭的抗辩。保证合同有得撤销的事由的，保证人有权主张撤销；保证人对债权人享有同种类债权的，可以其债权与债权人的债权抵销。

第三，一般保证的保证人特别享有的权利。一般保证的保证人特有的权利主要是先诉抗辩权。先诉抗辩权又称检索抗辩权，是指保证人于债权人未就主债务人的财产强制执行而无效果前，对于债权人得拒绝清偿保证债务的权利。连带责任保证的保证人不享有先诉抗辩权。我国《担保法》第17条规定："一般保证的保证人在主合同纠纷未经审判或者仲裁，并就债务人财产依法强制执行仍不能履行债务前，对债权人可以拒绝承担保证责任。有下列情形之一的，保证人不得行使前款规定的权利：①债务人住所变更，致使债权人要求其履行债务发生重大困难的；②人民法院受理债务人破产案件，中止执行程序的；③保证人以书面形式放弃前款规定的权利的。"

3. 保证人与主债务人之间的关系

保证虽为债权人与保证人之间的关系，但保证也在主债务人与保证人之间发生效力。在保证人与主债务人之间，保证人于一定条件下也享有一定的权利。保证人的权利主要是追偿权。追偿权又称求偿权，是指保证人在履行保证债务后，得请求主债务人偿还的权利。

保证人追偿权的成立须具备以下三个条件：①保证人向债权人履行了保证债务。不论保证人以何种方式履行债务，也不论保证人是履行了全部还是部分债务，只要保证人承担了保证责任，就可享有追偿权。②因保证人履行债务而使债务人免责。所谓使主债务人免责，是指主债务人对债权人的债务因保证人的履行而消灭，并非指债权债务消灭。债务人非因保证人的保证债务履行而免责的，保证人不享有求偿权。例如，债务人因自己的清偿行为而免责时，即使保证人又履行了保证债务，保证人也不享有向债务人追偿的权利，此时保证人只能依不当得利的规定请求债权人返还。③保证人履行保证债务无过错。保证人在承担保证责任上有过错的，保证人丧失求偿权。例如，保证人在债权人请求其承担保证责任时，应行使主债务人的抗辩权而未行使，致使其承担了不应承担的责任的，在此范围内，保证人丧失向主债务人追偿的权利。又如，保证人在为清偿或其他免责行为后，应当及时通知主债务人，以免主债务人重复履行，否则保证人也丧失追偿权。

保证人追偿权的范围，一般应当包括两部分：一部分是保证人为主债务人向债权人清偿的债务额，但以主债务人因其清偿受免责的数额为限；另一部分是保证人履行保证债务所支出的必要费用，但不包括因保证人的过错而多支出的费用。

保证人一般只能在承担保证责任后才能行使追偿权，但为保证保证人在履行保证债务后能够实现追偿的权利，法律规定了保证人得事前行使追偿权的情况。我国《担保法》第32条规定："人民法院受理债务人破产案件后，债权人未申报债权的，保证人可以参加破产财产分配，预先行使追偿权。"《企业破产法》第51条规定："债务人的保证人或者其他连带债务人已经代替债务人清偿债务的，以其对债务人的求偿权申报债权。债务人的保证人或者其他连带债务人尚未代替债务人清偿债务的，以其对债务人的将来求偿权申报债权。但是，债权人已经向管理人申报全部债权的除外。"

（四）保证责任的免除和消灭

保证责任免除和消灭的事由主要有以下几种。

1.保证期限届满而债权人未为请求时，保证责任免除。保证期间是保证责任的存续期间。一般保证因保证人享有先诉抗辩权，债权人应当先对主债务人提起诉讼或申请仲裁并对债务人的财产强制执行后，才能请求保证人承担保证责任。因此，在保证期间内，债权人未对债务人提起诉讼或者申请仲裁的，保证人免除责任。如在保证期间内，债权人向债务人提起诉讼或者申请仲裁，则保证期间适用诉讼时效中断的规定。对于保证期间，保证人与债权人有约定的，依其约定；保证人与债权人未约定保证期间的，保证期间为主债务履行期届满之日起6个月。连带责任保证，保证人无先诉抗辩权，债权人得不经请求债务人履行债务而直接请求保证人承担保证责任，但保证人也仅于保证期间内承担保证责任。在保证期间内，债权人未请求保证人履行保证债务的，保证责任即免除。

2. 债权人放弃物的担保，在放弃权利的范围内保证责任免除。《担保法》第28条规定："同一债权既有保证又有物的担保的，保证人对物的担保以外的债权承担保证责任。债权人放弃物的担保的，保证人在债权人放弃权利的范围内免除保证责任。"《担保法解释》第38条对《担保法》28条的规定又作了细化规定。

3. 未经保证人同意而将主债务转让给第三人的，保证人的保证责任免除。《担保法解释》第28条规定："保证期间，债权人依法将主债权转让给第三人的，保证债权同时转让，保证人在原保证担保的范围内对受让人承担保证责任。但是保证人与债权人事先约定仅对特定的债权人承担保证责任或者禁止债权转让的，保证人不再承担保证责任。"第29条规定："保证期间，债权人许可债务人转让部分债务未经保证人书面同意的，保证人对未经其同意转让部分的债务，不再承担保证责任。但是，保证人仍应当对未转让部分的债务承担保证责任。"

4. 保证合同解除或终止时，保证人的保证责任消灭。

5. 主债务消灭，保证债务消灭。主债务因履行、抵销、混同、免除等原因而消灭时，保证债务随之消灭，保证人的保证责任当然消灭。

（五）特殊保证

1. 共同保证

共同保证是指数人共同担保同一债务人的同一债务履行的保证。共同保证的特点在于保证人不是一人而是两人以上。因此，在共同保证中存在保证人之间如何承担保证责任的问题。《最高人民法院关于贯彻执行〈中华人民共和国民法通则〉若干问题的意见（试行）》第110条规定："保证人为二人以上的，相互之间负连带保证责任。但是保证人与债权人约定按份承担保证责任的除外。"《担保法》第12条规定："同一债务有两个以上保证人的，保证人应当按照保证合同约定的保证份额，承担保证责任。没有约定保证份额的，保证人承担连带责任，债权人可以要求任何一个保证人承担全部保证责任，保证人都负有担保全部债权实现的义务。已经承担保证责任的保证人，有权向债务人追偿，或者要求承担连带责任的其他保证人清偿其应当承担的份额。"

共同保证可分为按份保证和连带保证。共同保证的保证人与债权人约定保证份额的，为按份保证。按份共同保证的保证人按照保证合同约定的保证份额承担保证责任后，在其履行保证责任的范围内有权对债务人行使追偿权。

共同保证的保证人未与债权人约定保证份额或者约定不明确的，为连带保证。《担保法解释》第19条规定："两个以上保证人对同一债务同时或者分别提供保证时，各保证人与债权人没有约定保证份额的，应当认定为连带共同保证。连带共同保证的保证人以其相互之间约定各自承担的份额对抗债权人的，人民法院不予支持。"另外，根据该解释第20条的规定："连带共同保证的债务人在主合同规定的债务履行期届满没有履行债务的，债权人可以要求债务人履行债务，也可以要求任何一个保证人承担全部保证责任。连带共同保证的保证人承担保证责任后，向债务人不能追偿的部分，由各连带保证人按其内部约定的比例分担。没有约定的，平均分担。"

应该注意的是，连带共同保证不同于连带责任保证。前者是共同保证人之间的连带关系；后者是保证人与债务人之间的连带关系，二者在法律关系的主体、内容等方面存在本质的区别。

2. 最高额保证

最高额保证是指保证人于最高额限度内对一定期间内发生的不特定的债权所为的保证，其主要适用于基于连续发生的借款合同或者某项商品交易合同而发生的债权。

最高额保证具有以下特点：①保证人所担保的债权是未来的、不特定的；②被担保的主合同是数个连续发生的债权；③所担保的债权是在一定期间内发生的，并且在约定的最高限额内；④保证人有单方终止保证合同的权利。《担保法解释》第23、37条对最高额保证的相关问题作了规定。

三、定　金

（一）定金的概念和特点

1. 定金的概念

定金是指合同当事人约定的，为确保合同的履行，由一方当事人预先支付给另一方的一定款项。我国《民法通则》第89条规定："当事人一方在法律规定的范围内可以向对方给付定金。债务人履行债务后，定金应当抵作价款或者收回。给付定金的一方不履行债务的，无权要求返还定金；接受定金的一方不履行债务的，应当双倍返还定金。"《担保法》第89条也规定："当事人可以约定一方向对方给付定金作为债权的担保。"由此可见，定金也是债权担保的一种方式。

2. 定金的特点

（1）从属性。定金是由合同当事人为担保债的履行而设定的，定金须以主合同的存在为前提，随主合同的消灭而消灭。

（2）实践性。定金的成立，不仅须有定金合同当事人意思表示的一致，还需要有定金的实际交付方可成立，因此定金具有实践性。定金合同从实际交付定金之日起生效。《担保法解释》第119条的规定，更加突出了定金的实践性，即"实际交付的定金数额多于或者少于约定数额，视为变更定金合同；收受定金一方提出异议并拒绝接受定金的，定金合同不生效"。

（3）双重担保性。一般来说，债的担保仅对债权人一方起到担保作用，这是由债的担保的基本功能决定的。但是定金担保具有双重担保性，即定金不仅对债权人形成担保，也对给付定金的一方形成担保。这主要体现在交付定金的一方不履行债务的，丧失定金；而收受定金的一方不履行债务的，则应双倍返还定金。

3. 定金与相关概念

准确界定定金的概念，需要区分定金与相关概念。《担保法解释》第118条规定："当事人交付留置金、担保金、保证金、订约金、押金或者订金等，但没有约定定金性质的，当事人主张定金权利的，人民法院不予支持。"

在司法实践中，应该特别注意区分以下几组概念。

（1）定金和预付款。定金不同于预付款。预付款是一种支付手段，其目的是解决合同一方周转资金短缺的问题。定金是在合同履行前由一方向对方支付的款项，也具有预先给付的性质。但定金与预付款不同，这主要体现在：①作用不同。定金的主要作用为担保合同债务的履行，是担保方式；而预付款的主要作用是为一方当事人履行合同提供资金上的帮助，即为其履行合同债务创造条件，是合同履行的一部分。②地位不同。交付定金的协议是从合同，依约定应交付定金而未交付的，并不构成对主合同的违反；而交付预付款的协议为主合同的一部分，依约定应交付预付款而未交付的，构成对主合同义务的违反。③法律后果不同。交付定金和收受定金的双方当事人不履行合同债务时，适用定金罚则；而交付和收受预付款的当事人一方不履行合同债务时，不发生定金罚则效力，预付款仅可抵作损害赔偿金。④交付的方式不同。定金一般为一次性交付，而预付款可以分期交付。

（2）定金和押金。定金不同于押金。定金与押金均属于金钱担保范畴，都是当事人一方按约定给付对方金钱或其他代替物，在合同适当履行后，都发生返还的法律后果，但它们仍为不同的担保方式，这主要体现在：①定金的交付通常是在合同订立时或者履行前，具有预先给付的特点；押金的交付或与履行主合同同时，或与履行主合同相继进行，不是预付。②定金担保的对象是主合同的主给付；押金担保的对象往往是合同中的从给付。③定金的数额低于合同标的额，且不得超过法定的比例；押金的数额往往高于或等于被担保的债权额。④定金具有在一方违反约定时发生定金丧失或者双倍返还的效力；押金则没有双倍返还的法律效果。

（3）定金和订金。定金不同于订金。订金代表一种意欲订立合同的约定金或者履行合同的预付款，不具有定金的担保作用。

（二）定金的种类

定金在各国法上几乎都有规定，但在不同时期，不同国家对定金的规定并不完全相同，概括起来有以下五种类型的定金。

1. 立约定金是指为保证正式订立合同而交付的定金。《担保法解释》第

115 条规定："当事人约定以交付定金作为订立主合同担保的，给付定金的一方拒绝订立主合同的，无权要求返还定金；收受定金的一方拒绝订立合同的，应当双倍返还定金。"

2. 成约定金是作为合同成立要件的定金，不交付定金，合同就不能成立。《担保法解释》第 116 条规定："当事人约定以交付定金作为主合同成立或者生效要件的，给付定金的一方未支付定金，但主合同已经履行或者已经履行主要部分的，不影响主合同的成立或者生效。"

3. 证约定金是指交付定金为合同成立证据的定金。

4. 违约定金是交付定金后，交付定金的一方如不履行合同，则收受定金的一方得没收其定金而不予返还；收受定金的一方不履行合同时应当双倍返还定金。《担保法》第 89 条规定："当事人可以约定一方向对方给付定金作为债权的担保。债务人履行债务后，定金应当抵作价款或者收回。给付定金的一方不履行约定的债务的，无权要求返还定金；收受定金的一方不履行约定的债务的，应当双倍返还定金。"

5. 解约定金，是作为一方保留合同解除权利的代价，即交付定金的一方得以丧失定金为代价而解除合同；收受定金的一方也得以双倍返还定金为代价而解除合同。《担保法解释》第 117 条规定："定金交付后，交付定金的一方可以按照合同的约定以丧失定金为代价而解除主合同，收受定金的一方可以双倍返还定金为代价而解除主合同。对解除主合同后责任的处理，适用《中华人民共和国合同法》的规定。"

（三）定金的成立

定金应当由当事人双方约定，双方约定定金的协议为定金合同。定金合同应当采用书面形式。定金合同除应当具备合同有效成立的一般条件外，还须具备以下条件：

1. 应交付定金的一方向对方交付定金。通说认为，定金合同为实践合同，自交付定金时成立。我国《担保法》第 90 条也明确规定："定金合同从实际交付定金之日起生效。"所以，当事人虽有关于定金的约定，但未实际交付的，定金担保尚不能成立。从交付定金来说，当事人应当按照约定的时间交付，当事人未在规定的时间交付或者交付的数额不足约定数额的，而另一方当事人又接受的，可以视为是当事人双方对定金合同的变更，定金合同按交付定金的实际数额从实际交付之日起成立。但若当事人一方于合同履行后才依定金的约定数额向对方交付款项的，则不能认定为定金。

2. 须主合同有效。定金合同是从合同，定金所担保的合同为主合同。从合同的效力决定于主合同。因此，在主合同无效或者被撤销时，定金合同也就不能发生效力，即使一方已交付定金，定金担保也不成立。

3. 定金数额须在法定的数额以内。定金的数额应由当事人自由约定，但当事人对于定金的约定不能超过法律规定的最高限额。我国《担保法》第91条规定："定金的数额由当事人约定，但不得超过主合同标的额的20%。"当事人交付的定金超过法律规定的最高限额的，超过的部分应为无效，即不能作为定金，但不能认定为定金全部无效。

（四）定金的效力

定金的效力，依定金的种类不同而有所不同，相关法律规定就可以反映出来。一般认为在我国，定金具有以下三方面的效力：

1. 证约的效力。定金是为担保主合同的履行而设立的，定金合同一般采用书面形式，又是实践合同。因此交付和收受定金的事实，是当事人之间合同关系存在的有力证据。特别是对于口头合同，当事人之间就是否存在合同发生争议时，交付定金的事实可以作为合同存在的证明。

2. 预先给付和抵销的效力。因为定金并不是合同的给付内容，因此在合同履行后应当返还，但定金也可以抵作价款。从抵作价款的效力上说，定金具有预先给付的效力和抵销的效力。

3. 担保的效力。定金的担保效力表现在定金罚则上，即交付定金的一方不履行合同时，丧失定金；收受定金的一方不履行合同时，应当双倍返还定金。定金发生担保的效力须具备两个基本条件：

（1）须有一方当事人违约的事实。《担保法解释》第120条规定："因当事人一方迟延履行或者其他违约行为，致使合同目的不能实现，可以适用定金罚则。但法律另有规定或者当事人另有约定的除外。当事人一方不完全履行合同的，应当按照未履行部分所占合同约定内容的比例，适用定金罚则。"结合《担保法》的相关规定，可以得出，定金罚则主要的适用情形为：债的不履行、债的延迟履行或者其他违约行为造成根本违约，至于不完全履行债务是否适用定金罚则，需要视具体情况而定。

（2）须违约的当事人有可归责的事由。如果违约的一方能够证明其违约是因不可抗力造成的，则该当事人不承担丧失定金或者双倍返还定金的法律后果。《担保法解释》第122条规定："因不可抗力、意外事件致使主合同不能履行的，不适用定金罚则。因合同关系以外第三人的过错，致使主合同不能履行的，适用定金罚则。受定金处罚的一方当事人，可以依法向第三人追偿。"

四、抵 押

（一）抵押的概念和特征

抵押是指债务人或者第三人不转移对特定财产的占有，而依法将该财产作为债权的担保。债务人不履行债务时，债权人有权依照法律规定以该财产折价或以拍卖、变卖该财产的价款优先受偿。在抵押法律关系中，提供特定担保财产的人称为抵押人，抵押人可以是债务人本人，也可以是第三人；接受抵押的债权人称为抵押权人；用来抵押的财产称为抵押物；债权人享有的在债务人不履行债务时以抵押物折价或者以拍卖、变卖抵押物价款优先受偿的权利为抵押权。正是基于抵押权所具有的变卖抵押物而优先受偿的内容，债权的实现才得以保障，而担心抵押物被变卖的心理顾虑，才能促使债务的履行。

抵押的法律意义主要在于，保障债权人在债务中不履行债务时有优先受偿的权利，而这一优先受偿权是以设置抵押的实物形态变成值来实现的，所以抵押是以抵押人所有的实物形态为抵押主体，以不转移所有权和使用权为方式作为债务担保的一种法律保障行为。

抵押权具有如下特征：

（1）抵押权具有从属性。抵押权从属于主债权，随主债权的产生而产生、转移而转移、消灭而消灭。

（2）抵押权具有不可分性。抵押权人对抵押物所享有的抵押权不因抵押权物的分割或转让而有所变化，债权人可以就已分割、转让出去的那部分抵押物行使抵押权。

（3）抵押权具有物上代位性。抵押权的效力及于抵押物的变形体或代位物之上。抵押权人对因为抵押物的损害或者灭失而得到的赔偿金等有优先受偿权。

（4）抵押权的成立不以转移抵押物的占有为条件，这与动产质权成立以转移质物占有为条件不同。但有些抵押权的成立必须办理登记手续，这与有些权利质押要办理登记才能成立是相同的。

（二）抵押权的设定

设定抵押权的抵押通常是以抵押合同的形式来表现的。抵押合同就是抵押人与抵押权人之间以抵押物为标的设定抵押权的合同。抵押权的设定一般都应采取书面合同的形式。

设立抵押合同，一般应包括以下主要条款：①被担保债权的种类和数额；②债务人履行债务的期限；③抵押财产的名称、数量、质量、状况、所在地、所有权归属或使用权归属；④担保的范围。

抵押合同的标的就是抵押人提供用以担保债权实现的财产，即抵押物。我国《物权法》规定的抵押物范围，既可以是不动产，也可以是动产，还可以是权利。

抵押权的设立应进行登记，此为各国立法的通例。然而，对于抵押登记的效力，却有两种不同的主张：①登记要件主义，即以登记作为抵押权成立的要件，未经登记抵押权不能成立。②登记公示主义，又称登记对抗主义，指登记不具有抵押权成立的效力，只有公示效力，未经登记的抵押权可以成立，但不得对抗善意第三人。

我国担保法事实上是以登记要件主义为主，以登记公示主义为辅进行规定的。须以登记为成立要件的抵押权的标的物有五大类，主要包括：①单纯的土地使用权；②建筑物；③林木；④交通运输工具；⑤企业动产。

（三）抵押权的效力

抵押权的效力就是抵押权成立后所产生的法律约束力。它具体表现为抵押权对与抵押权有关的权利的影响、抵押权所能担保的债权的范围、抵押权所能用以担保的物的范围，它们集中体现为抵押人和抵押权人所享有的权利义务上。概括起来，可以从以下几个方面来把握。

1. 抵押权的效力范围

抵押权的效力范围，就是抵押权所能产生法律后果的范围。

（1）抵押权的法定担保范围

根据《担保法》的规定，抵押权的法定担保范围包括主债权、利息、迟延利息、违约金、损害赔偿金和抵押权的实现费用。

（2）能够用以担保的物的范围

它也是抵押权效力范围不可缺少的一个方面，指抵押权效力所及的物的范围。它一般包括原抵押物、从物、从权和孳息等。

2. 抵押权对相关权利的影响

抵押权的效力还表现在对与抵押权有关的权利的影响上。这种影响比较突出的是对抵押物的处分权和租赁权。

抵押权对抵押物处分权的影响，具体表现为抵押物转让时所受到的来自抵押权的限制。这些限制包括，转让已经登记的抵押物的，应通知抵押权人和受让人，否则，转让行为无效。抵押人转让抵押物的价格明显低于抵押物价值的，抵押人应对低于部分提供担保，否则，转让行为无效。抵押人转让抵押物所得的款项，应用以提前清偿债务或提存。

抵押权对抵押物使用权的影响，主要表现为抵押权对抵押物出租权的影响上。抵押物可以是抵押人自己使用，也可以是抵押人以外的人使用。将抵押物出租就是他人使用的典型表现。我们认为，在不影响抵押权的前提下，租赁权可有效存在，抵押权人在行使抵押权时应照顾到租赁权。但在抵押权与租赁权发生冲突时抵押权应优先于租赁权。

（三）抵押权的实现与消灭

1. 抵押权的实现

抵押权的实现是指抵押权人变卖抵押物并从抵押物的变价中优先受偿其债权的行为。抵押权的实现，一般情况下应具备以下条件：

（1）抵押权的有效存在。抵押权的实现，首先必须是抵押权有效存在。

（2）须债权清偿期已届满而未受清偿。

（3）须非债权人原因而债务未受清偿。

抵押权实现的方式主要有：

（1）拍卖。拍卖是以公开竞价的方式将抵押物出售给出价最高的竞买人。

（2）变卖。变卖是指用一般买卖方式将抵押物出售获得价款。变卖应当参照市场上同类财产的价格进行。

（3）以抵押物折价。以抵押物折价是指将抵押物按市场价格折算成货币价值，并按此价值将抵押物转让给债权人，充抵同额债权。

具体采用哪种方式，首先由抵押权人和抵押人协商，如果协商不成，再由抵押权人向人民法院起诉，由法院决定采用哪种方式来实现抵押权。

2. 抵押权的消灭

抵押权和其他民事权利一样，在特定的条件下产生，在特定的条件下也会消灭。抵押权的消灭虽然在《担保法》及《担保法解释》中均未明确提出，但根据有关法律的规定和实际运用中的情况来看，抵押权的消灭有以下几种方式：

（1）以实现的方式消灭。抵押权实现后原有的抵押合同终止，各方当事人的权利义务关系解除，抵押权自然消灭。

（2）因抵押权人的放弃而消灭在抵押合同签订后，在履行过程中抵押权人自动放弃抵押权，自动地退到一般债权人的地位，放弃其享有的优先受偿权。这时抵押权因抵押权人的放弃而消灭

（3）因抵押合同的无效而消灭。抵押合同的无效包括多种形式的无效。合同无效，抵押权自然无效，抵押权因合同无效而消灭。抵押合同的无效包括因主体不合格而造成的无效，因客体不合格而造成的无效和因内容不合格而造成的无效等。

五、质　押

（一）质押与质权

质押是指债权人与债务人或债务人以外的第三人以书面协议的方式，将债务人或第三人的动产或权利移转给债权人占有，以担保债权人实现债权

的法律行为。债务人不履行债务时，债权人有权依照法律规定以该动产或权利折价或者以拍卖、变卖该动产的价款优先受偿。

质权是债权人因为质押而对质物所享有的支配权。质权在性质上属于动产担保物权，因为质权人对质物可以直接占有并对抗物的所有人和第三人，债权人通过对质物的直接支配可以使自己的债权优先受偿。在质权关系中，享有权利的人为质权人，即主债权人；将财产移转质权人占有以供担保的债务人或者第三人为出质人；质权标的物称为质物。我国《物权法》根据质权标的的不同，规定质押有两种，即动产质押和权利质押。

动产质押，是指债务人或者第三人将其动产移交债权人占有，将该动产作为债权的担保，当债务人不履行债务时，债权人就该动产变价所得价款优先清偿债权的担保形式。

权利质押是指债务人或第三人提供特定的权利作为标的来担保债权。当债务人不履行债务时，债权人有权处分该权利，并从所得价金中优先受偿。债务人或第三人提供的特定权利称为质押权利。《物权法》第223条规定，债务人或者第三人有权处分的下列权利可以出质：①汇票、支票、本票；②债券、存款单；③仓单、提单；④可以转让的基金份额、股权；⑤可以转让的注册商标专用权、专利权、著作权等知识产权中的财产权；⑥应收账款；⑦法律、行政法规规定可以出质的其他财产权利。

（二）质押的特征

质押的特征主要有：

1.具有一切担保物权具有的共同特征，即从属性、不可分性和物上代位性。

2.质权的标的是动产和可转让的权利，不动产不能设定质权。质权因此分为动产质权和权利质权。

3.质权是移转质物的占有的担保物权，质权以占有标的物为成立要件。

（三）质押的设立

我国立法上的动产质权、权利质权都属于意定担保物权，即只能依设定质权的质押合同产生。《物权法》第212条规定："质权自出质人交付质押财产时设立。质权合同一般包括下列条款：①被担保债权的种类和数额；②债务人履行债务的期限；③质押财产的名称、数量、质量、状况；④担保的范围；⑤质押财产交付的时间。"第210条规定："设立质权，当事人应当采取书面形式订立质权合同。"

（四）质押权的实现

在动产质押中，当债务履行期届满债权未受清偿时，质权人可将质物折价或拍卖、变卖质物而就所得价款优先清偿所担保的债权。在权利质押中，当债务履行期届满债权未受清偿时，质权人得就入质权利变价取偿。

六、留　置

（一）留置权的概念和特征

留置权指债权人按照合同约定占有债务人的动产，债务人不按照合同约定的期限履行债务的，债权人依法留置该动产，并以其折价或拍卖、变卖所得价款优先受偿的担保物权。据此，留置具有如下法律特征。

1. 留置权具有法定性。留置权只能发生在特定的合同关系中，如保管合同、运输合同和加工承揽合同。留置权是一种法定权利，依照法律规定而直接产生，不得依当事人的协议而设立。此为各国民法之通例。

2. 留置权具有物权性。留置权发生两次效力，即留置标的物和变价并优先受偿。尽管民法通则将留置权规定在"债权"一节中，但通说认为留置权具有物权性，是一种担保物权。

3. 留置权具有不可分性。即债权得到全部清偿之前，留置权人有权留置全部标的物。不可分性是物权，特别是担保物权的共性。留置权作为一种担保物权，当然具有不可分性。所谓留置权的不可分性，是指留置权的效力就债权的全部及于留置物的全部。

4. 留置权具有从属性。留置权实现时，留置权人必须确定债务人履行债务的宽限期。留置权为担保债权而设立，故留置权从属于其所担保的债权，它们之间形成主从关系。债权为主权利，留置权为从权利。这种从权利为从物权，而非债权。

（二）留置权的成立

尽管留置权是法定的权利，但债权人现实地获得该权利必须具备一定的条件。根据《物权法》的规定，在同时具备以下三个条件时债权人才获得留置权。

1. 债权人依照保管合同（含仓储合同）、运输合同、加工承揽合同以及法律规定可以留置的其他合同已合法占有债务人的一定动产，该动产是为履行这些合同而由债务人转移给债权人的。

2. 债权已届清偿期而债务人未按约定的期限履行债务。

3. 债权人占有的动产与被担保债权有牵连关系。这种关系表现在对动产的占有与被担保的债权基于同一合同关系而产生，它们都置身于同一合同关系中。

在留置担保法律关系中，债权人占有留置物，这是债权人依法享有的权利，但是债权人对于留置物也负有保管的义务，留置物在保管期间，因债权人的过失，致使留置物灭失或者毁损的，债权人应承担相应的民事责任，但其债权并不因此而丧失。

（三）留置权的实行

留置权的实行是指留置权成立后，经过合理期间，债务人不履行债务又不提供相当的担保，留置权人将留置物折价、拍卖或变卖并从所得价金中优先受偿的法律行为。《物权法》第237条规定：债务人可以请求留置权人在债务履行期届满后行使留置权；留置权人不行使的，债务人可以请求人民法院拍卖、变卖留置财产。《担保法》第87条规定：债权人与债务人应当在合同中约定，债权人留置财产后，债务人应当在不少于两个月的期限内履行债务。债权人与债务人在合同中未约定的，债权人留置债务人的财产后，应当确定两个月以上的期限，通知债务人在该期限内履行债务。债务人逾期仍不履行的，债权人可以与债务人协议以留置物折价，也可以依法拍卖、变卖留置物并优先受偿。《物权法》第238条规定：留置财产折价或者拍卖、变卖后，其价款超过债权数额的部分归债务人所有，不足部分由债务人清偿。

第 六 章

债 的 移 转

一、债的移转概述

债的移转是指在债的内容和客体均不发生变化的前提下，债的主体的变更。债的移转属于广义上债的变更的范畴。广义上债的变更包括债的主体、内容、客体的变更，一般认为，债的移转仅涉及债的主体的变更。债的移转包括三种情形：债权让与、债务承担、债权债务的概括承受。债权人发生变更的，称为债权让与；债务人发生变更的，称为债务承担；债权债务一并移转的，称为债权债务的概括承受。

债的移转具有以下特点：①债的移转本质上属于债的主体的变更。无论是债权让与、债务承担，还是债权债务的概括承受，均是债的主体发生了变化。②债的移转不改变债的客体和内容。债的移转属于狭义的债的变更，仅涉及债的主体的变更，债权人和债务人之间的权利义务、债的标的等都不因此而发生变化。③债的移转保持债的同一性。债的移转并不引起新的债权债务关系出现，移转后的债权债务没有改变和移转前的债权债务的同一性。所谓没有改变同一性，是指没有因为债的移转而改变的债的内容、债的效力。债的效力、债的原有利益和内容、债的各种抗辩权、债原有的瑕疵、原有的从权利都没有发生变化，例如附随的担保物权等都不会因移转而发生变化。①

---

① 江平主编：《民法学》，中国政法大学出版社 2007 年版，第 505 页。

因此债的移转不同于债的更改。债的更改又称为债的更替、债的更新，是指在原债的基础上成立一个新债来代替原债，如将租赁关系更改为买卖关系、赠与变成买卖等。

债的移转主要根据法律行为（意定的债的移转）、法律的直接规定（法定的债的移转）和法院的裁决（裁判的债的移转）等法律事实产生。

在罗马法早期，债被视为约束债权人和债务人之间的法锁，不允许变更和移转。但随着社会经济的发展，债权的资本化逐渐为人们所认可，债权不可变更和移转的观念逐渐改变。大陆法系国家多认可债的移转制度，我国的《民法通则》和《合同法》中确立了比较完善的债的移转制度。

二、债权让与

（一）债的让与的概念

债权让与一般是指在不改变债的内容的前提下，债权人通过与第三人的协议将其债权转让给第三人。当然，债的让与也有基于法律规定产生的，例如基于继承、保险代位求偿权等。债权人与第三人订立的关于转让债权的协议称为债权让与合同。让与债权的一方当事人称为让与人，受让债权的一方当事人为受让人。债权让与生效后，受让人即取代让与人的债权人地位而成为债权人。"债权让与制度的确立与发展，对整个社会财富的构成变化产生了深远的影响，以至于美国著名法学家庞德 80 年前即曾指出：在商业的时代，财富主要是由请求权所构成。"[1] 关于债权让与的性质，有学者指出，"德国、台湾地区的有关规定认为债权让与是准物权行为，法国、我国民法则认为它系债权合同生效的当然结果，否认准物权行为的存在，日本民法的多数说一方面持准物权行为说，另一方面又否认无因性。由此带来债权让与制度及其理论在构成、样态乃至效力等方面的差异。在我国民法上，债权让与合同大多具有有因性。"[2]

---

① 申建平：《论未来债权让与》，《求是学刊》2007 年第 3 期，第 89 页。
② 崔建远、韩海光：《债权让与的法律构成论》，《法学》2003 年第 7 期，第 55 页。

债权让与可分为全部让与和部分让与。债权的全部让与是指债权人将债权全部转让给第三人，转让生效后，原债权人退出债权的关系，受让人成为债权人。债权的部分让与是指债权人将债权的一部分转让给第三人，转让生效后，原债权人并不退出债的关系，而是与受让第三人共同成为债权人。如果转让协议规定了转让的债权份额，则原债权人与受让第三人按照份额享有债权，成立按份债权；若没有规定让与的债权份额，则原债权人与受让第三人连带享有债权，成立连带债权。

（二）债权让与的要件

一般认为，债权让与须具备以下条件方能生效。

1. 须当事人之间成立有效的债权让与合同。债权让与时，让与人与受让人应订立债权让与合同，且债权让与合同应具备合同的有效要件。但一般认为，债权让与合同原则上为无因行为，因此债权人已对债务人为债权让与通知的，债权让与合同为无效或被撤销时，不能对抗债务人。如债务人已经向无效债权让与合同的相对人清偿债务的，其清偿为有效，债权人只能向相对人请求返还不当得利。

2. 须有有效债权的存在。债权让与合同的目的是转让债权，因而必须有有效债权存在。转让人不享有有效债权的，让与合同当然无效。债权是否有效以及何时有效，应根据具体情况具体分析。例如，让与可撤销的债权的，在债权未被撤销前，该债权有效，因此在其未被撤销前让与的让与合同有效；让与将来发生的债权的，让与合同成立时该债权尚不存在，但并非将来不能有效存在，若当事人约定在债权人取得债权时，债权即移转于受让人，则该让与合同有效，但此种让与在债权实际发生时始生效力。有学者指出，"以未来债权作为融资手段具有现实债权不可比拟的优势，因此，现代多数国家都承认未来债权让与的效力。基于我国经济贸易的发展及国际贸易融资中对于以未来债权让与作为贷款的担保有不断增长的实践需要，在未来的民法典中，对未来债权让与予以规定，应是必然。但对未来债权让与的效力准则及其适用领域应予以限制，并应引入登记制度。"[①]

---

① 申建平：《论未来债权让与》，《求是学刊》2007 年第 3 期，第 89 页。

3. 须让与的债权具有可让与性。债权为财产权，一般具有可让与性，债权人得将其债权让与他人。但是并非所有的债权都具有可让与性，对于不具有可让与性的债权，债权人不得转让。根据《合同法》第 79 条的规定，有下列情形之一的，债权不得让与：

（1）依债权性质不得让与的债权。这类债权主要有以下几种：①以特定债权人为主体的债权，例如离退休金债权。以特定人为对象提供劳务的债权，也不得转让，例如对特定人进行家教的债权。②以特定身份为基础的债权。例如，亲属间的扶养请求权、抚恤金请求权、受遗赠人的给付遗赠请求权等。③基于当事人间特别信任关系的债权，原则上不得让与。例如雇佣、委托、借用、租赁关系中的债权，原则上不得让与。④属于从权利的债权，不得单独让与。⑤不作为的债权不得让与，如关于竞业禁止的约定。

（2）双方约定不得转让的债权。债权人与债务人双方可以约定不得转让债权，但其约定不得违反法律的强行性规定，也不得违反公共秩序和善良风俗。

（3）依照法律规定不得转让的债权。对于依照法律规定应由国家批准的合同债权，其让与仍应经原批准机关批准，否则不能发生让与的效力。

关于让与的债权的标的，有学者指出，"债权让与的标的物是债权，包括将来产生的债权。在中国大陆民法上，债权具有让与性是债权让与合同的有效条件。以法律规定不得转让的债权为标的物，其让与合同无效。以在性质上无让与性的债权作为让与合同的标的物，合同的效力如何，应做类型化的考虑：此类债权若经债务人同意，可以转化为有让与性。当事人禁止让与的约定，其效力如何，存在有效说、无效说和不得对抗善意第三人说的分歧，中国大陆民法宜采取后者。"①

4. 须通知债务人。债权让与合同为转让人与受让人意思表示一致的协议，因此债务人不为债权让与合同的当事人。从法律行为的一般原理上说，债务人的意思不能影响债权让与合同的效力。但因债权转让合同所转让的债权与债务人有关，在转让生效后，债务人须向受让人履行债务，因此债权让

---

① 韩海光、崔建远：《论债权让与的标的物》，《河南省政法管理干部学院学报》2003 年第 5 期，第 9 页。

与合同是涉及债务人的合同。但是，由于债权让与一般并不危害债务人的利益，所以对债权让与，各国均无过多限制性规定。我国《合同法》第 80 条第 1 款规定："债权人转让权利的，应当通知债务人。未经通知，该转让对债务人不发生效力。"依此规定，债权让与不以债务人的同意为生效要件，但通知债务人为对其发生效力的要件。关于通知的形式，《合同法》并无限制，因此口头形式和书面形式均可以。

关于我国现行法上关于债权让与通知的规定，有学者认为，"合同法第 80 条关于债权让与通知的规定存在多个法律漏洞需要填补。无论是对该条进行目的论扩张，还是进行目的论限缩，在解释论上应该坚持如下原则：债权让与合同生效，受让人即成为新债权人，债权让与通知的规范目的包括两个层面，第一是保护债务人，第二是确保受让人权利的顺利实现。因此，通知的主体应扩张至受让人，通知的方式应扩张至诉讼方式，以及特定条件下的公告方式。关于让与通知的法律效力，无论问题多么复杂，时间在先、权利在先的原则是解释论的前提"①。也有学者指出，"在债权让与问题上，采何种见解或者立法模式并非贯彻法律逻辑之结果，如何在降低交易成本、促进债权流通这一前提下，进一步维护债权交易的安全才是理解和设计债权让与制度的关键所在。为了贯彻降低交易成本，促进债权流通之立法目的，我国债权让与制度没有必要将债权让与通知提升至债权让与生效要件或者对抗要件之层次，债权让与应采意思主义的变动模式。从立法角度而言，为了保证债权流转的方便快捷，增强交易的安全性和可预见性，我国将来民法也应借鉴登记主义，规定以登记公示为核心内容的债权让与制度"②。

（三）债权让与的效力

债权让与的效力是指债权让与所发生的法律效果，可分为内部效力与对外效力两个方面。

1. 债权让与的内部效力，是指债权让与在转让人与受让人间发生的法

---

① 方新军：《合同法第 80 条的解释论问题——债权让与通知的主体、方式及法律效力》，《苏州大学学报》2013 年第 4 期，第 94 页。

② 其木提：《债权让与通知的效力——最高人民法院（2004）民二终字第 212 号民事判决评释》，《交大法学》2010 年第 1 卷，第 255—256 页。

律效果。

（1）债权及其从权利转让给受让人。债权让与的基本效力是受让人取得受让的债权，受让人成为新的债权人。《合同法》第81条规定："债权人转让权利的，受让人取得与债权有关的从权利，但该从权利专属于债权人自身的除外。"

（2）让与人应将债权证明文件全部交付给受让人。债权的让与人负有使受让人能够完全行使债权的义务，因此让与人应将所有足以证明债权的文件，如债权证书、票据等交付给受让人。让与人应告知受让人主张债权所必要的相关信息，如债务人的住所、债务的履行方式等。有担保权的，让与人应将担保文书一并交付给受让人；让与人已占有担保物的，应将其占有移转给受让人。

（3）让与人对让与的债权负瑕疵担保责任。让与人对其所让与的债权应负瑕疵担保责任，受让人不因债务人主张对抗让与人的事由而受损害。但是，除让与合同另有约定外，让与人不对债务人的履行能力负担保责任。受让人于让与合同成立时知道债权有瑕疵而受让的，让与人不负瑕疵担保责任。

2. 债权让与的对外效力，是指债权让与对债务人及第三人发生的法律效果。债权让与自当事人双方意思表示一致时成立，只有在向债务人为债权让与的通知时，才能对债务人发生效力。债务人接到通知有异议的，得向对方提出，并得向原债权人即让与人清偿债务；债务人未提出异议的，债权让与即对其发生效力。

（1）债务人应向受让人履行债务。债权让与对债务人生效后，债务人应向受让人清偿债务，而不得再向让与人清偿债务。债务人仍向让与人清偿的，除构成向第三人履行外，其清偿无效，不能对抗受让人，而只能依不当得利请求受清偿的让与人返还。

（2）债务人对让与人的抗辩，可以向受让人主张。受让人受让债权，其地位不能优于让与人，其权利不能大于让与人原有的权利，因此凡债务人得以对抗原债权人即让与人的抗辩权，同样得对抗受让人。《合同法》第82条规定："债务人接到债权转让通知后，债务人对让与人的抗辩，可以向受让人主张。"例如，债权未发生的抗辩、债权已消灭的抗辩、债权无效的抗辩、同时履行的抗辩和不安抗辩、债权已过诉讼时效的抗辩等，债务人均得向受让人主张。

（3）债务人可主张以其债权与让与债权抵销。《合同法》第 83 条规定："债务人接到债权转让通知时，债务人对让与人享有债权，并且债务人的债权先于转让的债权到期或者同时到期的，债务人可以向受让人主张抵销。"

三、债务承担

（一）债务承担的概念

债务承担，即债务主体的变更，是指在维持债的内容的同一性的前提下，原债务人的债务移转于新债务人承担。债务承担可因法律的直接规定而发生，如通过继承进行债务承担；也可因法律行为而发生。一般所说的债务承担，仅指合意的债务承担。"由于债务因合意生效时，即移转于债务承担人或债务承担人加入成为债务人，因此性质上亦为一种准物权契约，而具有处分行为之效果。"①

债务承担可以分为免责的债务承担与并存的债务承担。①免责的债务承担是指由第三人即承担人代替债务人承担其全部债务，原债务人脱离债的关系，承担人成为新债务人。因此，免责的债务承担是债务的全部转移。②并存的债务承担是指第三人加入债的关系与债务人共同承担债务，原债务人并不脱离债的关系而仍为债务人。因此，并存的债务承担属于债务的部分承担。狭义的债务承担仅指免责的债务承担。实践中应该注意并存的债务承担与保证的区分。最高人民法院在信达公司石家庄办事处与中阿公司等借款担保合同纠纷案 [（2005）民二终字第 200 号] 民事判决书中指出，"保证系从合同，保证人是从债务人，是为他人债务负责；并存的债务承担系独立的合同，承担人是主债务人之一，是为自己的债务负责，也是单一债务人增加为二人以上的共同债务人。判断一个行为究竟是保证，还是并存的债务承担，应根据具体情况确定。如承担人承担债务的意思表示中有较为明显的保证

---

① 林诚二：《民法债编总论——体系化解说》，中国人民大学出版社 2003 年版，第 505 页。

含义，可以认定为保证；如果没有，则应当从保护债权人利益的立法目的出发，认定为并存的债务承担。"① 也有人指出，"保证可以分为一般保证和连带保证，对于一般保证而言，保证人就有先诉抗辩权。只有当主债务人不能履行债务时，债权人方能要求保证人承担保证责任。因此与第三人承担连带债务的情况是不同的。而对于连带责任的保证，保证人没有先诉抗辩权，因此债权人可以径直要求保证人履行债务。因此对于连带责任的保证和第三人承担连带债务这两个概念，笔者认为并没有本质上的不同。"②

（二）债务承担的要件

一般认为，债务承担须具备以下要件：

1. 须有有效债务的存在且其具有可移转性。债务承担合同所移转的是有效债务，若债务并不存在或无效或已消灭，则债务承担合同无效。所移转的债务为将来发生的债务的，债务承担合同应自债务有效成立时生效。另外，依照法律规定、当事人约定或者债的性质不能移转的债务，不能移转于他人。

2. 须有以债务承担为目的的有效合同。如当事人间订立的合同不以移转债务为目的，或者虽以由第三人承担债务为目的，但合同存有无效的事由的，亦不发生债务承担的后果。债务承担合同可由债权人与第三人订立，也可由债务人与第三人订立。由债务人与第三人订立债务承担合同的，须经债权人同意方能有效。

3. 须经债权人的同意。因为在债务承担中，承担人的信誉、履行的财产基础等对债权人有重要的影响，故各国立法多对债务承担有所限制。我国《合同法》第 84 条规定："债务人将合同的义务全部或者部分转移给第三人的，应当经债权人同意。"因此，非经债权人的同意，债务承担对债权人不发生效力。有判决认为，免责的债务承担应以债权人的明确同意为要件。③

---

① 吴庆宝：《信达公司石家庄办事处与中阿公司等借款担保合同纠纷案（2005）民二终字第 200 号》，《中华人民共和国最高人民法院公报》2006 年第 3 期。

② 张峥嵘：《并存的债务承担》，《人民法院报》2004 年 2 月 18 日。

③ 陈福民、朱瑞：《免责的债务承担应以债权人的明确同意为要件——远策公司与华纪公司、赵国明合资、合作开发房地产合同纠纷上诉案》，《法律适用》2011 年第 7 期，第 116 页。

（三）债务承担的效力

债务承担生效后将发生以下效力：

1. 债务人发生更替。债务全部移转的，承担人取代原债务人的地位而成为新债务人，原债务人脱离债的关系而不再负担债务。债务人的债务部分转移给第三人的，第三人加入债的关系与原债务人共同承担债务。

2. 新债务人取得原债务人基于债权债务关系所享有的抗辩权。《合同法》第 85 条规定："债务人转移义务的，新债务人可以主张原债务人对债权人的抗辩。"但原债务人对债权人享有同种类债权可主张抵销的，新债务人不得以此主张抵销。

3. 从属于主债务的从债务一并移转于承担人承担。《合同法》第 86 条规定："债务人转移义务的，新债务人应当承担与主债务有关的从债务，但该从债务专属于原债务人自身的除外。"

四、债权债务的概括承受

（一）债权债务概括承受的概念

债权债务的概括承受是指债的一方主体将其债权债务一并转移给第三人。债权债务的概括承受可以基于当事人之间的合同产生，即意定概括承受，也可以基于法律的直接规定而产生，即法定的概括承受。

（二）债权债务概括承受的种类

债权债务的概括承受，主要有两种情形：合同承受和企业合并。

1. 合同承受。合同承受是指合同的一方当事人，依照其与第三人的约定，并经对方当事人的同意，将合同上的权利义务一并移转给第三人，由第三人承受债权和债务。合同承受可因当事人间的协议发生，即意定的合同承受。《合同法》第 88 条规定："当事人一方经对方同意，可以将自己在合同中的权利和义务一并转让给第三人。"可见，当事人一方将其合同上的权利义务一并转移于第三人的，须经对方同意，否则不能发生转移的效力。《合同法》第89条规定："权利和义务一并转让的，适用本法第79条、第81条至第83条、第85条至第87条的规定。"即债权和债务一并转让的，其成立条件和效力适用关于债权让与和债务承担的规定。意定的合同承受的生效需要具备以下要件：须有有效的合同存在；承受的合同须为双务合同；须有合同当事人与第三人达成合同承受的合意；须经原合同对方当事人的同意。

合同承受也可基于法律的直接规定发生，即法定的合同承受。如《合同法》第229条规定："租赁物在租赁期间发生所有权变动的，不影响租赁合同的效力。"此即"买卖不破租赁原则"。

2. 企业合并。企业合并是指两个以上的企业合并为一个企业。企业合并有吸收合并和新设合并两种形式。一个企业吸收其他企业而被吸收的企业解散的，为吸收合并；两个以上企业合并设立一个新的企业，而合并各方解散的，为新设合并。

企业合并时，合并各方的债权债务，应由合并后存续的企业或者新设的企业承继。《民法通则》第44条第2款规定："企业法人分立、合并，它的权利和义务由变更后的法人享有和承担。"《合同法》第90条规定："当事人订立合同后合并的，由合并后的法人或者其他组织行使合同权利，履行合同义务。当事人订立合同后分立的，除债权人和债务人另有约定的以外，由分立的法人或者其他组织对合同的权利和义务享有连带债权，承担连带债务。"依此规定，债的一方当事人合并的，该当事人的债权债务也就一并由合并后的法人或者其他组织承受。企业合并后，原企业债权债务的移转，无须征得对方当事人的同意，仅履行一定的公告程序，即对债权人发生效力。

第 七 章

债 的 消 灭

一、债的消灭概述

（一）债的消灭的概念

债权债务关系是一个动态的关系，有一个从发生到消灭的过程，其终点就是债权债务的消灭。[①] 债的消灭或称债的终止，是指债的关系在客观上不复存在。债的关系为动态的关系，是从债的产生到债的消灭的过程。债的消灭是债的关系的终点。

债的消灭与债的效力的停止或减弱不同。债的效力的停止或阻止，是因债务人行使抗辩权而拒绝债权人的履行请求，从而使债权的效力受阻止或停止。债的效力减弱是指债权人不能行使给付请求权而仅能受领债务人的给付。例如已过诉讼时效的债权。不论债权的效力停止还是减弱，债的关系仍存在。而债的消灭则是债的关系消灭，债从此不复存在。

债的消灭与债的变更不同。债的变更包括主体、客体、内容的变更。债的主体的变更为债的移转，债的关系未消灭，仅是存在于新的主体之间而已。债的内容或客体变更仅是债的内容或客体变动，债权债务关系仍然存在而并未消灭。

---

① 梁慧星：《中国民法典草案建议稿附理由（债权总则编）》，法律出版社 2013 年版，第 280 页。

债的消灭在近现代民法典中均有其地位。近现代民法典通常设专门的
章节规定债的消灭。例如，法国民法典在财产取得编的第五节规定债权债务
的消灭；德国民法典的债编第三章规定债务关系的消灭；瑞士债务法总则编
第三章规定债的终止；日本民法典债权编第一章第五节规定债权的消灭；我
国台湾地区民法在债权编第一章通则设第六节规定债之消灭；中国澳门民法
典债法卷的第八章规定履行以外的债务的消灭原因。①

（二）债的消灭的原因

债的消灭的原因，即引起债消灭的法律事实。概括地说，债的消灭原
因可以分为以下几类：①基于债的目的达到而消灭。例如，清偿、混同都是
因为债的目的实现而消灭。②基于债的目的不能达到而消灭。例如，在给付
不能时债的目的就不能再实现，债也应消灭。③基于当事人的意愿而消灭。
例如，协商解除合同、免除债务、合意抵销都是基于当事人一方或者双方的
意愿而消灭。④基于法律的规定而消灭。

（三）债的消灭的效力

债的消灭除导致当事人间的权利义务关系终止外，还产生以下效力：①
债权的担保及其他从属的权利随之消灭；②有负债字据的债消灭的，债务人
得请求返还或涂销负债的字据。

另外，债消灭后，当事人仍应遵循诚实信用原则，根据交易习惯履行
通知、协助、保密等义务。

二、清　偿

清偿（le paiement payer）这一术语来自于拉丁文"pccqre"，其含义是
指让人得到平静、缓和和满足。② 债的清偿也称债的履行，是指债务人按照
法律的规定或者合同的约定向债权人履行义务。债务人向债权人为特定行

---

① 梁慧星：《中国民法典草案建议稿附理由（债权总则编）》，法律出版社 2013 年版，第 281 页。
② 张民安：《法国民法》，清华大学出版社 2015 年版，第 302 页。

为，从债务人方面说，为给付；从债权人方面说，为履行；从债的消灭上说，为清偿。债务人清偿了债务，债权人的权利实现，债的目的达到，债当然也就消灭。清偿为债的消灭的最正常的、最常见的原因。"清偿行为与因清偿而为之给付行为不同。清偿均为事实行为（通说）。因清偿而为之给付行为，则有为事实行为者，如服劳务是。有为法律行为者，如移转买卖标的物之所有权是。"①

（一）清偿的性质

关于清偿的性质存在着以下几种学说：

1. 法律行为说。该说认为清偿应该具备清偿之法效意思，如果欠缺法效意思则不发生清偿的效果。该学说又有契约说、单独行为说、法律行为折衷说之分。该学说因为不能解释不作为债务和未成年人以事实行为清偿债务，故多不被采纳。

2. 非法律行为说。该说认为清偿与履行行为并不相同。履行行为有法律行为，也有事实行为。而清偿则为履行行为的目的，因此清偿不需要具有清偿意思表示，也不需要债权人有受领清偿的意思表示。该学说为通说。

3. 折衷说。该说认为给付行为如果为法律行为，则清偿行为为法律行为；给付行为如果为事实行为，则清偿亦为事实行为。该说以给付行为的性质确定清偿的性质，也不为多数学者采纳。

（二）代物清偿

所谓代物清偿，是指债权人受领他种给付以代替原定给付，而使债之关系消灭的法律事实。关于代物清偿的性质，有学者认为其属于清偿的一种；有学者认为其属于双务契约中的买卖或互易；法国学者多认为其为即时履行的更改；德国学者普遍认为其为一种要物并有偿的契约。② 史尚宽先生认为代物清偿为契约之一种，且是准物权契约之一种，属有偿契约和要物契约。③

---

① 杨与龄：《民法概要》（民法各编修正新版），中国政法大学出版社 2013 年版，第 180 页。

② 史尚宽：《债法总论》，中国政法大学出版社 2000 年版，第 815 页。

③ 史尚宽：《债法总论》，中国政法大学出版社 2000 年版，第 815 页。

孙森焱先生认为代物清偿属契约，且是有偿契约和要物契约。① "代物清偿是契约而非清偿样态之一，是要物、要因契约而非诺成、无因契约。代物清偿在履行过程中，区别于流质契约与任意之债。实体法上的代物清偿与程序法上的以物抵债，两者虽然在价值上趋于一致，但是在法律理念以及法律构造均存在明显差异，需分而待之。"② 由此可见，代物清偿在性质上属于契约之一种，且为有偿、要物契约，似乎没有较大争议。

我国限行立法中没有规定代物清偿制度，但是最近最高法院在裁判中已经明确承认代物清偿制度。在"武侯国土局与招商局公司、成都港招公司、海南民丰公司债权人代位权纠纷案"一案中③，公报的裁判摘要中指出，"代物清偿协议系实践性合同，没有实际履行，双方的代物清偿协议不成立，由此在债的更新之外，又引入了一个新的制度来规范我国的以物抵债实践。这一公报案例对于填补法律漏洞，确立构成要件以及法律效果，起到重要作用。但从请求权基础上看，我国民法没有规定代物清偿制度，即便依据合同自由原则，找到的依据也只是当事人可以自由变更与消灭合同，而不是将之看作是实践性合同或要物合同。"④ 作者进一步指出，"虽然我国没有规定代物清偿制度，但最高院近年的公报案例已经承认这种法律关系，并将之看作是要物合同，这种观点以我国民法理论为基础。但这种做法会引发一系列问题，混淆清偿与要物行为的关系，把代物清偿协议看作是一种缔结要物合同的预约，甚至否认了未实际履行的清偿协议的效力，有违意思自治的原则。从私法史上看，代物清偿与要物合同是相互独立的，只是随着代物清偿与买卖合同的趋同，才引入了要物合同来区分它与买卖合同及债的更新这些近似制度。现代民法理论不再类推典型合同来构造它的法律关系，而从清偿合同的角度把它看作是以实现债权人对替代物的满足为目的的诺成性合同。这种趋势在最高院判决中初现端倪，未来的民法典应该采纳。"⑤ 对于上述案件，

① 孙森焱：《民法债编总论》（下册），法律出版社2006年版，第853页。
② 严之：《代物清偿法律问题研究》，《当代法学》2015年第1期，第103页。
③ 参见："成都市国土资源局武侯分局与招商（蛇口）成都房地产开发有限责任公司、成都港招实业开发有限责任公司、海南民丰科技实业开发总公司债权人代位权纠纷案"，《最高人民法院公报》2012年第6期，第19—28页。
④ 肖俊：《代物清偿中的合意基础与清偿效果研究》，《中外法学》2015年第1期，第44页。
⑤ 肖俊：《代物清偿中的合意基础与清偿效果研究》，《中外法学》2015年第1期，第43页。

有学者指出，"本案判决理由实际上采纳的是实践性合同的法律构成。在我国尚无代物清偿规定的情况下，对于填补法律漏洞，统一其构成要件及法律效果具有一定的作用。当然，本案判决所采裁判规范是否能够得到今后相关判决的肯定，尚待今后判例法理的进一步完善。"①

一般认为，代物清偿由以下要件构成：须有原有债权债务存在；须有当事人之间的合意；须有他种给付代替原定给付；他种给付须代原定给付而为之。

代物清偿和清偿在满足债权人债权这一点上是相同的。债权因代物清偿而当然消灭。债权之从权利，如担保物权也随之消灭。连带债务人、不可分之债之一债务人为代物清偿的，其他债务人则一同免责。代物清偿之债务人应就代物清偿之给付承担权利瑕疵和物之瑕疵担保责任。

（三）债之更改

债之更改是指成立新债务而使旧债务消灭之契约。更改亦称债务更替或债务更新，谓因成立新债务，而使旧债务消灭之契约。更改之结果，一债务新成立，因而使旧债务消灭，就旧债言之，为债务消灭之原因。②

债之关系因为更改，旧债务即归消灭，新债务因而产生，故又称债务更新。债之更改就消灭旧债务而言，与代物清偿同，与新债清偿异；就负担新债务言，与代物清偿异，与新债清偿同。③ 一般认为，债之更改为要因契约、有偿契约。

一般认为，债之更改需要具备以下要件：①须有应消灭债务存在；②须有新债务发生；③新债务须与旧债务异其要素；④须有当事人更改的合意。债之更改的基本效力为原有债务消灭，新债务产生。

（四）清偿抵充

所谓清偿抵充，是指债务人对债权人负担数宗同种债务，而债务人的

---

① 其木提：《代物清偿协议的效力——最高人民法院（2011）民提字第 210 号民事判决评释》，《交大法学》2013 年第 3 期，第 176 页。

② 史尚宽：《债法总论》，中国政法大学出版社 2000 年版，第 822 页。

③ 孙森焱：《民法债编总论》（下册），法律出版社 2006 年版，第 858 页。

履行不足以清偿全部债务时，确定其履行应抵充何种债务的规则。例如，债务人负有 2 万元和 3 万元两笔债务，如果债务人提出 1 万元为清偿，应该清偿哪一笔债务，这就是清偿抵充旨在解决的问题。

清偿抵充制度，其雏形可以追溯到罗马法时期，在传统的大陆法系国家如法国、德国、日本等国的民法典中都有详细规定。我国《民法通则》和《合同法》都没有对清偿抵充制度进行规定，《合同法解释（二）》第20、21条规定了清偿抵充制度，但是仅对法定抵充和清偿顺序作了规定，对约定抵充和指定抵充未置可否。原因在于：在有约定或者指定的情况下，通常不会发生争议，司法解释没有涉及的债务人指定的情况审判实践中尚未见到，主要是当事人既无约定、亦无指定情形下，如何确定债的清偿抵充顺序的问题。① 第20条规定："债务人的给付不足以清偿其对同一债权人所负的数笔相同种类的全部债务，应当优先抵充已到期的债务；几项债务均到期的，优先抵充对债权人缺乏担保或者担保数额最少的债务；担保数额相同的，优先抵充债务负担较重的债务；负担相同的，按照债务到期的先后顺序抵充；到期时间相同的，按比例抵充。但是，债权人与债务人对清偿的债务或者清偿抵充顺序有约定的除外。"第21条规定："债务人除主债务之外还应当支付利息和费用，当其给付不足以清偿全部债务时，并且当事人没有约定的，人民法院应当按照下列顺序抵充：①实现债权的有关费用；②利息；③主债务。"

一般认为，清偿抵充需要具备以下要件：须债务人对于同一债权人负担数宗债务；须数宗债务之给付种类相同；须清偿人提出之给付不足清偿全部债务。

清偿抵充的方法有三种：①约定抵充，是指根据契约自由原则，清偿人与债权人根据契约确定抵充的债务；②指定抵充，是指清偿人与债权人就清偿抵充没有约定时，由清偿人指定应该抵充的债务；③法定抵充，是指清偿人与债权人未订立抵充契约，清偿人清偿时也未指定应该抵充的债务时，应根据法律规定的抵充规则进行抵充的方法。三种类型抵充之间的次序规则，是有约定从约定，无约定依指定，无指定依法定。②

① 曹守晔：《关于适用合同法若干问题的解释（二）的理解与适用》，《人民司法》2009 年第 13 期，第 44 页。
② 曲佳，翟云岭：《论清偿抵充》，《法律科学》2014 年第 3 期，第 81 页。

三、抵　销

（一）抵销的概念

抵销是指当事人双方相互负有同种类债务时，将两项债务相互充抵，使其相互在对等额内消灭。为抵销的债权即主张抵销的债务人的债权，称为动方债权或主动债权、能动债权；被抵销的债权即债权人的债权，称为受方债权或被动债权、反对债权。

抵销可分为法定抵销与合意抵销。法定抵销是指具备法律所规定的条件时，依当事人一方的意思表示所为的抵销。其依当事人一方的意思表示，使双方的债权按同等数额消灭的权利，称为抵销权。《合同法》第99条第1款规定："当事人互负到期债务，该债务的标的物种类、品质相同的，任何一方可以将自己的债务与对方的债务抵销，但依照法律规定或者按照合同性质不得抵销的除外。"此即法定抵销。《合同法解释（二）》第23条规定："对于依照合同法第99条的规定可以抵销的到期债权，当事人约定不得抵销的，人民法院可以认定该约定有效。"由此可见，可以适用法定抵销的到期债权亦可以约定的方式排除适用。合意抵销是指依当事人双方的合意所为的抵销。合意抵销是由当事人自由约定的，其效力也取决于当事人的约定。《合同法》第100条规定："当事人互负债务，标的物种类、品质不相同的，经双方协商一致，也可以抵销。"此即合意抵销。根据抵销发生的规范基础，抵销可以分为民法上的抵销和破产法上的抵销。此处所讨论的抵销是民法上的抵销。

根据行使的程序，抵销可以分为诉讼外的抵销和诉讼中的抵销。诉讼外的抵销是一种纯粹民法上的抵销，直接按照《合同法》规定的法定抵销效果发生效力。诉讼上的抵销，是指在民事诉讼中，被告主张自己对原告有满足抵销条件的债权而提出抵销，以达到在法院确认原告的请求成立的情况下作出余额判决，从而减少或者消灭对方诉讼请求的目的。诉讼上抵销具有积极的意义，有其独立存在的必要性，原因在于：建立诉讼上的抵销制度，既是衔接实体法与诉讼法，实现实体权利的需要，也是满足实践的需要；建立诉讼上的抵销制度，是实现实体正义和程序公正的需要；建立诉讼上的抵销制度，是提高诉讼效率的需要。① 对于诉讼上抵销的性质，有不同的观点，主要有：①私法行为说。该学说认为，诉讼上抵销行为在性质上属于民法上的抵销行为，是一种单方法律行为，因抵销人单方抵销意思表示到达而生效，不因其在诉讼程序中的行使而变为诉讼行为。②诉讼行为说。认为诉讼上抵销行为是民事诉讼法上固有的制度，是被告在诉讼上向法院表示抵销的行为，这种抵销的诉讼行为须等到法院作出判决后才能发生消灭债权的法律效果。诉讼上的抵销的法律性质不同于实体法上抵销的意思表示，不能仅凭被告一方对原告作出抵销的意思表示而立即发生消灭债权的形成效果。即使被告在言词辩论期日，在诉讼上主张抵销，其抵销的主张也须待法院以判决就被告主张的抵销加以认定，才能在该判决生效时，发生抵销的法律效果。所以诉讼上抵销的行为，其要件方法和效果，应依照诉讼法上有关诉讼行为所适用的原理，作为其适用准则。③折衷说。认为诉讼上的抵销虽然具有实体法和程序法的双重性格，但仍然是一种单一行为，不可以像私法行为说那样将其不同性质割裂来看并分别加以考察，而应作统一的理解。也就是说，诉讼上抵销行为的效果发生要同时具备实体法和程序法上的要件。仅符合实体法要件而不具备诉讼法要件，比如原告撤回诉讼，抵销效果不发生。两者都具备时，同时发生实体法上和程序法上的效果。在我国有学者支持诉讼行为说，认为，民事诉讼中被告可以减少或消灭对方诉讼请求为目的提出债权抵销的主张。这种抵销的性质属于诉讼行为，应当据此设定其要件、法律效果和权利行使方式。② 也有学者支持私法行为说，认为，私法行为说一直是德国和日本的通说。在我国台湾，也有很多权威学者持私法行为说。足见私法行为说有其一定的合理性。私法行为说虽然也有其自身的某些难于自圆其说的地方，但总体比较而言，特别是衡诸抵销人的抵销意思，私法行为说更具有目的上的真实性和规则上的合理性。其不足之处，完全可以通过解释规则得到消除。在私法学说的维护中，更注重的是规则解释上的公正性和现实性，正所谓，法律不是逻辑，而是经验。不顾实际和不顾规则的公平正义的

---

① 陈桂明、李仕春：《论诉讼上的抵销》，《法学研究》2005 年第 5 期，第 52 页。

② 陈桂明、李仕春：《论诉讼上的抵销》，《法学研究》2005 年第 5 期，第 51 页。

纯粹逻辑推演，只是一种思维训练的游戏而已。①

抵销是债的消灭的原因之一，以抵销方式消灭债，可便利双方当事人，节省交易成本。另外，抵销还有担保作用。例如，双方互负同类债务时，若其中一方的资力恶化，另一方向其履行就有可能得不到对等的履行，但若实行抵销，则另一方即使不能履行债务，他方的利益也可得到保障。

（二）抵销的要件

抵销一般须具备以下要件：

1. 须双方互负有债务、互享有债权。抵销是通过充抵债务使双方的债权在同等数额内消灭，因此抵销必须以当事人双方相互享有债权、相互负有债务为前提。若当事人一方对另一方仅有债权而不负债务，或者仅负债务而不享有债权，就不能抵销。

2. 须双方的债务均届清偿期。债务未到清偿期，债权人不能请求履行，若债权人得以其债权与对方的债权抵销，也就等于请求债务人提前清偿。两项债务，一项已届清偿期，而另一项未届清偿期时，若未到期的债务人主张抵销的，可以抵销；已届清偿期的一方主张抵销，未到期的一方同意抵销的，也可以抵销。因为在此情形下，债务人自愿放弃自己期限利益的，法律自无限制的必要。如两项债务都没有规定清偿期，债权人都可随时要求债务人履行的，则可以抵销。

3. 须双方债务的给付为同一种类。抵销的债务以是同一种类的给付为必要。因为只有给付的种类相同时，当事人双方的经济目的才一致，抵销才可满足当事人双方的利益需要。两项债务为不同种类的给付，适用抵销则会难以满足当事人的经济需要。因此，抵销的债务一般为金钱债务和种类之债。但是，协议抵销的除外。

4. 须双方的债务均为可抵销的债务。依法律规定或者根据债务的性质不得抵销的债务，不得抵销，双方约定不得抵销的债务也不得抵销。例如，相互提供劳务的债务、与人身不可分离的债务（如抚恤金、退休金等债务），依其性质都不能抵销。法律规定不能抵销的债务主要有：禁止强制执行的债

---

① 耿林：《诉讼上抵销的性质》，《清华大学学报（哲学社会科学版）》2004 年第 3 期，第 85 页。

务、因故意侵权行为而产生的债务等。

（三）抵销的效力

抵销的效力主要表现在以下几个方面。

1. 双方的债权债务在抵销数额内消灭。双方债务数额相等的，双方的债权债务全部消灭；双方的债务数额不等的，数额少的一方的债务全部消灭，另一方的债务在与对方债务相等的数额内消灭，其余额部分仍然存在，债务人就此部分债务的余额负清偿责任。抵销发生后，双方债权的担保及其他权利，均从抵销发生后消灭；双方的利息债权，也从抵销时消灭。

2. 因抵销消灭双方债务的为绝对消灭。除法律另有规定外，任何人不得主张撤回抵销。

3. 抵销的意思表示溯及于得为抵销时发生消灭债的效力。双方的债务适用抵销时，即为抵销权发生之时。在双方的债务清偿期不一致时，以主张抵销的一方当事人发生抵销权的时间为适用抵销的时间。

四、提　存

（一）提存的概念

最初在罗马法上曾有这样的规定：债务人提出给付而遇有债权人拒绝受领之时，得抛弃该给付物（如送酒者，可倾注于地），以免其责。在《优士丁尼法典》的一篇敕令中说："争讼开始后，你向债权人偿还因消费借贷使用的本金和法定利息，如果债权人不接受清偿，你可以将钱封存后放置于某公共场所，从这一刻起停止计算法定利息……债务人也可不对风险承担责任。"这蕴含了现代民法上的提存规则。①

广义的提存，是指将金钱、有价证券及其他财产寄存于作为国家机关的提存部门，再由他人自提存部门领取该财产，进而达到特定目的的制度。此种广义的提存，种类是多样的，包括清偿提存、担保提存（出于担保债权

---

① 史浩明：《论提存》，《法商研究》2001 年第 6 期，第 92 页。

的目的，使特定的债权人对于债务人提存的金钱、有价证券等享有优先受偿权）、执行提存、保管提存等。① 本书所谓的提存是指清偿提存，是指债务人于债务已届履行期时，将无法给付的标的物交提存机关，以消灭债务的行为。

在我国，对于提存的法律性质，有持"私法上的行为"说者（私法关系说）；有的主张提存是一种需要共同参与的行政行为，由此产生的提存关系是一种公法上的保管关系（公法关系说）；有的认为提存是一种特殊的法律关系，提存人与债权人的关系为私法关系，他们与提存机关的关系则为公法关系（折衷说）。"提存具有双重性，债务人与债权人之间的关系为私法关系，债务人、债权人与提存机关的关系为公法关系。必须指出的是，提存尽管具有公法关系的特点，但它不同于宪法、刑法、行政法等法律确立的一般公法关系，它能产生民事法律效果，正因为如此，我们可以将提存纳入民法规定的法律制度之中，从民法的角度来考察提存中当事人之间的权利义务关系。"② 还有学者认为指出，提存是一种特殊的公法关系。"提存固然均以私法（民事）关系为基础并以影响该私法关系为目的（消灭债、加强担保效力等），但这种私法关系在提存前的发展状态以及因提存而发生的变化是该关系自身的发展变化，与提存虽有密切联系，但两者应加以区分。同时应当注意，从形式上看，提存有国家专门机构的介入，由法律严格规定，因而属于公法上的关系；从内容上看，国家的干预并非为了控制和限制，而是为了在合同履行中提供一定协助，以帮助顺利实现合同目的和维护民事当事人的利益。因此，提存是一种特殊公法关系。"③

债务人履行债务需要债权人协助，如债权人不协助债务人的履行或对债务人的履行拒不接受，或者债务人无法向债权人履行的，债务人就不能清偿债务，还要继续承担清偿责任，这对于债务人是不公平的，为此法律规定了提存制度。

---

① 韩世远：《提存论——〈合同法〉第101—104条的解释论》，《现代法学》2004年第3期，第141页。

② 史浩明：《论提存》，《法商研究》2001年第6期，第95页。

③ 郝倩：《试论我国的提存制度》，《烟台大学学报（哲学社会科学版）》1999年第1期，第39页。

（二）提存的要件

1. 须有可以提存的合法原因。根据《合同法》第 101 条的规定，有下列情形之一，难以履行债务的，债务人可以将标的物提存：①债权人无正当理由拒绝受领。"债权人无正当理由拒绝受领清偿场合，债务人可以提存清偿的标的物以免除自己的债务，然作为其前提，是否要求债权人陷于受领迟延呢？德国民法典（第 372 条）和瑞士债务法（第 92 条）悉以债权人迟延为提存的前提。"[①] ②债权人下落不明。③债权人死亡未确定继承人或者债权人丧失民事行为能力未确定监护人。④法律规定的其他情形。

2. 须经法定程序。提存应经以下程序：①提存人向提存机关提出申请，申请书中应载明提存的原因、提存的标的物、标的物的受领人（不知受领人的，应说明不知受领人的理由）。②经提存机关同意。提存机关受理提存申请后应予以审查，以决定是否同意提存。提存机关同意提存的，指定提存人将提存物交有关的保管人保管。③由提存机关作出提存证书并交给提存人。提存证书具有与受领证书同等的法律效力。

3. 提存的主体与客体适当。提存的主体为提存人与提存机关。一般情形下，提存人即为债务人，但提存人不以债务人为限，债务的清偿人均可为提存人。提存机关是法律规定的有权接受提存物并为保管的机关。提存的客体也就是提存人交付提存机关保管的物。提存的标的物原则上是债务人应给付的标的物。提存物应为适于提存的物。标的物不适于提存或者提存费用过高的，债务人依法可以拍卖或者变卖标的物，提存所得的价款。《合同法解释（二）》第 25 条规定："依照合同法第 101 条的规定，债务人将合同标的物或者标的物拍卖、变卖所得价款交付提存部门时，人民法院应当认定提存成立。提存成立的，视为债务人在其提存范围内已经履行债务。"由此可见，提存拍卖、变卖的价款亦可成立提存。

（三）提存的效力

1. 在债务人与债权人之间的效力。提存后，债因提存而当然消灭，债

---

① 韩世远：《提存论——〈合同法〉第 101—104 条的解释论》，《现代法学》2004 年第 3 期，第 142 页。

务人不再负清偿责任。提存物的所有权移转于债权人，标的物毁损、灭失的风险也由债权人承担，标的物的孳息归债权人所有，提存费用由债权人负担。但是，为使债权人及时得知提存的事实，除债权人下落不明外，提存人应当通知债权人或者债权人的继承人、监护人。

2. 在提存人与提存机关之间的效力。提存人可以凭人民法院生效的判决、裁定或提存之债已经清偿的公证证明取回提存物。提存受领人以书面形式向公证处表示抛弃提存受领权的，提存人得取回提存物。提存人取回提存物的，视为未提存。因此产生的费用由提存人承担。提存人未支付提存费用前，公证处有权留置价值相当的提存标的。

3. 在提存机关与债权人之间的效力。提存成立后，债权人与提存机关产生权利义务关系。《合同法》第 104 条第 1 款规定："债权人可以随时领取提存物，但债权人对债务人负有到期债务的，在债权人未履行债务或者提供担保之前，提存部门根据债务人的要求应当拒绝其领取提存物。"但是，债权人领取提存物的权利应于法律规定的期限内行使。债权人超过法律规定或者提存机关公告的领取时间而不领取提存物的，其权利即行丧失。第 104 条第 2 款规定："债权人领取提存物的权利，自提存之日起五年内不行使而消灭，提存物扣除提存费用后归国家所有。"

五、免　除

免除是指债权人为抛弃债权而向债务人作出的以抛弃债权的意思表示为内容的单方行为。关于债务免除行为，采单方行为说者和采契约说者，各执一词，互不相让。单方说以权利可得抛弃为其逻辑起点，即以对债务人的意思推定为基础，其逻辑必然是完全不需要虑及债务人的利益、意志，殊为不妥。而契约说则能克服此缺陷，又能满足法律实务之需求，更具说服力。[1]

免除成立后，债务人不再负担被免除的债务，债权人的债权不再存在，债即消灭，因此免除债务为债的消灭原因之一。免除以债权人的意思表示为

---

[1]　张谷：《论债务免除的性质》，《法律科学》2003 年第 2 期，第 78 页。

核心内容，因此债的免除本质上属于法律行为，实施债的免除行为需要具备相应的民事行为能力。此外，免除属于单独行为，但是需要注意的是，免除虽为单独行为，债权人和债务人间仍得订定契约，使债权人负担免除债务人债务的债务。此外，虽然，既称免除契约，须为无偿始可，若为有偿，即为代物清偿或属债之更改。① 但是，根据法国民法，债的免除是一种契约。根据《法国民法典》的明确规定，债的免除是一种契约，它除了要求债权人有免除债务人债务的意思表示之外，还要求债务人有同意债权人免除其债务的意思表示，只有债权人和债务人之间就债的免除达成了意思表示的合意，债务人对债权人承担的债务才能够被免除。在法国，债的免除既可以是一种有偿契约，也可以是一种无偿契约。② 此外，一般认为，债的免除还有以下性质：免除为准物权行为。免除为无因行为。免除为处分行为。免除为无偿行为。免除为不要式行为。③

一般认为，免除的生效需要具备以下要件：①免除人需具有免除权，即对债权具有处分能力；②免除人须有明确的免除债权的意思表示；③免除人须有相应的民事行为能力；④免除不得损害社会公共利益或者第三人的利益。

免除的效力是使债消灭。债务全部免除的，债即全部消灭；债务部分免除的，债即于免除的范围内消灭。主债务因免除而消灭的，从债务也随之消灭。《合同法》第105条规定："债权人免除债务人部分或者全部债务的，合同的权利义务部分或者全部终止。"但是，仍需要注意的是，在免除与身份权有密切关系者以及因免除效果对于第三人发生不利益者，不发生免除效力。④

六、混　同

混同有广义和狭义之分。"就广义而言，凡不能并存之二法律上资格归

---

① 林诚二：《民法总则》（下册），法律出版社2008年版，第924页。
② 张民安：《法国民法》，清华大学出版社2015年版，第312页。
③ 林诚二：《民法总则》（下册），法律出版社2008年版，第923页。
④ 林诚二：《民法总则》（下册），法律出版社2008年版，第923页。

属于一人时，其中一法律上资格为另一法律上资格所吸收而消灭者，是谓混同。其情形有三：所有权与其他物权归属于一人者，其他物权因混同而消灭；债权与债务同归一人时，债之关系消灭；主债务与保证债务归属于同一人时，保证债务为主债务所吸收而消灭。"①本书所谓的混同仅指债权与债务同归于一人的混同，即第二种混同。混同是指债权与债务同归于一人，而使债的关系消灭的事实。混同以债权与债务归于一人而成立，与人的意志无关，属于法律事实中的事件。根据法国民法的规定，依据债的混同产生的效力范围的不同，债的混同可以分为两种：债的完全混同和债的部分混同。其中完全混同是原则，部分混同是例外。债的完全混同和部分混同的主要区别在于：完全混同仅仅将债权人或者债务人的身份归并到同一个身上，而部分混同则将债权人或者债务人的身份归并到两个或者两个以上的人身上。②

混同的原因可分为两种：①概括承受，即债的关系的一方当事人概括承受他人权利与义务。例如企业合并，合并前的两个企业之间有债权债务时，在企业合并后，债权债务因同归于一个企业而消灭。概括承受是发生混同的最主要原因。②特定承受，指因债权让与或债务承担而承受权利义务。例如债务人自债权人处受让债权，债权人承担债务人的债务时，此时也发生混同。

混同的效力是导致债的关系绝对消灭，并且主债消灭，从债也随之消灭。但在涉及第三人利益的情形下，虽发生混同，债也不消灭。《合同法》第106条规定："债权和债务同归于一人的，合同的权利义务终止，但涉及第三人利益的除外。"例如，债权为他人质权的标的时，债的关系不应因混同而消灭，如果债权因混同而消灭，则有害于质权人的利益。

---

① 林诚二：《民法总则》（下册），法律出版社2008年版，第928页。
② 张民安：《法国民法》，清华大学出版社2015年版，第308页。

第 八 章

合同与合同法概述

合同法是目前我国规范债权债务关系最主要的法律。合同法分为总则和分则两部分。合同法总则按照逻辑顺序规范合同从磋商、订立、生效、履行、变更到救济的整个动态过程。研究合同法总则，首先对合同与合同法作以概述。

一、合同的概念与特征

（一）合同的概念

合同又称契约。罗马法上"合同（contractus）"一语，由 con 和 tractus 二字组合而成。con 由 cum 转化而来，有共字的意义；tractus 有交易的意义。合而为：共相交易。中文译为合同、契约。在我国，合同一词早在 2000 多年以前即已存在，但一直未被广泛采用。新中国建立以前，民法著述中都使用"契约"而不使用"合同"一词。自 20 世纪 50 年代初期至现在，除我国台湾省外，我国的民事立法和司法实践主要采用了合同而不是契约的概念。"在民法及学说史上，曾有合同和契约的区别。前者为当事人的目的相同，意思表示的方向也一致的共同行为。后者系当事人双方的目的对立，意思表示的方向相反的民事法律行为。我国现行法已经不再做这样的区分，把二者都称为合同。"① 合同或者说契约的发展过程实际上也在彰显着人类社会文明发展的过程。"在人类漫长的历史中,受契约关系调整的生活关系逐渐扩张,最后发展成为近代法的一大原则。自然人的民事权利能力经过漫长的历史逐渐扩张,到了近代法时代,所有的自然人才都有了权利能力。这与契约关系的扩张,恰恰是一个互为表里的关系。因为,权利能力的主体地位,如果从动态的角度来看,便意味着可以所有财产和缔结契约——换言之,权利能力是财产所有和缔结契约的理论前提,而财产所有和缔结契约是权利能力的现实体现。个人作为权利能力的主体,从他人的支配中解放,确立自己自主性的过程,毫无疑问是文化的进步,所以人类文化的发展过程,可以被'从身份到契约'这一名言所概括。"②

合同是反映交易的法律形式,究竟应如何给合同下定义,在大陆法和英美法中一直存在着不同的看法。罗马法将合同定义为"得到法律承认的债的协议。"大陆法合同概念继受罗马法传统,认为合同即指债权债务关系的合同,强调债的协议及合意。如《法国民法典》第 1101 条规定:"契约为一种合意,以此合意,一人或数人对其他一人或数人承担给付、作为或不作为的债务。"《法国民法典》第 1101 条对契约作出的此种界定具有一个重要的特点,这就是它明确区分契约和协议(convention),因为它认为,契约仅是协议的一种,协议除了包括契约之外,还包括其他协议。③ 在《法国民法典》中,"协议"(convention)和"合同"(contrat)似乎具有不同的含义。"合同"仅仅是指当事人旨在引起债的关系发生的意思表示一致的行为,而"协议"则是指当事人旨在产生某种法律效果的意思表示一致的行为,其法律效果可以是债的发生,也可以是债的转移(债权的转让),还可以是债的消灭。一句话,并非一切协议都是合同,然而一切合同都是协议。④《德国民法典》创造性地规定了法律行为,并以此来界定合同的概念,其第 305 条规定:"以法律行为发生债的关系或改变债的关系的内容者,除法律另有规定外,必须

---

① 崔建远:《合同法总论》(上卷),中国人民大学出版社 2008 年版,第 2 页。
② [日] 我妻荣:《债法各论》(上卷),徐慧译,中国法制出版社 2008 年版,第 5—6 页。
③ 张民安:《法国民法》,清华大学出版社 2015 年版,第 315 页。
④ 尹田:《法国现代合同法——契约自由与社会公正的冲突与平衡》,法律出版社 2009 年版,第 5—6 页。

有当事人双方之间的契约。"在德国法上，合同（Vertrag）不独私法上使用，在国际法上以及公法上也使用；即使在私法上，也不仅限于债权合同，还有物权合同、身份合同等，它可以用来指一切意思的合致。①

英美法最通行的合同概念是将其定义为能够由法律强制执行的允诺，强调诺言。不同于大陆法的是，英美法认为合同的本质不在于合意而在于允诺（promise），且与大陆法强调双方的合意不同的是，英美法只是注重合同是一个或一组允诺，是单方意思表示，这种允诺如果具备一定条件，通常是另一方承诺且至少具有象征性对价时，法律将给与救济。如美国《合同法重述》（第二版）第 1 条规定："合同是一个诺言或一系列诺言，法律对违反这种诺言给予救济，或者在某种情况下认为履行这种诺言乃是一种义务。"由于英美法上合同的概念仅强调一方对另一方的允诺，而没有将双方当事人的合意置于重要位置，为此受到西方许多学者的批评。之后，美国《统一商法典》、英国《牛津法律大辞典》等，都将大陆法系"协议"的含义移植到合同的概念中，形成了类似现代合同的定义，使英美法系与大陆法系在合同概念的界定上越来越接近。大陆法系民法合同定义，与英美法系民法合同定义，有较大的差异。依大陆法系民法，合同是一种双方的法律行为，是双方当事人的合意。但上述英美法合同定义，则认为合同是一个或一系列允诺（a promise or a set of promises），将合同归结为当事人承担债务的单方意思表示。这与大陆法合同定义有实质上的区别。②

在我国，无论是理论上还是立法上，接受的是大陆法系的协议说，认为合同就是一种合意或协议，对此并无分歧。但是，在合同的适用范围上，学理上存在"广义合同"、"狭义合同"、"最狭义合同"之争议。"广义合同"指所有法律部门中确定权利义务内容的协议，有民事合同、劳动合同、行政合同等；"狭义合同"指一切民事合同，即债权、物权、身份权、知识产权合同；"最狭义合同"仅指债权债务协议，即债权合同。"广义合同"概念过于宽泛，无法确定合同法特定的规范对象和内容，与将合同视为交易的法律形式、将合同法视为规范交易行为的法律的理念相冲突，故不足取。"最

---

① 韩世远：《合同法总论》，法律出版社 2008 年版，第 3 页。

② 梁慧星：《论我国民法合同概念》，《中国法学》1992 年第 1 期，第 53 页。

狭义合同"概念仅将合同限于债权合同，认为合同只是发生债权债务关系的合意，又过于狭窄，会使许多民事合同关系难以受到合同法的调整。所以我国法律采"狭义合同"观点。《民法通则》第85条规定："合同是当事人之间设立、变更、终止民事关系的协议，依法成立的合同受法律保护。"关键在于对此所谓"民事关系"如何解释。如果解释为包括一切民事关系，则此合同概念应为广义概念，反之若解释为仅指债权债务关系，则应属狭义概念。

有学者指出，我国民法中的合同概念，应为狭义概念。原因在于：我国民法不承认有所谓物权合同；按照我国民事立法，非发生债权债务关系的合意，均不属于合同；我国民法规定合同为发生债权债务关系的根据。基于上述理由，我国民法中的合同概念，属于狭义概念，其定义应为，当事人之间设立、变更、终止债权债务关系的合意。①《中华人民共和国合同法》（以下简称《合同法》）第2条第1款规定："本法所称合同是平等主体的自然人、法人、其他组织之间设立、变更、终止民事权利义务关系的协议。"这是我国法律对合同的定义，应作与《民法通则》相同之狭义解释，即债权债务关系的协议。

（二）合同的法律特征

根据合同法的规定，合同作为一种典型的民事法律行为，具有如下法律特征。

1. 合同是两个或两个以上当事人的法律行为

这是合同区别于单方法律行为的重要标志。单方法律行为成立的基础条件是当事人单方意志，如被代理人的事后追认行为；而合同是基于双方或多方当事人的合意行为得以成立的。合同是一种法律事实，非事实行为，是按意思表示的内容赋予法律效果的。合同本质是双方或多方当事人的合法行为，当事人的合意内容与目的不违背法律要求，即发生法律拘束力，受到国家强制力保护。而如果当事人作出了违法的意思表示，即使达成协议，也不能产生合同的效力。

---

① 梁慧星：《论我国民法合同概念》，《中国法学》1992年第1期，第56—57页。

2.合同是以设立、变更和终止民事权利义务关系为其基本内容或目的的协议

任何法律行为都有目的性。合同的目的性在于设立、变更、终止民事权利义务关系。此目的性使其与一般商量行为区别开来。设立民事权利义务关系，是指当事人订立合同旨在形成某种法律关系，从而享有具体的民事权利，承担具体的民事义务。变更民事权利义务关系，是指当事人通过订立合同，使原有的合同关系在内容上发生变化。终止民事权利义务关系，是指当事人旨在通过订立合同，消灭原法律关系。当事人订立合同不论是出于何种目的，只要当事人达成的协议依法成立并生效，就对合同当事人产生法律约束力，当事人就要依照合同的规定享有权利和履行义务。

3.合同是当事人在平等自愿的基础上且具意思表示一致性和真实性的协议

合同又称协议。而协议一词，在民法中也可以指当事人之间形成的合意，所以合同必须是当事人协商一致的产物或意思表示一致的协议。当事人各方在订立合同时的法律地位是平等的，任何一方都不得将自己的意志强加给另一方。当事人的意思表示是自主自愿的，且内心意思与外在表示一致。当然，在现代法上为实践合同正义，自愿（自由）有时也会受到限制，如强制缔约、格式合同。当合同当事人意思表示一致时，无论是明示或是默示，均可成立合同。

4.合同须具合法性、确定性和可履行性

合同的合法性是合同作为一种以发生法律效果为目的的协议的必然要求，我国立法者与学术上均对此予以强调。《合同法》第8条明文规定："依法成立的合同，受法律保护。"合同的确定性是指合同内容必须确定，即约定明确，一为履行合同提供依据；二为当事人意思表示解释时确立标准。在我国，当事人对合同履行地、价款、期限等约定不明、内容难以确定时，可直接依据法律规定。《合同法》第125条还规定了合同解释的有关原则。可履行性与合法性有联系，是指合同标的具有履行的可能，使得合同有效，否则，不能履行的合同会导致合同的解除、无效等。当然，符合不可抗力条件的履行不能，当事人可以免责或变更合同。

二、合同的分类

随着社会分工和商品交换的日益发展，交易的形式和内容出现多样性和复杂化的态势。从不同的角度出发，根据不同的标准，可将合同作出不同的分类。对合同进行科学分类，有助于建立科学的合同法立法体系，有助于司法机关正确区分案由和适用规则，也有助于指导当事人订立和履行合同。一般来说，合同可以作出如下分类。

（一）双务合同与单务合同

根据当事人双方是否互负给付义务，合同可以分为双务合同与单务合同。

双务合同是指双方当事人相互享有权利、相互负有义务的合同，即一方当事人所享有的权利为他方当事人所负担的义务，如买卖合同、租赁合同等均为双务合同。

单务合同是指只有一方当事人负给付义务的合同。一般包括两种情况，一种是合同一方当事人只享有权利不负担义务，另一方只负担义务而不享有权利，如赠与合同、无偿保管合同。另一种是一方当事人负担给付义务，对方当事人不负担对待给付义务但承担次要给付义务，如附负担赠与合同。

区分双务合同与单务合同有其法律意义。第一，在合同履行方面，除当事人或法律有特别规定外，双务合同的当事人享有同时履行抗辩权，在一方未履行或未提供履行担保时，对方有权拒绝自己的给付；而单务合同则无此规定。第二，在风险负担方面，单务合同中的风险由所有权人负担，但对方有过失的除外。双务合同中的风险负担有三种情况。一是发生不可抗力而使双方不能同时履行时，任何一方均不得要求对方履行，债务人免除义务；如一方已经履行的，对方应当予以返还，否则构成不当得利。二是由于可归责于债务人的原因而致使不能履行时，债务人无权要求对方履行，对方有权要求解除合同并请求赔偿损失。三是由于可归责于债权人的原因而使合同不能履行时，债务人有权请求对方履行并赔偿对方因此遭受的损失。第三，在合同解除方面，双务合同中，一方不履行时，他方享有解除权；单务合同中，在义务人不履行时，权利人则为撤回，不存在解除问题。

（二）有偿合同与无偿合同

根据当事人取得权益是否须负相应代价，可以将合同分为有偿合同与无偿合同。

有偿合同是指当事人一方取得权益，须付出一定代价的合同。在有偿合同中，双方当事人互为给付，即当事人以接受对方相应代价为履行义务的条件。有偿合同占合同中的绝大多数，如买卖合同、租赁合同、运输合同、保险合同等。

无偿合同是指当事人一方享有权益，无需偿付相应代价的合同。如赠与、无偿借用、无偿的消费借贷等合同则为无偿合同的典型。无偿合同是等价有偿原则在适用中的例外现象，在实践中，其应用得较少。在无偿合同中，一方当事人虽不向他方支付任何报酬，但并非不承担任何义务。有些无偿合同，当事人也要承担义务，如借用人无偿借用他人物品，负有正当使用和按期返还物品的义务。另外，有偿合同大多数是双务合同，但也有例外；无偿合同原则上是单务合同，但单务合同又未必是无偿合同。

区分有偿合同与无偿合同有其法律意义。第一，责任轻重不同。有偿合同中，债务人所负的注意义务较高；无偿合同中，债务人所负的注意义务较低。如《合同法》第374条规定，保管期间，因保管人保管不善造成保管物毁损、灭失的，保管人应当承担损害赔偿责任，但保管是无偿的，保管人证明自己没有重大过失的不承担损害赔偿责任。第二，主体要求不同。有偿合同中，因双方皆负代价，故当事人须为完全行为能力人，限制行为能力人非经其法定代理人同意不得订立重大的有偿合同；而作为纯获利益的无偿合同的一方当事人则无此限制，如接受赠与等，限制行为能力人和无行为能力人即使未取得法定代理人的同意，也可以订立；但在负返还原物的无偿合同中，仍然须取得法定代理人的同意。第三，可否行使撤销权不同。如果债务人将其财产无偿转让给第三人，严重减少债务人的责任财产，害及债权人的债权，债权人可以直接请求撤销该无偿行为。但对于有偿的明显低价的处分行为，只有在债务人及其第三人在实施交易行为中有加害于债权人的恶意时，债权人方可行使撤销权。第四，有无返还义务不同。有偿合同中，无权处分人出于善意有偿的转让给第三人的，一般不返还原物；但在无偿合同中，若原物存在，则负返还原物。

（三）有名合同与无名合同

根据合同在法律上是否被赋予了特定的名称为标准，可以将合同分为有名合同与无名合同。

有名合同也被称为典型合同，是指法律上已设有规范并赋予一定名称的合同。《合同法》所列的买卖合同、租赁合同等 15 种合同，《中华人民共和国保险法》（以下简称《保险法》）所列的保险合同，《中华人民共和国担保法》（以下简称《担保法》）所列的保证合同、抵押合同、质押合同等，都是有名合同。

无名合同又称非典型性合同，是指法律上尚未确定一定的规范与名称的合同。如劳务交换合同、互利合同、搬迁合同等都是无名合同。根据合同自由原则，无禁止即许可。在不违反社会公德和社会公共利益及强行性规范的前提下，允许当事人订立任何内容的合同。从实践来看，无名合同既可以是纯无名合同，也可以是混合合同。所谓混合合同，是指内容包括两个以上独立的有名合同事项或有名合同与无名合同事项混杂在一个合同中的合同，如旅馆住宿合同便同时包含物品的租赁合同与雇佣服务合同两种协议。因生活中的合同种类无穷无尽，合同法不可能将所有的合同类型规定。无名合同产生以后，经过一定的发展阶段，具有成熟性和典型性之时，合同立法应适时地规范，使之成为有名合同。

无名合同的基本类型主要是三种。其一是纯粹的无名合同，是指合同的内容与有名合同毫不关涉的合同，这种无名合同以不属于任何有名合同的事项为内容。其二是准混合同，即在一个有名合同中，既有属于典型合同的内容，也有有名合同的有关法律中未予涉及的内容。换言之这种无名合同是有名合同与无名合同混合在一起的合同。其三是混合合同，是指一个合同所包含的内容是几个有名合同内容的综合的合同。对于各种类型的无名合同的处理理论上有不同观点。通说认为，对于纯粹的无名合同，应该按照合同法的一般规则处理。对于混合合同和准混合合同则有不同的理解，主要有三种观点：一是吸收主义，即区分合同的主要内容和次要内容，由主要内容吸收次要内容，从而适用主要内容的有名合同的规则；二是结合主义，即分解各种有名合同的规定而寻求其法律要件，以发现其法律加以调和统一，创造一种混成法而予以适用；三是类推适用主义，即考虑当事人订约的经济目的及社会机能，就无名合同的事项类推适用有关各有名合同的特别规定。① 第三种观点是各国民法的通说。《合同法》第 124 条明确了无名合同的法律适用规则："本法分则或者其他法律没有明文规定的合同，适用本法总则的规定，并可以参照本法分则或者其他法律最相类似的规定。"因此，根据该条的规定，对于合同法分则以及其他法律没有明确规定的无名合同，可以适用合同法总则的规定。最为重要的是可以"参照本法分则或者其他法律最相类似的规定"。这事实上明确了无名合同的参照适用规则，即类推适用规则。

区分这类合同的意义在于须明确合同的法律适用。对于有名合同，应直接适用法律规定。对于纯无名合同则可适用合同法总则规定和与该合同相近似的有名合同的法律规定，并同时参酌当事人的自治意思和合同的目的处理；对于混合合同，情况稍复杂，不可单独地适用某合同的法律规定，而应据该合同具体情况综合考虑法律及其原则的适用。

（四）诺成合同与实践合同

根据合同的成立是否须交付标的物，可以将合同分为诺成合同与实践合同。

诺成合同也被称为不要物合同，是指当事人各方意思表示一致就能成立的合同，即"一诺即成"的合同，如买卖合同。此种合同的特点在于，当事人双方意思表示一致之时，合同即告成立。

实践合同又被称为要物合同，是指除当事人各方意思表示一致外，尚需交付标的物才能成立的合同。在这种合同中，仅凭双方当事人的意思表示一致，尚不能产生一定的权利义务关系，还必须有一方实际交付标的物的行为，才能产生法律效果，如保管合同、借用合同等。诺成合同是一般的合同形式，实践合同是特殊的合同形式，除非有法律的特别规定，一般合同均为诺成合同。

---

① 郭明瑞、房绍坤：《新合同法原理》，中国人民大学出版社 2000 年版，第 21 页。

区分诺成合同与实践合同有其法律意义。第一，合同成立的要件不同，诺成合同自双方当事人意思表示一致时起，合同即告成立；而实践合同则在当事人达成合意之后，还必须由当事人交付标的物和完成其他给付以后，合同才能成立。第二，当事人义务的确定不同，在诺成合同中，交付标的物是当事人的给付义务，违反该义务便产生违约责任；而在实践合同中，交付标的物不是当事人的给付义务，而是先合同义务，违反它不产生违约责任，可构成缔约过失责任。

（五）要式合同与不要式合同

根据合同的成立是否须采用法律或当事人要求的形式，可以将合同分为要式合同和不要式合同。

要式合同是指须采用特定形式才能成立的合同。对于一些重要的交易，法律常常要求当事人必须采取特定的方式订立合同，如《中华人民共和国城市房地产管理法》第 40 条规定："房地产转让，应当签订书面转让合同。"如果不采用书面形式，合同就不能成立。

不要式合同是指不需要采取特定形式就可成立的合同。不要式合同中，当事人可以采取口头形式，也可以采取书面形式。合同除法律有特别规定以外，均为不要式合同。根据合同自由原则，当事人有权选择合同形式，但对于法律有特别的形式要件规定的，当事人必须遵循法律规定。

区分要式合同与不要式合同的法律意义在于，特定的形式是否为合同成立或生效的要件。法律对形式要件的规定属于生效要件还是成立要件，学术界有不同看法。我们认为，这要根据法律的规定和合同性质来确定。如果形式要件属于成立要件，那么当事人未根据法律规定采用一定形式则合同不成立；如果形式要件属于生效要件，当事人不依法采用一定形式则已成立的合同不能生效。对于不要式合同来说，当事人可以自由采用书面、公证、登记等形式，均不影响合同的成立或生效。

（六）主合同与从合同

根据合同相互间的主从关系，可以将合同分为主合同与从合同。

主合同是指不依赖于其他合同而独立存在的合同。从合同是指以其他合同的存在为存在前提的合同。从合同要依赖于主合同的存在而存在。例如，为担保借款合同而订立抵押合同，借款合同为主合同，抵押合同为从合同。

区分主合同与从合同的法律意义在于明确相互间的制约关系。从合同以主合同的存在为前提，只有在主合同有效成立以后才能成立从合同；主合同无效或被撤销，从合同也失去效力；主合同权利转让，从合同权利必须随之转让；主合同消灭，从合同随之终止。

（七）预备合同（预约）与本合同（本约）

根据两个合同相互间是否具有手段和目的的关系，可将合同分为预备合同（预约）和本合同（本约）。

预备合同即预约，是指当事人之间约定将来订立一定合同的合同；将来应当订立的合同就是本合同即本约。如将来打算买卖飞机票为本合同，那么预先约定将来购买飞机票则为预备合同。

区分预备合同与本合同的法律意义在于，预备合同的成立与生效，使当事人负有将来按预备合同规定的条件订立本合同的义务，而不负有履行将来要订立的合同中的义务。预备合同虽然仅使当事人负有订约义务，但也是一种合同，如其一方当事人不履行订立本合同的义务，则另一方当事人有权请求法院强制其履行义务及承担违约责任。为求诉讼经济，债权人还可以合并请求订立本合同和履行本合同。

（八）束己合同与涉他合同

根据是否严格遵守合同相对性原则还是涉及第三人为标准，可将合同分为束己合同与涉他合同。

束己合同，有人称为"为本人利益的合同"，是指合同当事人为自己约定并承受权利义务的的合同。束己合同严格遵守合同相对性原则，第三人既不因合同而享有权利，也不因该合同而承担义务，合同仅在其当事人之间有其拘束力。

涉他合同，指合同当事人在合同中为第三人设定了权利或义务的合同。涉他合同对合同相对性原则有所突破，使合同权利或者义务涉及了第三人。

它包括"为第三人利益的合同"与"由第三人履行的合同"两种基本类型。

区分这类合同的法律意义在于,一方面可以反映出两类合同的目的有所差异,另一方面是合同的效力范围上表现出差异。涉他合同虽然对合同相对性原则有所突破,但尚未突破合同违约责任的相对性。因为第三人并没有成为合同的一方当事人,在发生违约的场合,我国法律仍然奉行合同相对性原则,由债务人向债权人承担违约责任,至于债务人与第三人之间的关系,则要另案处理。

(九)格式合同与非格式合同

根据合同条款是否经由当事人协商确定为标准,可将合同分为格式合同和非格式合同。

格式合同,是指合同内容由一方当事人预先拟定而不容对方当事人协商的合同,又称标准合同。例如,铁路运输合同、航空运输合同。非格式合同,是指合同内容由双方当事人协商确定的合同,实践中绝大多数合同为非格式合同。

区分这类合同的法律意义在于明了格式合同须严格遵守法律的强行性规定,否则导致无效。而非格式合同的内容则完全由当事人双方协商确定,并可根据情况约定变更。正因为如此,法律通常要对格式合同的权利义务作出特别规定,目的在于尽可能在公平的前提下,保证处在弱势的相对人利益受到切实保障。我国现行合同法在"合同的订立"一章中就有关于格式条款的专门规定。而非格式合同已充分考虑并给了当事人双方以合意自治权,无需再予特殊的法律救济。

(十)确定合同与射幸合同

根据合同的法律效果在缔约时是否已确定,可将合同分为确定合同和射幸合同。

确定合同,是指在缔约时法律效果已确定的合同。《合同法》中规定的合同,都为确定合同。射幸合同,是指在缔约时法律效果不能确定的合同。射幸合同仅为少数,如保险合同、彩票合同、赌博合同等。法律对射幸合同要求严格。

区分这类合同的意义在于确定合同一般以等价有偿为原则，其法律效果必然出现，就会实现当事人的预期目标；射幸合同的法律效果不能确定，可能出现也可能不出现，带有偶然性和"赌博"的色彩，表现为一种机会。所以射幸合同不能从等价交换与否衡量合同是否公平。

三、合同法的含义与作用

（一）合同法的概念和适用范围

合同法是现代各国民事法律制度的重要组成部分，是调整财产流转关系、规制交易行为的基本法，是国家在现代经济发展时期依法管理经济的重要法律，它直接界定市场要素，全面规范市场交易活动，是市场经济的核心交易规则，故合同法为市场经济的基本法律。现代合同法所规定的内容十分丰富，主要规范合同的订立、合同的有效和无效及合同的履行、变更、解除、保全、违反合同的责任等问题。因此，合同法是调整平等民事主体间利用合同进行财产流转或交易而产生的社会关系的法律规范的总和。

合同法在英美法系是与财产法、侵权行为法、信托法等并列的独立法律部门，但在大陆法系，合同法之上有债法，债法之上是民法，故合同法为民法的组成部分。在我国，合同法也归属于民法，不是一个独立的法律部门，只是我国民法的组成部分。

《合同法》第2条规定："本法所称合同是平等主体的自然人、法人、其他组织之间设立、变更、终止民事权利义务的协议。婚姻、收养、监护等有关身份关系的协议，适用其他法律的规定。"这一规定明确了我国合同法的适用范围：

1. 合同法调整的是平等主体之间订立的有关民事权利义务关系的协议

合同法适用于平等主体之间订立的民事权利义务关系的协议。因此，应当将合同法的适用范围确定为各类由平等民事主体即自然人、法人、其他组织之间设立、变更和终止民事权利义务关系的协议。也就是说，合同法应适用于各类民事合同。而民事合同的主要特点在于订立合同的主体的平等性和独立性，如不具有这些特点的，合同一般不能作为合同法调整的对象。例如许多企业内部的承包合同，因不是平等主体之间的合同，就不能成为合同法调整的对象。

2. 合同法所调整的合同包括各类民事主体基于平等自愿等原则所订立的民事合同

在实践中，在我国境内无论是自然人之间，法人之间，还是法人与自然人之间订立的民事合同；无论是中国自然人和法人，还是外国人以及无国籍人所订立的应当适用中国法律的合同，只要是平等的主体之间订立的民事合同，都应当适用合同法的规定。

3. 合同法的调整范围既有当事人设立民事权利义务关系的协议，也有当事人变更、终止民事权利义务关系的协议

设立民事权利义务关系，是指当事人通过合同确定当事人之间的具体的民事权利义务；变更民事权利义务关系，是指当事人通过订立合同修改原有的民事权利义务关系的内容；终止民事权利义务关系，是指当事人通过订立合同消灭原来存在的民事权利义务关系。

总之，我国的新《合同法》较之原有的三个合同法，在调整范围方面大大拓展了，这顺应了社会主义市场经济发展的客观要求。当然，那些不属于平等主体之间订立的有关权利义务关系的协议，不适用合同法。具体来说，如下关系不应由合同法调整：

（1）政府以法律维护经济秩序的管理活动

有关财政拨款、征税和收取有关费用、征用、征购等，属于行政管理关系，不是民事关系，应适用行政法的规定而不能适用合同法。然而政府机关作为平等的民事主体与其他自然人、法人之间订立有关民事权利义务关系的民事合同，如购买办公用品、修缮房屋等合同，仍然应受合同法调整。

（2）法人、其他组织内部的管理关系

如企业内部实行生产责任制，由企业及企业的车间与工人之间订立所谓的"合同"，都只是企业内部的管理措施，当事人之间仍是一种管理和被管理的关系，应属于劳动法等法律调整。

（3）有关身份关系的协议

《合同法》第2条第2款规定："婚姻、收养、监护等有关身份关系的协议，适用其他法律的规定。"这是由于身份关系并不属于交易关系，如离婚

协议应由婚姻法调整，一方违反协议另一方不得基于合同法的规定请求另一方承担违约责任。

（二）合同法的特点

1.平等性

合同法调整的对象是交易关系，而交易关系本质上需要遵守平等协商和等价有偿原则。依照价值规律原则，商品交换必须体现等量劳动的交换，因而合同法相对于其他法律更强调平等协商和等价有偿原则，同时也更突出地表现了民法的调整对象和调整方法的特点。平等性并不否定对特殊主体区别对待。"本世纪以来，整个民法思想、合同法思想都发生了变化，对于实质的正义、实质的公平更为关注。法官裁判案件时，首先要考虑消费者、劳动者，由于他们处于经济上的弱势地位，在法律规则上就要给予他们特殊的照顾、特殊的保护。"[1]

2.财产性

根据《合同法》第2条规定，合同法所规范的是平等主体之间设立、变更、终止财产权利义务的法律行为，也就是说，合同法所调整的是财产关系，合同关系是财产权利义务关系。合同法不调整平等主体之间的人身关系，即使当事人通过协议设立、变更、终止身份关系，也不属于合同法的规范对象。因此，合同法属于财产法，具有财产性。

3.任意性

合同法遵循意思自治原则，强调合同自由，合同当事人有充分处置自己事情的权利。这就决定了合同法规范一般只是为当事人提供一种行为模式，并非要求当事人必须遵守。另外，在市场经济条件下，交易的发展和财产的增长要求市场主体在交易中能够独立自主，并能充分表达其意志，法律应为市场主体的交易活动留下广阔的活动空间，政府对经济活动的干预应限制在合理的范围内。因此，合同法多为任意性规范，当事人可以以自己的意思排除其适用。正是在这一意义上，合同法为任意法，具有任意性。

---

[1]　梁慧星：《合同法的成功与不足》（上），《中外法学》1999年第6期，第21页。

4. 国际性

市场经济是开放经济，国内市场与国际市场有机联系，不可分割。同时，在现代市场经济条件下，为降低交易成本，国内、国际的交易规则日益趋同统一。因此，作为调整市场经济的基本法，合同法的国际化逐渐成为法律发达的重要趋向，如《联合国国际货物买卖合同公约》（1980年），《国际商事合同通则》（1994年）等都是合同法国际性的集中体现。

（三）合同法的地位

合同法的地位，是指合同法在法律体系中，主要是民商法中所占的位置。合同法在民商法中处于很特殊又很重要的地位，表现在：合同法的理论，是民商法、债法或债权法原理的重要组成部分；合同法的立法，往往是立法中最先颁行、最完善或所占条款最多的；作为交易法，合同法是交易规则的法律表现，它以交易的存在为其基本前提，随着商品交换及商品经济的发展而逐步形成和发展起来，最终成为了规范商品交换关系的基本法律。

（四）合同法的作用

作为规范商品交换关系的基本法律，合同法具有以下重要作用：

1. 维护交易安全和秩序

订立合同法的主要目标就是维护交易安全和秩序。只有在有序的情况下，交易当事人才能实现其合理预期，有效降低交易风险，从而实现交易当事人和社会整体利益的最大化。合同法作为以调整交易关系为主要目标的法律，必须要以维护交易秩序作为其基本任务。

2. 维护合同的自由和公平、公正

从本质上来说，合同是当事人自由意志的结合，订立合同法的目的之一就是通过规范契约行为，实现当事人的缔约目标。所以，合同自由是合同法必须遵循的基本原则之一。任何强制他人缔约、履约的行为，都是对合同自由原则的践踏，必须予以制止。同样，合同法也特别注意维护合同的公平和公正，实现当事人的平等，使当事人在公平、公正、平等的基础上，尊重当事人的意志和利益，以实现各自的合同利益。

3.保护合同当事人的合法权益

合同法的立法宗旨和基本目标之一就是保护当事人的合法权益。这主要体现在合同的责任上：合同当事人一方不履行合同义务或者履行合同义务不适当，即使对对方当事人合法权益的侵犯，则必须受到合同法的制裁。合同法明确违约责任，对违约当事人进行制裁，就是对当事人合法权益的保护。

4.降低社会交易成本，提高社会效益，促进社会快速发展

从宏观的角度来看，合同法通过对微观交易行为的调整，最终实现对社会经济生活的宏观调控，从而达到有效降低社会交易成本、提高社会整体福利、促进社会经济快速健康发展的目的。

四、合同法的基本原则

合同法的基本原则是合同法的主旨和根本准则，贯穿于合同法律制度的始终，是在合同法的制定、执行、解释中应遵循的基本准则，也是合同当事人在进行交易过程中必须遵守的行为模式。合同法的基本原则本身并不是具体的合同法规范，也不是具体规范所确定的具体行为标准，它只为交易行为提供了抽象的行为准则。合同法的基本原则在合同法中有着十分重要的地位，是合同法的灵魂，体现合同法的精神或理念。

（一）合同自由原则

合同自由原则是民法之自愿或私法自治原则在合同法领域的展现。《民法典》中的债法传统上由扎根于 19 世纪自由法律思想的私法自治原则支配。根据这一原则，私法最主要的任务在于赋予个人以自我负责的构建其自身法律关系的机会。[1] 自 19 世纪以来，随着个人主义及市场经济的兴起，契约自由成为私法的理念，使个人从身份的束缚中获得解放得发挥其聪明才智，从事各种经济活动，对于促进社会发展，具有重大贡献。[2] 合同自由原则在

---

[1]　[德] 迪尔克·罗歇尔德斯：《德国债法总论》，沈小军、张金海译，中国人民大学出版社 2014 年版，第 22 页。

[2]　王泽鉴：《债法原理》，北京大学出版社 2009 年版，第 58 页。

《合同法》中具体体现在第 4 条中，根据该条规定，当事人依法享有自愿订立合同的权利，任何单位和个人不得非法干预。一般认为，该条是对合同自愿原则的确定，但实际上所谓自愿原则也就是合同自由原则。

1. 合同自由原则的基本含义

合同自由原则，是指只要不违反法律的强制性规定和公序良俗，当事人对于合同有关的一切事项都有选择和决定的自由。其本质是，合同权利义务关系只有基于当事人的自由意志而产生时，才对当事人具有约束力。

2. 合同自由的表现

(1) 缔约自由

缔约自由即决定是否缔约的自由，包括要约自由和承诺自由。也就是说，人们享有缔约的自由，决定是否缔约时有权排除他人的干预。

(2) 选择相对人的自由

选择相对人的自由即决定与谁缔约的自由。即使当事人失去缔约自由也仍享有选择相对人的自由。我国有关法律规定了一系列措施保障当事人所享有的此种自由，例如，1993 年的《反不正当竞争法》第 6 条规定，"公用企业或者其他依法具有独占地位的经营者，不得限定他人购买其指定的经营者的商品，以排挤其他经营者的公平竞争。"第 7 条还规定，"政府及其所属部门不得滥用行政权力，限定他人购买其指定的经营者的商品，限制其他经营者正当的经营活动。"这就是为了充分保证当事人所享有的选择当事人的自由。

(3) 决定合同内容的自由

《合同法》第 12 条规定了合同的一般条款，但并没有对适用于各类合同的必要条款作出统一规定。该条也强调合同的内容由当事人约定，从而尊重了当事人在确立合同内容方面的自由。

(4) 变更或解除的自由

在合同依法成立后履行完毕前的任何时间，当事人都有权协商变更合同内容或者解除合同。《合同法》第 77 条规定："当事人协商一致，可以变更合同。"第 93 条规定："当事人协商一致，可以解除合同。"

(5) 选择形式的自由

选择形式的自由，指的是当事人有权自由决定所订立的合同采取何种形式。《合同法》第 10 条规定："当人订立合同，有书面形式、口头形式和其他形式。法律、行政法规规定采取书面形式的，应当采取书面形式。当事人约定采用书面形式的，应当采取书面形式。"可见，除法律、法规有特别规定的以外，有关合同的形式，由当事人自由决定。

3. 合同自由的法律限制

合同自由并不是绝对的、毫无限制的自由。在我国合同法中合同自由绝不是绝对的自由，而只是一种相对的自由。"契约自由应受限制，为事理之当然。无限制的自由，乃契约制度的自我扬弃。在某种意义上，一部契约自由史，就是契约如何受到限制，经由醇化，而促进实践契约正义的记录。"[①] 现代民法在合同法的框架之外，发展出一些限制合同自由的干预措施，主要体现为：

(1) 公法对合同自由的限制

现代社会通过立法对某些产品或者服务的质量和价格、工作时间、工作条件等作出强行性规定，违反此类规定者不仅所订立的合同在私法上无效，在公法上还应予以相应制裁。立法者通过规定缔约强制追求的目标通常在于保障人民基本的物品与服务（生存保障）供应，并且这种强制只存在于个别供应者享有法律的或事实的垄断地位的领域。如能源领域（《能源经济法》第 10 条）、运输与交通领域（《旅客运输法》第 22 条、《普通铁路法》第 10 条等）。[②] 此外，通过颁布《反垄断法》、《反不正当竞争法》等经济法规来限制垄断和保护竞争，以保持人们选择的可能性，以求达到一种市场均势状态，从某种意义上说也是对合同自由的限制。

(2) 私法对合同自由的限制

私法上对缔约自由的限制突出表现为强制缔约，即个人或企业有义务订立某些合同，或者负有应相对人的请求而与其订立合同的义务。如自来水、煤气、电信等关乎人们日常生活的行业，即负有应消费者请求而必须与其订立合同的义务。另外，当事人保有缔约自由但也可能失去选择相对人的自由，如出卖负有优先购买权的标的物时，出租人或卖方选择合同相对人的

---

① 王泽鉴：《债法原理》，北京大学出版社 2009 年版，第 58 页。

② [德] 迪尔克·罗歇尔德斯：《德国债法总论》，沈小军、张金海译，中国人民大学出版社 2014 年版，第 46 页。

自由即受到了限制。对决定合同内容的自由的限制就更多了，如民法一般条款的限制即通过民法关于诚实信用、公序良俗、禁止权利滥用等一般条款的规定来规范和评价合同内容，违反一般条款的合同内容无效或者不得强制执行；在合同法及相关法律中通过强制性规范对格式条款、免责条款等可能导致不公平的合同条款进行控制等。

可见，契约自由与契约正义二者必须互相补充，彼此协力，始能实践契约法的机能。"政府"不再是中立的旁观者，必须扮演积极的角色，透过立法及法律的解释适用，使契约自由及契约正义两项原则，最大的调和及实现。①

（二）诚实信用原则

诚实信用原则简称诚信原则。《合同法》第 6 条规定："当事人行使权利、履行义务应当遵循诚实信用原则。"这是民商法领域极为重要的一项原则，它要求当事人在从事民事活动时，应诚实守信，以善意的方式履行其义务，不得滥用权利及规避法律或合同规定的义务。在大陆法国家，它通常被称为债法中的最高指导原则或"帝王规则"。诚实信用原则同样被大多数国家的法律制度考虑，用来避免在个案中出现不公正的结果。但像德国法一样赋予诚实信用原则以如此重大意义的恐怕也只有瑞士法（《瑞士民法典》第 2 条）和新荷兰法了。与此相对，法国法在传统的"诚信（bonne foi）"影响下反而要保守许多。英国普通法对"诚实信用（good faith）"的观念则持怀疑态度，因为它给法官太大的权力并危及了法律安定性，诚实信用原则被广泛承认。②

具体说来，诚实信用原则包括如下内容：

（1）合同当事人应当以善意方式行使权利和履行义务。这个原则要求当事人必须诚实、守信，同时也要求当事人在进行交易时应当忠于事实真相，不得欺骗对方，这一原则还要求当事人不得滥用权力，更不得规避法律规定和合同约定的义务。

---

① 王泽鉴：《债法原理》，北京大学出版社 2009 年版，第 59 页。

② ［德］迪尔克·罗歇尔德斯：《德国债法总论》，沈小军、张金海译，中国人民大学出版社 2014 年版，第 29 页。

（2）裁判者应尽可能平衡合同当事人之间的利益冲突。在平等主体之间，各自都在追求自己利益，难免发生摩擦和冲突。裁判者需要借助诚实信用原则来解决它们之间的冲突。当然，除了平衡不同利益主体之间的冲突之外，诚实信用原则也要求裁判者尽可能解决个人利益和团体利益以及与社会公共利益之间的冲突。

（3）诚实信用原则可以用来补充和解释合同的缺陷或不明确的约定。在合同纠纷案件的审理中，诚实信用原则发挥着十分重要的作用，法官可以依据诚实信用原则对法律漏洞进行补充，从而作出妥当的裁判，使法律和裁判适应于社会的发展变化。在具体的司法实践中，诚实信用原则有利于平衡双方当事人及其与社会之间的利益关系，最大限度地实现公平与效率的目的。但是同时我们也应当看到，如果对诚实信用原则的运用不加以限制，则有可能导致诚实信用原则的滥用，以致损害法律的权威和立法体系的安定或者导致枉法裁判，破坏当事人之间的利益平衡关系。这里需要说明的是，在存在明确的法律规定的时候，应该适用法律规定，只有在发生法律没有明文规定，或即使有规定但其内涵不清楚的情况下才能使用诚实信用原则作为填补法律漏洞的工具。

（三）合法原则

合法原则是基本的民事活动准则。《合同法》第7条规定："当事人订立、履行合同，应当遵守法律、行政法规，尊重社会公德，不得扰乱社会经济秩序，损害社会公共利益。"由此可知，所谓合法原则，是指合同当事人所从事的与合同的订立、履行等有关的行为必须合乎国家强制性法律的规定，而不得存在违法的情形，否则将得到法律的否定评价：或宣告其无效，或追究其违法责任。但是，需要注意的是，在民法规范中，有任意性规范和强制性规范的区分，而且，任意性规范在民法中，尤其在合同法中占有相当比重。那么，应如何认定当事人是否"遵守"法律、行政法规？对于任意性规范，合同当事人是可以约定排除适用的，因为任意性规范的本质是为了弥补当事人意思的不足。可见，这里的遵守指的是法律、行政法规中的强制性规定。《合同法司法解释（二）》第14条将其进一步明确为效力性的强制性规定。如果当事人订立、履行合同违反了法律、行政法规中的效力性强制性规定，则该行为不发生合同法上的效力。

合法原则的具体内容包括以下几个方面：第一，标的不得违法。即不得以国家禁止的商品为标的订立合同。例如不得以毒品等国家禁止流通的商品为标的订立合同。第二，主体不得违法。国家法律、行政法规规定有关公司、企业专营的商品，除专营企业外，其他任何公司、企业不得订立合同。第三，合同的形式不得违法。如法律、行政法规规定，有些合同需要经过审批的，当事人必须办理审批手续。当事人订立合同的形式违反法律或行政法规的，或者视为合同不成立，或者合同无效。

（四）鼓励交易原则

交易是指在独立的、平等的市场主体之间，就其所有的财产和利益所进行的交换。合同法以交易关系为调整对象，各种纷繁复杂的交易关系，都要表现为合同关系并借助于合同法规则予以调整。鼓励交易是促进市场经济的发展所必需的，是提高交易效率、增加社会财富的手段，也有利于维护合同自由，实现当事人的意志和缔约目的。《合同法》在如下几个方面体现了鼓励交易原则：

1. 严格限制了无效合同的范围

《合同法》除列举了几类特殊的无效合同外，特别强调无效合同为"违反法律、行政法规的强制性规定"的合同。在此，其一强调的是法律、法规，不包括规章等；其二强调的是法律、法规的强制性规定而非任何条款。这就极大地限制了无效合同的范围。

《合同法》还严格区分了合同的无效和可撤销以及效力待定。例如，对于因欺诈、胁迫或乘人之危而订立的合同，只要未损害国家利益，就不认为其是当然无效的合同，而允许受害人提出撤销的要求，如果享有撤销权的一方当事人未主动提出要求撤销该合同，则该合同仍然有效，这样有利于鼓励交易，并减少因撤销合同、返还财产所造成的损失和浪费。同时，我国原合同法律将效力待定合同均规定为无效合同，这也是不妥当的，现《合同法》区分了无效和效力待定合同，规定效力待定合同因权利人的承认而使合同有效，这既有利于促进更多的交易，也有利于维护相对人的利益。

2.详细规定了合同的订立制度

《合同法》详细地规定了订立合同的要约和承诺制度，这有助于更好地指导当事人订立和履行合同。《合同法》还规定，在承诺因传达人等的原因而迟到，以及在受要约人对要约的内容作出实质性变更的情况下，承诺原则上生效。这对于促成合同的成立，从而鼓励交易也是十分必要的。

3.严格限制了违约解除的条件

在一方违约时，如果符合法律规定的条件，另一方有权解除合同。因此，违约行为是合同解除的重要原因，但这并意味着一旦违约都可以导致合同的解除。如果对于轻微的违约行为在法律上也允许解除则极不利于鼓励交易。对此，《合同法》第94条对违约解除合同的条件作了严格的限制。

五、合同法的历史沿革

（一）外国合同法的历史发展

1.古代合同法

古代合同法是指奴隶社会和封建社会的合同法。合同法作为交易法，是随着商品交易的产生和发展而逐步产生出来的。人类初始，曾经历了一个漫长的原始社会时期，那时私有制度产生不久，商品交换处于萌芽状态，量少且不普遍。调整商品交换的简陋规则，只是社会中长期沉积的习惯，不存在现代意义的合同法。人类社会的第二次大分工促进了商品经济的发展，此时的商品交换已逐渐成为一种普遍的现象，随着交换的广泛存在，交易规则逐渐形成。这些交易规则开始由誓言、习惯等保障实施。当誓言和习惯不足以保障交易规则实施时，便需要有社会共同认可或指定的法律规范取而代之，于是，交易规则就取得了法律的规定形式，这种约束交换的法律规则就是合同法。所以马克思说，"先有交易后来才由交易发展为法制……这样通过交换和在交换中才产生的实际关系，后来获得了契约这样的法律形式。"

与现代合同法相比，古代合同法具有以下特点：

（1）合同主体严格限制，范围狭窄。合同主体只限于奴隶主和自由民。奴隶如牛马、工具和物品属主人所有，只是合同的标的物，任其买卖或租赁。家庭中，法律也仅赋予家长享有订立合同的权利能力。封建社会的"家父"制下，农民附属于封建土地的所有者，家属附属于家长，没有独立的人格，无权进入市场进行商品交换。如《俾拉拉马法典》第 16 条、《汉穆拉比法典》第 117 条之规定。

（2）合同形式复杂，程序繁琐。当时的商品经济不甚发达，在商品交换中，当事人特别关心交易的安全与可靠，尽可能切实地取得财产。因而，合同的手续或形式甚至比当事人间的合意重要得多。古代的《汉谟拉比法典》、我国的《周礼·天官·小宰》中均对合同的形式作出特别的规定，由此可知，古代合同法中对订立合同的形式要求十分严格。

（3）刑罚违约，手段残酷。古代各国法律直接规定，债权人可以自行决定对债务人实行裁判，如关押债务人，将不能偿还债务的人处死。还有的法律规定，如果债权人为数人时，允许他们将违约者砍切成块。说明违约行为在当时是严重的违法行为，统治者对合同关系的粗暴干涉可见一斑。

总之，古代合同法是简陋的，欠缺许多具体且重要的制度。另外，合同主体仅限于少数人，而且重形式轻内容。所有这些，均不适应市场经济的要求，到 17 至 18 世纪，随着自由贸易的发展及早期资本主义的萌芽，古代合同法已日益不符合现实的需要，终被近代合同法所取代。

2. 近代合同法

近代合同法，是指资本主义自由竞争时期的合同法，以法国民法典中的合同制度为典型代表，以合同自由、抽象的平等的人格、个人责任诸原则为明显标志，其价值取向主要在于提高交易效率，是在一定历史条件下产生的特殊的规范体系。

在资本主义自由竞争时期，自由主义的经济理论居于主导地位，国家仅仅被看作是市场经济的"守夜人"的角色，对经济活动采取"自由放任"的态度。因此，合同自由就成为合同法上的铁律。人们摆脱了封建社会身份决定一切的束缚，实现了"从身份到契约"的转变，这意味着现在任何人均可通过自由的合同关系创造一切，人人有为自己缔结合同的不可剥夺的权利，法律应尽可能少的干预人们的活动，合同自由与合同神圣成为整个合同法的构建基础。契约自由原则对促进资本主义商品经济的竞争和繁荣功不可没。可以说，合同自由和合同神圣是近代合同法不可动摇的基石，是近代合同法的灵魂，体现了近代合同法的价值。

同古代合同法相比较，近代合同法有如下明显特点：一是适用范围进一步拓宽。合同不再仅仅是财产法中的范畴也成了身份法中的概念，如结婚、收养也是合同关系了。二是合同自由原则得到确立。三是合同成立强调当事人合意，而非局限于形式。

3. 现代合同法

现代合同法是指资本主义垄断时期的合同法。它与近代合同法无本质差异，这是因为合同法基础——私有制经济并没有改变，"私法自治"仍占据合同法的主导地位。19 世纪末期资本主义社会飞速发展，各主要资本主义国家纷纷进入垄断时期，政治和经济的新矛盾、利益的冲突、此起彼伏的经济危机频频发生，迫切需要在社会经济秩序上求得稳定。统治者利用手中的法制工具，完成这一时期社会关系的调整。在合同法的价值取向上体现为安全和效率并重，具体体现在以下几个方面。

（1）合同自由受到限制

为节约交易成本，追求经济效益，定式合同或格式合同在许多领域被大量使用。由于信息不对称，制定格式合同的一方在交易过程中取得了对方当事人难以取得的优势地位，对方当事人丧失了部分讨价还价的权利，这实际上已经形成了对传统合同自由的异化。针对这种情况，各国纷纷采取立法、行政、司法等手段，对不平等合同条款进行规制，或者借助社会团体的力量，对合同自由进行适当的限制，以实现合同正义。

（2）合同责任呈现社会化

在医疗事故损害、产品缺陷导致的消费者权益损害等方面，现代合同法普遍采取无过错责任原则，或者实行举证责任倒置、实施责任保险机制，有的国家甚至通过社会保障机制，将过去由个人承担的合同责任社会化，解决一些事故造成的灾难。法律的关注点也由对个人过错的惩罚，转向对不幸损害的合理分担，由个人责任转向社会责任。

（3）诚实信用上升为合同原则

社会的快速发展，旧法律往往落后于现实，其作用局限性更加明显。随着市场经济发展信誉程度的要求越来越高，严守诚实信用已成为社会推荐的一大原则，它能弥补法律规范的欠缺和不足。所以，诚实信用原则被上升为合同原则。

(4) 合同法的统一化趋势明显

跨国公司的崛起，全球经济一体化的发展，加快了国际贸易规则的统一化进程。由此，合同法的国际化趋势被越来越多的国家所重视，国际统一私法协会于1926年成立，并一直致力于国际货物买卖合同的协调和立法。由该组织制定的《国际货物买卖统一法》、《国际货物买卖合同成立统一法公约》于1964年在海牙外交会议上获得通过。到20世纪80年代，则出现了1980年《联合国国际货物买卖合同公约》；到20世纪90年代，更出现了1994年国际统一私法协会制定的《国际商事合同通则》和1996年《欧洲合同法原则》等规范法。可见，合同法的统一化，已成为现代合同法的主要特征之一。

(二) 我国合同法的历史发展

从新中国成立到党的十一届三中全会前，由于经济上的集中、政治上的集权、法律上的虚无主义，在长达30年的历史中，我国合同立法几乎一片空白。这是因为在计划经济时期，行政计划成为社会资源分配的主导手段，各种交易行为主要由国家计划来协调，没有产生合同法的必要社会基础。改革开放以后，随着我国经济主体的多样化，商品经济日益发达，需要制定合同法来调节各种交易主体之间的交易关系，于是，我国从1980年开始制定合同法，到1991年12月13日五届全国人大第四次会议审议通过了我国第一部合同法——《中华人民共和国经济合同法》（以下简称《经济合同法》）。

限于当时的立法理念和立法环境，《经济合同法》不可避免地存在严重缺陷。它在整体结构上不能涵盖所有的合同，所规定的合同极为有限，无法适应社会经济发展的要求。为适应我国改革开放形势的发展需要，弥补《经济合同法》的不足，保障涉外经济合同当事人的权益，1985年3月21日，六届全国人大常委会第十次会议审议通过了《中华人民共和国涉外经济合同法》（以下简称《涉外经济合同法》）。

随着"科技是第一生产力"的观念日益深入人心，科技对社会经济发展的促进作用日渐强大。为维护技术合同当事人的权益，推动科技进步，

1987 年 6 月 23 日，六届全国人大常委会第二十一次会议审议通过了《中华人民共和国技术合同法》（以下简称《技术合同法》）。至此，我国合同法史上"三分天下"的局面正式形成。

合同法"三分天下"不仅没有能够规范所有的合同，而且缺乏合同法应当规定的最基本的内容。为此，八届全国人大常委会第三次会议虽然于 1993 年 9 月对《经济合同法》进行了修改，但"三法共治"的局面局限性太大，小修小补已经远远不能满足我国飞速发展的社会主义市场经济形势的要求。主要表现在以下几方面：首先，三部合同法调整的范围缺少最重要的合同内容。三部合同法将统一的国家法制人为地割裂开来，造成了不必要的混乱。其次，尽管有三部合同法，但是，对合同法应当规定的最基本的内容却没有规定，如合同的要约和承诺、缔约过失责任、同时履行抗辩权、不安抗辩权等合同法基本内容，三部合同法都没有涉及。最后，三部合同法内容重复，从立法技术上看十分不经济。

考虑到合同法"三分天下"的巨大局限性，从 1993 年开始，我国立法机关开始制定"统一合同法"。1999 年 1 月，全国人大常委会第七次会议审议并通过《中华人民共和国合同法（草案）》，决定将其提交九届全国人大第二次会议审议通过。1999 年 3 月 15 日，经过认真审议，《中华人民共和国合同法》在九届全国人大第二次会议上正式通过，1999 年 10 月 1 日起施行。其后，1999 年 12 月 1 日最高人民法院审判委员会第 1090 次会议通过了《最高人民法院关于适用〈中华人民共和国合同法〉若干问题的解释（一）》，1999 年 12 月 19 日公布，1999 年 12 月 29 日起施行；2009 年 2 月 9 日最高人民法院审判委员会第 1462 次会议通过了《最高人民法院关于适用〈中华人民共和国合同法〉若干问题的解释（二）》，2009 年 4 月 24 日公布，2009 年 5 月 13 日起施行。

第　九　章

合同的成立

合同在本质上是当事人的一种合意。此合意由要约和承诺两个意思表示构成。当事人双方就合同的主要条款达成一致意见，合同即告成立。

一、合同成立概述

（一）合同成立的概念和特征

合同的成立，是指合同因符合一定的法定要件而被法律认为客观存在。但是在法国，按《法国民法典》第 1108 条规定，合同成立须具备四个要件：当事人同意、缔约能力、标的及原因。所谓同意即双方意思表示的一致。所谓缔约能力，根据《法国民法典》的规定，"凡未被法律宣告为无行为能力的人，均可以订立合同"。所谓标的即指债务人应向债权人所为的给付。所谓原因包括两层含义，第一层是指当事人订立合同的理由（即通过订立合同想要得到的东西），二是当事人想要通过合同达到的最终目的（既满足某种需要）。[1] 我国台湾地区，契约的成立即要约与承诺的对立和致。[2] 我国大陆地区，合同成立是指当事人就合同的必要内容达成合意的法律事实。合同成

---

① 尹田著：《法国现代合同法》，法律出版社 2009 年版，第 41 页。
② 林诚二：《民法债编总论——体系化解说》，中国人民大学出版社 2003 年版，第 52 页。

立的本质是当事人关于债的关系而表达的意思取得一致。①

　　合同的成立主要具有以下特征：合同的成立是指合同在法律上被认为是一种客观存在的事实。合同的成立必须符合一定要件，即必须具备法定或约定的构成要素。否则，法律将对其视而不见，认为其根本不存在。

（二）合同的成立要件

　　合同的成立要件，也称合同的构成要件或构成要素，是指依照法律规定或者当事人约定，合同所必不可少的事实因素。合同只有具备最基本的成立要件，才能作为一种法律事实而存在，进而接受法律的评价。否则，在法律上没有任何意义，也不会导致当事人之间任何法律关系的发生。

　　合同的成立要件可分为一般成立要件和特别成立要件。

　　1. 合同的一般成立要件

　　合同的一般成立要件，是指一切合同依法成立均必不可少的共同条件。由于合同是双方或多方当事人合意的结果，且合同的成立与否只是一个事实判断问题，因此，合同成立的一般要件为：

　　（1）存在双方或多方当事人

　　合同是一种双方或多方民事法律行为，因而，合同的成立须存在双方或多方当事人。只有一方当事人，不能成立合同。一个人不能与其自身成立合同，但以不同法律身份出现时例外。作为合同的一方当事人，既可以是一人，也可由数人组成。

　　（2）当事人对主要条款达成合意

　　合同成立的根本标志是当事人意思表示的一致，即达成合意。合意仍由要约和承诺两个意思表示构成。当事人的合意应该包括合同的主要条款，否则，合意没有任何实质内涵，也就失去其意义。所谓合同的主要条款，一般是指足以确定合同法律关系的性质以及当事人基本法律关系的条款。缺乏该内容，将使合同缺乏明确的外观，当事人无法确定其权利义务关系，法律无法对其进行评价和干预。《合同法》之所以要求要约必须是具体确定的，其立法意图即在于此。但应该指出的是，这并不是要求当事人对合同的全部

---

① 隋彭生：《合同法要义》，中国政法大学出版社 2003 年版，第 65 页。

条款意思表示一致。因此，不能因为当事人的合同中某一条款的欠缺就认为合同不成立。《合同法》并没有明文规定合同成立必须具备的内容，只是要求要约必须具体确定，并详细规定了在当事人没有具体规定时，如何确定合同内容的方法。

《合同法解释（二）》第 1 条第 1 款规定："当事人对合同是否成立存在争议，人民法院能够确定当事人名称或者姓名、标的和数量的，一般应当认定合同成立。但法律另有规定或者当事人另有约定的除外。"也由此可见，只要具备当事人名、标的和数量的，合同一般即成立。

2. 合同的特殊成立要件

合同的特殊成立要件，是指依照法律规定或以当事人特别约定，合同成立应特别具备的条件，如法律规定或当事人约定合同必须采取特定形式才能成立时，该特定形式就是合同的特殊成立要件。譬如实践合同，按照法律规定，交付标的物时合同才成立，因此，交付标的物为实践合同的特殊成立要件。

（三）合同成立的法律效力

1. 合同约束力的发生：当事人不得任意变更或解除合同

合同成立，当事人受其约束，不论合同是否生效，学说上称此为合同的约束力，所谓合同的约束力，是指除当事人同意或有解除原因外，不同一方任意反悔请求解约，无故撤销。换言之，当事人不能单方面废止合同。

2. 债权或期待权的发生

合同成立后，通常是同时生效，并因此在当事人之间发生债权债务关系，如果当事人没有履行其约定或约定不明，可以随时请求履行。如果约定期限，则到期时可以请求履行。

3. 债权或期待权的不可侵犯性

债权或期待权因合同成立而存在，此权利同样有不可侵犯性，第三人故意侵害，特别是以悖于善良风俗的方式侵害这些权利时，仍构成侵权行为。[1]

---

[1]　韩世远：《合同法总论》，法律出版社 2008 年版，第 63 页。

二、合同订立的程序

合同的订立，是指两个或者两个以上的当事人为意思表示、达成合意而成立合同的过程和状态。合同的订立所描述的是缔约各方自接触、洽商直至达成合意的过程，是动态行为与静态协议的统一体。该动态行为包括缔约各方的接触和协商，达成协议前的整个讨价还价过程均属动态行为阶段。[①]这个动态行为阶段中最具有法律意义的部分就是要约、承诺阶段，这个过程就是当事人合议的过程。向对方提出合同条件作出签订合同的意思表示称为"要约"，而另一方如果表示接受就称为"承诺"。一般而言，一方发出要约，另一方作出承诺，合同就成立了。但是，许多合同是经过了一次又一次的讨价还价、反复协商才得以达成。当事人就是这样经过要约、承诺等复杂的讨价还价过程实现合同的订立。通过要约、承诺的方式是合同订立的典型方式，除此之外，还有合同订立的非典型方式，如交叉要约、意思实现等，这些缔约方式与典型的要约、承诺的订立合同的方式均具有明显的不同。

合同订立，是指缔约人为意思表示并达成合意的状态。它描述的是缔约各方自接触、洽商直至达成合意的过程，是动态行为和静态协议的统一一体。该动态行为包括缔约各方的接触和洽商，达成协议前的整个讨价还价过程均属动态行为阶段。此阶段由要约邀请、要约、反要约诸制度规范和约束，产生先合同义务及缔约过失责任。静态协议是指缔约达成合意，合同条款至少是合同的主要条款已经确定，各方当事人享有的权利和承担的义务得以确定，一句话，合同成立了。其中，承诺、合同的成立要件和合同条款等制度发挥作用。由此可知，合同订立与合同成立不尽相同：后者仅是前者的组成部分，标志着合同的产生和存在，属于静态协议；前者的含义广泛，既含有合同成立这个环节，又包括缔约各方接触和洽商的动态过程，可以说涵盖了交易行为的大部分。[②]合同经法律规定的程序签订才能成立。合同订立的程序是指当事人相互作出意思表示并就合同条款达成一致协议的具体过

---

① 韩世远：《合同法总论》，法律出版社 2008 年版，第 60 页。
② 崔建远：《合同法总论》（上卷），中国人民大学出版社 2008 年版，第 94 页。

程。这一过程分为要约和承诺两个阶段。

（一）要约

1. 要约的概念与构成要件

要约是一方当事人以缔结合同为目的向对方当事人发出的意思表示。要约又称发价、发盘、出盘、报价等。

学界对要约的概念虽表述有所不同，但基本内容大同小异。要约是以成立契约为目的的确定的意思表示。[①] 要约是希望和他人订立合同的意思表示（《合同法》第 14 条）。在商业习惯用语上，通常把要约称之为发价、报价、发盘、出盘等。在合同订立过程中，发出要约的当事人称为要约人，接受要约的对方当事人则称为受要约人。[②] 要约，是一方当事人以缔结合同为目的，向相对人提出合同条件，希望相对人接受的意思表示。在商业活动或对外贸易中，要约常被称作发价、发盘、出盘、报价等。[③] 要约系以订立契约为目的之须受领的意思表示，其内容须确定或可得确定，得因相对人的承诺而使契约成立。[④] 要约（Angebot），是希望和他人订立合同的意思表示，该意思表示应符合下列规定：①内容具体确定；②表明经受要约人承诺，要约人即受该意思表示的约束（《合同法》第 14 条）。[⑤] 要约系指要约人已缔结契约为目的而为之意思表示。[⑥] 要约者，系以订立契约为目的，而唤起相对人承诺所为之意思表示也。[⑦] 要约含有以下意义。首先，要约是一种进行交易的动议或建议，是契约订立的起点。因为任何人要进行交易或称缔结契约，总要有一方首先提出动议，另一方表示接受或拒绝或表示再协商。动议方称为要约人，相对人称为受要约人或承诺人。其次，要约人必须表示接受自己要约的约束，即只要受要约人同意要约条款，契约即告成立。[⑧]

---

① [日] 我妻荣：《债权各论》（上卷），徐慧译，中国法制出版社 2008 年版，第 52 页。
② 谢怀栻等：《合同法原理》，法律出版社 2000 年版，第 38 页。
③ 崔建远：《合同法总论》（上卷），中国人民大学出版社 2008 年版，第 95 页。
④ 王泽鉴：《债法原理》，北京大学出版社 2009 年版，第 122 页。
⑤ 韩世远：《合同法总论》，法律出版社 2008 年版，第 65 页。
⑥ 林诚二：《民法债编总论——体系化解说》，中国人民大学出版社 2003 年版，第 55 页。
⑦ 邱聪志：《新订民法债编通则》（上册），中国人民大学出版社 2003 年版，第 33 页。
⑧ 李永军：《合同法》，中国政法大学出版社 2003 年版，第 78 页。

关于要约的性质，传统大陆法观点认为，要约是一种意思表示而不是法律行为。要约是以发生私法上之效果为目的，自非单纯的事实。但仅有要约，尚不足发生私法上效果，是与单独行为亦有区别。要约应与承诺相结合，始发生私法上效果，是要约为构成法律行为的意思表示，应适用民法总则关于意思表示的规定。[1] 有学者更为详尽的指出，要约具有以下性质：①要约是一种意思表示，是当事人将其主观意思通过口头或书面等形式予以外现的行为。②要约是当事人在合同订立过程中所为的意思表示，要约阶段是合同订立过程的必要阶段。③要约作为一种意思表示所意欲实现的法律效果，是与他人订立合同，因而要约不能独自产生当事人所期望的法律效果。④要约是双方法律行为（合同）的构成要素之一，没有要约承诺无从发生，因而无法构成一个双方法律行为；仅有要约而无承诺，同样无法构成一个双方法律行为。⑤要约本身虽只是一个意思表示而非法律行为，但是一个具有法律意义的行为，也能产生法律后果。要约人运用要约不当而给对方当事人造成损失时也要承担相应的法律责任，如缔约过失责任。[2] 王利明教授全面分析了采纳意思表示说的合理性。第一，"意思表示说"认为要约与事实行为在性质上是有区别的。第二，意思表示说能够将要约与民事法律行为区分开来，这是英美法"允诺说"所不完全具备的。第三，意思表示说为要约人违反有效的要约所应负的民事责任提供了依据。[3] 在英美法系中，要约被理解为一种允诺。阿蒂亚认为，要约实际上是要约人做什么事或者不做什么事情的一种允诺。《第二次合同法重述》第 24 条规定：要约是对即时进行交易的愿望的表达，而这一表达能使一个通情达理的处于受要约人地位的人有理由相信，他或她只要对该表达表示同意，就可以进行这一交易。对于我国为什么会采纳意思表示说，有学者指出，我国大陆继受大陆法系合同法的理论与立法，认为要约在性质上为意思表示。我国法律继受大陆法系，将要约认为是意思表示而不是允诺。有学者曾就此提出若干理由表示支持。我们认为，其本身似乎并没有太多的理由。只是因为唯有如此，方才可以与大陆法系的整个合同法现论相衔接。因此有必要指出，大陆法系的意思表示说与英

---

① 孙森焱：《民法债编总论》（上册），法律出版社 2006 年版，第 49 页。

② 谢怀栻等：《合同法原理》，法律出版社 2000 年版，第 38 页。

③ 王利明：《合同法研究》（第 1 卷），中国人民大学出版社 2002 年版，第 207 页。

美法系的允诺说都是与其整个法律体系相通应的，换言之，只是由于两大法系在合同法的发展背景、理念从制度方面的差别才有二者在要约性质方面的差别。因此，我们不宜简单地作出孰优孰劣的结论。①

（1）要约必须是特定人所为的意思表示

一项要约，可以由合同当事人任何一方提出，但是，发出要约的人必须是特定的当事人。因为要约是要约人向相对人所作出的意思表示，旨在得到对方的承诺并成立合同，只要要约人是特定的，他人才能对之承诺。所谓特定的人，并不是指某个具体确定的人，而是指凡能为外界所客观确定的人，都可视为特定的人。

（2）要约必须向相对人作出

要约必须经过相对人的承诺才能发生要约人希望的效果，即订立合同，因此，要约必须是要约人向相对人发出的意思表示。相对人一般为特定的人，在一般情况下，要约人在特定的时间和场合只能与特定的对方当事人订立特定内容的合同。但是，对于不特定的人作出而又无碍要约所达到的目的时，要约也成立。

（3）要约必须具有缔结合同的意图

要约人发出要约的目的在于缔结合同，而这一意图必须在要约人发出的要约中充分地表达出来，这样才能在受要约人承诺的情况下产生合同。要约是希望和他人订立合同的意思表示，要约应当标明"经受要约人承诺，要约人即受该意思表示拘束"。这一点被称为"受拘束的意旨"，要约人受拘束的意旨是要约的实质特征，然如此种意思表示的客观含义与要约人主观意图不一致时，应如何处理？比如，在对方当事人承诺时，要约人却声称"要约实属开玩笑"，并非想真的缔结合同，《合同法》对此无直接规定，但关于合同的成立，《合同法》原则上采用"表示主义"，自应以客观标准解释。②

判断要约人是否具有受要约拘束的意思，需要综合考虑以下因素：①要约人发出意思表示时的情形。一项意思表示是否构成要约，须要约人为一个理性人，处于正常的环境之下，其意思表示是真实的。②要约人实际使用的

---

① 崔建远主编：《合同法原理与案例释解》，吉林大学出版社 1999 年版，第 47 页。

② 韩世远：《合同法总论》，法律出版社 2008 年版，第 66 页。

言辞或文字所表达的意思。双方当事人缔约是一个过程，期间可能有若干文书、言辞或其他通讯信息的相互交换，如果他们都属于在准备阶段的商谈，缔约意图不甚确定，则这些难以被视为要约。③要约的对象。对特定之人的意思表示，视作要约的机会较大，对于不特定大众所为的意思表示，因其为一般性的文句陈述或标价，颇难推断其有订立合同的目的，原则上不宜认定为要约，而应定性为要约邀请。①

是否以订立合同为目的，也是要约与要约邀请的主要区别。要约邀请，又称要约引诱，是希望他人向自己发出要约的意思表示。要约邀请的目的不是订立合同，而是在于唤起别人的注意，希望别人向自己发出要约，其作用在于引出要约，而不像要约本身的作用在于引出对要约的承诺。所以，要约邀请只是当事人订立合同的预备行为，它自身不能发生任何法律效果，不能视为要约。在实际生活中，推销商品的广告、招标公告、拍卖公告、商品价目表的寄送、招股说明书等是要约邀请，商品带有标价陈列、自动售货机的设置、招标书的寄送则是要约。

（4）要约的内容必须具体、确定

要约的内容必须使受要约人足以了解将来可能成立合同的主要内容，以供受要约人考虑是否承诺。如果要约人发出的意思表示只包含订立合同的愿望，而未提出决定合同内容的主要条件，那么它就不是要约。至于合同成立的主要条件，则要根据具体要约的性质、要约当时当地的商业惯例以及法律规定来确定。

从上述可以看出，内容具体确定为要约成立要件之一，是没有争议的，具体而言什么是"内容具体确定"？史尚宽先生认为要约因相对人之承诺而成立契约，故应有适于成立契约内容之事项，即就客观的属于该契约要素之事项及要约人欲使之为契约内容之事项，均应包含之，然此等事项之内容，要约人无需全部确定之，仅以得为确定为已足（无需文字或言辞）。要约本身无需为明示，依意思解释之原则，得确定之即可。尤以有定价表，商品目录，货样或有要约之准备行为，均可为解释之资料，契约内容之事项，纵使要约受领人得自己决定，亦不妨其为要约。例如买卖之要约，以其代价听依

---

①　杨桢：《英美契约法论》，北京大学出版社 2007 年版，第 35 页。

当地市价或委第三人代为决定，甚或一任相对人之决定。① 崔建远教授认为要约内容必须确定，是指要约的内容必须明确，而非含糊不清，不如此，受要约人便不能了解要约的真实含义，难以承诺。需要指出，此处所谓确定，包括要约发出之时内容是明确的，以及要约发出之时某些内容尚不清晰，待未来的某个时刻可以依据法律的规定或当事人的意思表示予以明确。所谓法律依据，例如在质量要求、价款或报酬、履行地点、履行期限、履行方式、履行费用等负担的不明确，可以按照《合同法》第 62 条规定的规则，予以明确。要约的内容必须具体，是指要约的内容必须具有合同的条件，至少是合同的主要条件，得因受要约人的承诺而使合同成立。② 韩世远教授认为，所谓要约内容的具体确定，在 CISG 第 14 条第 1 款中称"十分确定"，指一旦被对方接受，既可以形成合同，产生具有执行力的合同义务，他要求具备了足以使合同成立的主要条件，换言之，具备了成立合同的最低限度的内容，但并非要求面面俱到。究竟什么是足以构成合同成立的条件，则要根据具体要约的性质确定，并要考虑要约当时当地的商业惯例等因素的影响。比如根据《美国统一商法典》的规定，货物买卖合同只要具备了标的和数量就可以有效成立。又根据 CISG 第 14 条第 1 款的规定，对于货物买卖合同，一个建议如果写明货物并且明示或者暗示的规定数量和价格或规定如何确定数量和价格，即为十分确定。《合同法》对于何为要约内容具体确定未作进一步规定，依学说通常见解，只要作为合同要素的内容达到了具体确定要求，就算可以；而作为合同要素的内容，须以具体的合同类型予以把握，买卖、租赁、承揽、委托等，各有差异。另外，所谓要约的内容具体确定，并非特别要求需明确的表示出来，只要他们是可以确定的，即为已足。在要约做出时，用以确定其内容的必要事实业已存在固然可以，即使这些事实尚未发生，但于将来可得发生，亦无妨碍构成要约，比如，要约依交付时的市场价格出售未来一年的全部收成或产品，这种情形，在继续性合同、长期合同中尤为常见。③

---

① 史尚宽:《债法总论》,中国政法大学出版社 2000 年版,第 20 页。
② 崔建远:《合同法总论》(上卷),中国人民大学出版社 2008 年版,第 99 页。
③ 韩世远:《合同法总论》,法律出版社 2008 年版,第 68 页。

2.要约的形式

要约属意思表示，有其外在的表现形式，一般分为口头形式和书面形式。所谓要约的口头形式，就是指要约人以直接对话或电话方式向相对人发出要约。所谓要约的书面形式，是指采用交换信函、电报、传真等文字形式进行要约。要约究竟采用口头形式还是书面形式，一般以欲成立的合同类型为标准，欲成立要式合同的要约不需采取一定格式的书面形式。

现代社会交易频繁，为促进交易便捷，法律对合同要式性的要求正日益减少，不要式的合同逐渐成为主角，当事人的合同自由得到切实的体现。合同法体现了此种趋势，对合同形式鲜有限定，要约的形式相应也就有了相当的主观随意性。

3.要约的法律效力

一项意思表示，符合要约的构成要件，不论是口头形式，还是书面形式，都会发生法律效力。要约的法律效力是指要约所产生的法律约束力，它主要包括要约的生效时间、对要约人、受要约人有何拘束力以及要约的存续期间等内容。

（1）要约的生效时间

要约的生效时间，因要约的不同形式而有所差别。对于口头形式的要约，其法律效力从相对人了解要约时生效。相对人了解要约，应以通常情况下一般人所能理解要约为标准，相对人能够理解要约却故意假装不知，并不影响要约生效。

对于书面形式的要约，其法律效力的生效时间，学理上有两种见解，即发信主义与到达主义。德国与日本对此采后者为确定要约生效时间的原则。我国新合同法沿袭大陆法系传统，采用到达主义。《合同法》第16条第1款明确规定："要约到达受要约人时生效。"所谓到达是指要约送达受要约人能够控制的地方。在此，到达为一客观标准，受要约人主观了解与否对要约的效力并无影响，这在法律对数据电文形式合同的规定中可以明显看出。《合同法》第16条第2款规定："采用数据电文形式订立合同，收件人指定特定系统接收数据电文的，该数据电文进入该特定系统的时间，视为到达时间；未指定特定系统的，该数据电文进入收件人的任何系统的首次时间，视为到达时间。"合同法的此款较好地解决了新技术条件下新型要约生效时间的界定。

（2）要约法律效力的内容

要约的法律效力即要约的拘束力，其内容包括对要约人的拘束力和对受要约人的拘束力两个方面。

①对要约人的拘束力

要约的形式拘束力，指要约一经生效，要约人即受到要约的拘束，不得随意撤回、撤销或对要约加以限制、变更或扩张。要约的这一效力，对于保护受要约人的利益，维护正常交易的安全是必要的。因为在要约的有效期限内，受要约人可能接到该要约而拒绝了他人的相似要约，或不想他方发出相同内容的要约，或可能为以后合同履行进行了准备工作。在此种情况下，要约人一旦撤回或变更要约，由此给受要约人造成的损失，应当由要约人赔偿。

但是，如果绝对禁止要约人撤回、撤销或变更要约，对要约人未免过于苛刻，也不符合商品交易的实际情况，所以法律也赋予要约人在一定条件下，即在受要约人承诺前有限的撤回、撤销要约或变更要约的内容。合同法规定邀约可以撤回，在要约尚未生效前，撤回要约的通知已现行到达或与要约同时到达受要约人，此要约被撤回。合同法亦规定，于合同成立前，即受要约人发出承诺通知前，要约可以撤销。在经济现实变动无常的基础上，法律设定了要约的撤回与撤销制度。但于要约失效后，任由要约人撤销，则要约的法律效力无从体现，本应由要约人承担的交易风险转移到受要约人身上，有违公平。在此，一方面可适用缔约过失责任制度；另一方面，法律对要约人的撤销权作了例外规定，即在"要约人确立了承诺期限或者以其他形式明示要约不可撤销"或"受要约人有理由认为要约是不可撤销的，并已经为履行合同作了准备工作"的情况下，要约不得撤销。

②对受要约人的拘束力

要约对受要约人的拘束力，又称要约的实际拘束力，学理上也称为承诺适格。它是指受要约人在要约发生法律效力时，取得其承诺而成立合同的法律地位。受要约人在接到要约之后，即取得承诺资格，有权在要约有效期间内作出是否对之承诺的答复。如果受要约人对要约予以承诺，便使合同成立。但是，受要约人没有必须承诺的义务，若不承诺，受要约人只是丧失承诺的资格，导致合同的不成立。受要约人不为承诺的，没有通知的义务，即使要约人在要约中规定应为通知是否承诺的也是如此。

依照法律规定或一般商业惯例负有承诺义务的情况，受要约人不能拒绝承诺。例如供方不得拒绝承诺订货方依某项指令性计划提出的要约，公路、铁路、飞机、电信、煤气、自来水等关乎人们日常用行的行业，同样也负有应消费者的请求而与其订立合同的义务。这种承诺义务，被称为强制缔约义务。

（3）要约法律效力的存续期间

要约法律效力的存续期间，是指要约受承诺拘束的期间，即承诺期限。要约在其存续期间受相对人承诺的拘束，不在此期间承诺，要约丧失效力。要约法律效力的存续期间分为定有存续期间和未定有存续期间两种情况。

①定有存续期间

依照民法上意思自治原则，要约的存续期间由要约人自己确定。受要约人在其期限内承诺，对要约人有拘束力。对于要约存续期间的起算，如要约人以电报或者信件发出要约时，自电报交发之日或信件所载明的日期开始计算，如果信件未载明发信日，则自信件所盖邮戳日开始计算；要约人以电话、传真或其他快速通信方式发出要约的，自要约到达受要约人之日开始计算。

②未定有存续期间

对于口头要约，仅在受要约人立即承诺时，才对要约人有拘束力；对于书面要约，在依通常情形下能够收到承诺所需的合理期间内承诺，对要约人有拘束力。所谓合理期间，应包括：第一，要约到达受要约人的必要期间；第二，受要约人考虑是否承诺所需要的必要期间；第三，承诺发出到达要约人所需要的必要期间。在合理期间内受要约人不为承诺，要约丧失效力。

4.要约的消灭

要约的消灭，是指要约丧失法律效力，要约人解除必须接受承诺的义务，受要约人丧失承诺的资格。要约消灭后，合同即失去成立的基础，受要约人即使承诺，合同也不能成立。

（1）要约被拒绝

此处的拒绝是指受要约人以通知的方式明确表示不接受要约，无意与要约人成立合同，而并不包括受要约人的沉默，对要约的扩张、限制等广义上的拒绝。要约失效的时间为拒绝通知到达要约人之时，此与要约的生效时间对应。

（2）要约被撤销

要约被撤回时，要约尚未生效，故亦无失效可言。在要约生效之后，要约人单方欲使要约的效力归于消灭只有采用撤销的方式。

（3）承诺期限届满

凡在承诺期限内受要约人没有作出承诺的，要约即失效。就此种情况的外在表现形式而言，受要约人是以不作为的方式表明对要约的拒绝，是广义的拒绝要约。

（4）受要约人对要约的内容作出实质性的变更

此种情况实际上是受要约人向要约人发出了新要约。受要约人的变更行为表明其对要约内容的不接受，故原要约失效。

以上是《合同法》所规定的要约失效的情形。另外，要约人或受要约人死亡将导致要约——承诺流程中主体缺失，此时，要约的效力颇为复杂。若要约人发出要约后死亡，受要约人知悉要约人死亡的，要约失效；要约人发出要约后，受要约人于承诺前死亡的，要约亦失效。若受要约人并不知悉要约人已经死亡而作出承诺的，如要约中并不含有人身履行的专属性，一般认为合同成立。至于受要约人承诺后死亡，合同已告成立，当依继承法的相关规定处理。

（二）承诺

1. 承诺的概念及构成要件

承诺是受要约人同意要约的意思表示。承诺是合同成立的必备要素，对于承诺的称谓，各国有不同的说法，如大陆法称之为接受要约的意思表示，英美法称之为合同最终成立的行为，各国国际贸易实务中常用"还盘"等。[①]《民法通则》并未对承诺的概念作出明确的界定，《合同法》出台以前，学术界对于承诺的界定有分歧，现将其介绍如下。

---

① 崔建远主编：《合同法参考书》，法律出版社 1999 年版，第 32 页。

我国大陆地区，"承诺是受要约人做出的同意要约以成立合同的意思表示"。①"承诺是指受要约人向要约人作出的同意按要约的内容订立合同的意思表示。"② 我国台湾地区"承诺为要约受领人以与要约结合，使其成立契约为目的，而同意于要约之意思表示。"③"承诺之意义，乃答复要约之同意的意思表示也。"④"承诺指要约的受领人，向要约人表示其欲使契约成立的意思表示。"⑤ 综上可以看出，承诺的概念一般应当具备以下要点，首先，承诺必须同意要约的内容；其次，承诺是一种意思表示；再次，承诺的意思表示必须具有订约的意图，也即承诺人希望与要约人订立契约。

（1）承诺为意思表示。承诺以与要约结合而使成立契约为目的，非为一独立之法律要件，故非法律行为，承诺为意思表示，故应适用民法总则关于意思表示之规定。⑥

（2）承诺者答复要约之意思表示。承诺之作用在于答复要约，必先有要约，而后始有承诺，因而意思表示如非为答复要约而为者，则不得谓之承诺。⑦

（3）承诺之目的在于与要约人订立契约。承诺乃受领要约之相对人同意要约的内容，与要约人订立契约为目的所为的意思表示，所以必先有要约然后始有承诺，如不知有要约而为意思表示者，即使成立交错契约，亦非承诺。所谓同意要约的内容即就契约内容有客观的合致，并有与要约人订立契约之意思，既有主观的合致。⑧

（4）承诺者，答复要约之同意的意思表示。要约之答复本有两途，一为对于要约不同意之答复，斯为要约之拒绝，一为对于要约同意之答复斯即此之承诺是也。故承诺为同意要约之意思表示。所谓同意即按照要约之原内容与要约人缔结契约。⑨

---

① 崔建远：《合同法总论》（上卷），中国人民大学出版社 2008 年版，第 113 页。
② 郭明瑞、房绍坤：《新合同法原理》，中国人民大学出版社 1999 年版，第 110 页。
③ 史尚宽：《债法总论》，中国政法大学出版社 2000 年版，第 25 页。
④ 郑玉波：《民法债编总论》，中国政法大学出版社修订第 2 版，第 46 页。
⑤ 王泽鉴：《债法原理》（第一册），中国政法大学出版社 2002 年版，第 176 页。
⑥ 史尚宽：《债法总论》，中国政法大学出版社 2000 年版，第 25 页。
⑦ 郑玉波：《民法债编总论》，中国政法大学出版社修订第 2 版，第 46 页。
⑧ 孙森焱：《民法债编总论》（上册），法律出版社 2006 年版，第 54 页。
⑨ 郑玉波：《民法债编总论》，中国政法大学出版社修订第 2 版，第 46 页。

一项有效的承诺，必须具备以下构成要件：

（1）承诺必须由受要约人作出

由于要约是向受要约人作出的，那么，承诺人应为受要约人。受要约人为特定人时，承诺由该特定人做出；受要约人为不特定人时，承诺可由不特定中的任何人作出。受要约人的承诺行为，可以由其本人或其授权的代理人作出。

（2）承诺必须向要约人作出

由于承诺是对要约的同意，因此，承诺必须向要约人作出。不是向要约人作出的同意的意思表示，不构成承诺。向要约人的代理人作出的承诺，视为向要约人作出。在要约人发出要约后死亡的情形，要约并不当然失效，在一定条件下，如合同的履行不具有特定的人身性质，受要约人可以向要约人的继承人作出承诺从而使合同成立。

（3）承诺的内容应当与要约的内容一致

承诺是对要约予以同意的意思表示，因而承诺的内容必须与要约的内容一致。如果在承诺之中对要约进行了扩张、限制或作其他变更的，视为拒绝原要约而发出一个新要约。

但是，严格遵照承诺与要约的内容完全一致的原则在实践中存在很大弊端。有时承诺仅仅对要约做出微不足道的变更，这种非实质性的变更，从要约人的角度来看也是完全可以得到当然接受的修改，却因合同法的严格规则而必须再进行新一轮的要约与承诺。这不仅导致人为把合同的成立时间向后推移，降低了交易效率，而且也增加了交易成本。为此，现代各国的立法都对这种传统规则进行修改，降低对承诺与要约在内容上的一致性的要求。

《合同法》第30条规定："承诺的内容应当与要约的内容一致。受要约人对要约的内容做出实质性的变更的，为新要约。有关合同的标的、数量、质量、价款或者报酬、履行期限、履行地点和方式、违约责任和解决争议方法等的变更，是对要约内容的实质性的变更。"第31条规定："承诺对要约的内容作出非实质性变更的，除要约人及时表示反对或者要约表明承诺不得对要约的内容做出任何变更的以外，该承诺有效，合同的内容以承诺的内容为准。"

（4）承诺必须在要约的有效期间内作出

当要约中规定了承诺期限时，承诺应该在要约确定的该期限内到达要约人。要约没有确定承诺期限的，若要约是以对话方式作出的，受要约人没有立即作出承诺的，要约即失效，但当事人另有约定的除外；以电话方式作出的要约，视为是以面对面的对话方式作出的要约，受要约人也应当立即作出是否承诺的决定，否则要约失效。要约以非对话方式作出的，承诺应当在合理期限内作出。要约以电报作出的，承诺期限自信件载明的日期或电报交发之日开始计算。信件未载明日期的，自投递该信件的邮戳日起开始记算。要约以电子信函、传真等快速通讯方式作出的，承诺期限自要约到达受要约人时开始计算。

如果承诺在要约规定的承诺期限届满或者合理期限后到达要约人，属于迟到的承诺。它包括两种情形：一是因受要约人没有及时作出承诺，导致承诺超过承诺期限到达受要约人；二是因客观原因导致承诺没有在承诺期限内到达要约人。针对第一种情形，《合同法》第 28 条规定："受要约人超过承诺期限发出承诺的，除要约人及时通知受要约人该承诺有效的以外，为新要约。"显然，在这一情形中，要约人可以做出选择或及时通知承诺人表示接受该承诺从而使合同成立，或因其逾期而拒绝承认该承诺的效力，在这种情况下，合同不成立，受要约人被视为发出一个新要约。法律之所以要求要约人及时通知承诺人，是因为在此种情形中涉及对其行为性质的认定。要约人及时作出确认的属于接受承诺的行为；不是及时作出的确认则属于对反要约表示承诺的行为。在这两种情形之中，合同成立的时间和地点都存在区别。针对第二种情形，《合同法》第 29 条规定："受要约人在承诺期限内发出承诺，按照通常情形能够及时到达要约人，但因其他原因承诺到达要约人时超过承诺期限的，除要约人及时通知受要约人因承诺超过期限不接受该承诺的以外，该承诺有效。"

2.承诺的方式

承诺的方式，是指受要约人应当采取何种方法作出其同意要约的意思表示。

根据《合同法》第 22 条的规定，承诺一般应采取通知的方式；在例外情况下，即根据交易习惯或者要约表明可以通过行为作出承诺的，可以不采取通知的方式。比如要约人在要约之中规定："如同意要约，请直接发货"，此时受要约人就可以通过发货的行为来作出承诺。该例外情形即为后文中所谓的意思实现。

3. 承诺的效力

承诺生效，表明双方当事人的意思表示一致，合同即告成立。承诺的生效时间，对于口头承诺自要约人了解时生效；对于书面承诺，应自承诺通知到达要约人时生效；承诺通知送达到要约人能控制的地方即认为到达要约人；特定情况下，依照交易习惯或者要约的规定，一定行为的作出亦可表明承诺生效。

4. 承诺的撤回

承诺的撤回是承诺人阻止承诺发生法律效力的意思表示。承诺到达要约人时发生效力，双方当事人有订立和履行合同的义务，所以，受要约人撤回承诺的通知必须先于或与承诺同时到达要约人，才发生撤回的效力。如果撤回承诺的通知在承诺之后到达，但依通常情形下应先于或同时到达的，要约人应将此情况及时通知受要约人，不发生撤回承诺的效力。否则，承诺撤回有效，合同不成立。

（三）其他成立合同的方式

要约与承诺的方式是缔约的一般程式，既然存在一般程式就有特殊程式之说，可以将这些特殊程式称为合同订立的非典型方式。除一般程式外，在现实生活中也会发生一些非典型的交易，即没有讨价还价或变相的讨价还价的交易。例如，出卖人定出价格而买受人立即表示同意的交易。在现代交易中，由于格式合同的大量使用，这种讨价还价的过程也就基本不存在了。超级市场的出现和发达，致使消费者只能选择买与不买，而对标出的价格没有协商的余地。在这些大型企业面前，人们似乎已经失去了讨价还价的意识，也许只有在自由市场上对小本经营的小商小贩，仍然可以保持着古典契约理论所倡导的缔约自由——讨价还价的自由权利。另外，在招标和拍卖的特殊缔约方式中，将不再是一个买主与卖主之间的讨价还价，而是由买主之间进行竞争，而出卖人似乎是一个两眼充满渔利之广的垂钓者，等待着最为有利的缔约人上钩。事实缔约、交叉要约等方式也改变了传统的缔约方式。[1] 有的学者将这些非经过要约、承诺的合同订立的非典型方式称为"要约和承诺程序的变异"。订立合同的要约、承诺乃至整个程序，有自身的规定性和完整的环节以及固定的法律效力，为当事人订立合同提供范式。但在实务运作中，有的省略某些环节，简化缔约程序，有的承诺无须通知，有的因一定的事实过程而缔约，都不妨碍合同的成立。它们分别表现为交叉要约、同时表示、意思实现和事实缔约三种情况。[2]

1. 交叉要约

交叉要约（cross-offers），指合同当事人采取非直接对话的方式，相互提出两个独立但内容一致的意思表示。交叉要约一般发生在异地之间且要约时间几乎为同时的场合。如甲向乙发出以一定价格购买其房屋的要约，该要约尚未到达乙时，乙恰巧也向甲发出以相同价格出售该房屋的要约。虽然两个要约内容一致，但后一要约尚不得视为是对前一要约的承诺。[3] 交错要约（Cross-offers），又称要约的吻合，是指当事人一方向相对人为要约，适值相对人亦为同一内容的要约（Two identical offers），且双方当事人彼此均不知有要约的现象。[4] 交叉要约不同于同时表示。在当事人采用直接对话的方式，在时间上无先后之分，同时做出内容相同的意思表示的情形，亦属有之，称为同时表示。同时表示在法律上的效力与交叉要约相同，也产生合同成立的效果。同时表示是一种有别于要约承诺的订约方式。[5] 可见，二者区别的关键在于意思表示是否采取直接对话的方式。

交叉要约是否可以成立契约，素有争议。学说有分歧，但无妨肯定之（近来的多数说）。从理论上来看，这种场合下，两个意思表示不仅在客观上一致，在主观上也是一致的。并且，从实践上来看，发生这种情况的，多为活跃的交易行业，因此，认可通过交叉要约成立契约，正是满足了交易行业的需要，也符合当事人的意思。[6] 关于交叉要约能否成立契约，《德国民法》制定之际，甚有争论，有采实质说，认为两个意思表示之内容既属一致，自

---

① 李永军：《合同法》，法律出版社 2004 年版，第 77 页。
② 崔建远：《合同法总论》（上卷），中国人民大学出版社 2008 年版，第 158 页。
③ 韩世远：《合同法总论》，法律出版社 2008 年版，第 90 页。
④ 杨桢：《英美契约法论》，北京大学出版社 1997 年版，第 45 页。
⑤ 韩世远：《合同法总论》，法律出版社 2008 年版，第 91 页。
⑥ ［日］我妻荣：《债权各论》（上卷），徐慧译，中国法制出版社 2008 年版，第 65 页。

得成立契约。有采形式说，认为契约仅能依要约及承诺之方式成立，故在交叉要约的情形，须其中之一系对要约为承诺，契约始能成立。亦有主张此项承诺，得因要约人的沉默而推知。此两种对立的见解，势均力敌，难获协议，致《德国民法》未设规定。《德国民法》制定后，学者见解仍呈分歧，但以实质合致说较占优势。台湾地区"民法"对交叉要约是否成立契约，亦未设规定，但通说肯定之，实值赞同。盖在交叉要约，自主观言，双方皆有缔约的意思，自客观言，内容又属一致，衡诸第153条第1项所宣示的原则，殊无否认契约成立的理由。① 英美法讲求双方当事人之间的合意为缔结合同的最基本要件，而合意系要约人的要约加上受要约人的承诺。但在交错要约场合，尽管每个允诺人都希望以相对人的允诺来交换自己的允诺，可是每一方都不是为了与对方交换允诺而作出自己的允诺。因此两个允诺都不是对方交易的对象，都不能作为对方允诺的对价，也都没有对价支持。因此也就不存在合同。仅有要约而无承诺若能构成合同，不但不合常理，而且会导致商业上的诸多不便。所以，许多判例不承认交错要约可以成立合同，不过也有判例持相反观点。②

交叉要约过程中，合同何时成立？有学者认为，根据交叉要约，合同成立的时间仍然是一个问题。由于后一要约并非承诺，学说上认为应当解释为两个意思表示到达时合同成立。两个意思表示若非同时到达，则合同成立的时间以后一要约到达的时间为准。③ 两个关于契约成立时期，应以在后的契约到达相对人时为准。④

2. 同时表示

同时表示是当事人以订立合同为目的，采用口头方式同时作出内容相同的意思表示。例如，对于第三人制作的合同，当事人双方同时表示同意。同时表示的法律效力与交叉要约相同，也产生合同成立的效果。

3. 意思实现

意思实现，是指依照商业惯例或交易的性质，承诺无须通知的要约，

---

① 王泽鉴：《债法原理》，北京大学出版社2009年版，第146页。
② 崔建远：《合同法总论》（上卷），中国人民大学出版社2008年版，第159页。
③ 韩世远：《合同法总论》，法律出版社2008年版，第91页。
④ 王泽鉴：《债法原理》，北京大学出版社2009年版，第146页。

或要约人预先声明承诺无须通知的要约，其相对人在相当时期内有可推断其承诺意思的客观事实时，合同成立。受要约人虽然没有作出明确承诺的意思表示，但依据其客观事实，可推断其有承诺的意思。例如，受要约人开始履行合同义务或行使合同权利。这种以承诺事实而成立合同的方式，必须在要约的存续期间作出，该承诺事实出现的时间为合同成立的时间。

意思实现是指根据能产生法律效果的意思，实施具有推断其意思的价值的行为。它不需要表示，也无须相对人接受。[1] 具体到合同订立中的意思实现，是指如下的合同订立方法：要约生效后，在相当的时期内，因有可认为承诺的事实，无须受要约人再为承诺意思表示的通知，合同即为成立。[2] "根据要约人的意思表示或交易商的习惯不需要承诺通知的，契约在可认为有承诺意思表示的事实时成立（第 526 条第 2 项）。通过这样的事实过程成立契约，被称为通过意思实现成立契约。"[3] "可认为有承诺的意思表示的事实"是什么？应当按照要约的相对人（受要约人）所实施的行为的客观意义理解，但是因契约而取得的权利的实行行为（处分与要约一起送来的物品等）、因契约而负担的债务的履行准备行为（如旅馆根据预定留出房间并进行打扫），一般应认可为有承诺的意思表示的事实。这样的行为，具有和承诺相同的效果意思，并且具有推断该效果意思的价值（表示价值），就此意义而言，具备了承诺的意思表示的要件。[4]

关于意思实现的性质，学说颇有分歧。有的认为它并非意思表示；有的认为它属于广义的意思表示；有的认为其本质仍可作为一种意思表示。大陆学者韩世远教授认为，意思实现仍然是一种意思表示。《合同法》条文使用了"承诺不需要通知"字样（第 26 条第 1 款），显然将"意思实现"亦作为一类承诺，而"承诺是受要约人同意要约的意思表示"（第 21 条），由此，自解释论的立场，意思实现至少在我国立法上是一种意思表示。不过，由于"承诺不需要通知"，故这种"承诺"是一种不需要受领的意思表示，有别于

---

① 崔建远：《合同法总论》（上卷），中国人民大学出版社 2008 年版，第 161 页。
② 邱聪智：《新订民法债编通则》（上），中国人民大学出版社 2003 年版，第 31 页。
③ ［日］我妻荣：《债权各论》（上卷），徐慧译，中国法制出版社 2008 年版，第 65 页。
④ ［日］我妻荣：《债权各论》（上卷），徐慧译，中国法制出版社 2008 年版，第 66 页。

作为受领的意思表示的"狭义的承诺"。①

意思实现制度能够周到地保护受要约人的合法权益。意思实现制度的作用：意思实现制度能够周到地保护受要约人的合法权益。①再要约通知送达后，受要约人可能付出一定的劳务、费用，如从仓库中取出要签约人预购的货物，进行过磅、打包，在包装上写上预购人（要约人）的名称或姓名、地址，甚至托运或寄送给收货人。于此场合，只有合同因意思实现而成立才有利于受要约人，倘若合同仍然要在承诺表示到达要约人时才告成立，则一是延迟了合同成立的时间，二是受要约人得另行实施通知行为，三是尚无货款或报酬的请求权，均不利于受要约人。而这种情境中的受要约人是应当受到保护的。②在向旅馆订房间等情况下，旅馆等受要约人把最后一间客房预留给预订人，不得不放弃将它们租给其他顾客的机会。于此场合，如果合同仍然要在承诺表示到达要约人时才告成立，而这种承诺表示只有在顾客下榻旅馆时才能作出，那么，顾客不来入住，旅馆也无可奈何，可能丧失了与其他顾客签订住宿合同的机会，致使客房闲置，遭受经济损失。②

意思实现的特征在于，其一，承诺无须通知；其二，受有严格限制，要求是根据交易习惯或者根据要约人的预先的声明；其三，合同自出现认定承诺意思的事实或行为时（承诺意思实现时）成立。依学者通常所举事例，比如，客人用电报预定旅店房间，旅店老板将客人的姓名登记入预定客房名单，将要约人的实物要约寄来的书籍签名于书页以示所有，均属依意思实现而成立合同。③

通过意思实现成立的契约，主要适用于哪些场合？①要约人表示承诺通知不为必要之意旨的场合；②被习惯（可理解为要约人所在地的习惯）所认可的场合。④契约因意思实现而成立，不必通知，关系当事人利益甚巨，故须限于特别情事，依第161条规定，其情形有三：①依习惯，承诺无须通知，如订旅馆房间、订餐厅酒席、依价目表向旧书店购书。②依事件之性质，承诺无须通知，如现物要约、自动贩卖机的设置。③依要约人要约当时

① 韩世远：《合同法总论》，法律出版社2008年版，第93页。
② 崔建远：《合同法总论》（上卷），中国人民大学出版社2008年版，第164页。
③ 韩世远：《合同法总论》，法律出版社2008年版，第92页。
④ ［日］我妻荣：《债权各论》（上卷），徐慧译，中国法制出版社2008年版，第66页。

呈先声明，承诺无须通知。此项承诺通知的放弃，亦得默示为之，如甲向乙紧急购物，嘱乙紧急发货。①

意思实现的构成要件：

（1）承诺无须通知。意思实现行为不需要他人知悉，因而它"送达"与否无关紧要。由此可知，意思实现的构成要件之一为承诺无需通知。所谓承诺无须通知，在《合同法》上有两种情况（第 22 条但书，第 26 条第 1 款后段）。第一种情况是，根据交易习惯承诺无须通知。例如，依价目表向旧书店购书，属于这种情况。第二种情况是，根据要约表明承诺无须通知。例如，甲向乙紧急购物，嘱乙即刻发货，均属此类。②

（2）存在着有可认为承诺的事实。所谓可认为承诺的事实，主要有两种情况：①履行行为，即履行因合同成立所负担的债务，例如寄送邮购的物品；或为履行合同而准备，例如旅馆为顾客预留房间。②受领行为，即行使因契约成立所取得权利，如拆阅现物要约寄来的杂志。③

在意思实现中，承诺人主观上承诺之意思是否有必要，学说上有认为意思实现，须以客观上有可认为承诺之事实存在为必要，有此事实，契约即为成立。至于承诺人是否认识该事实为承诺的意思表示，主观上是否有承诺的意思，在所不问。例如，使用要约人送到之物品，虽主观上无为承诺而成立契约之意思，仍应认为契约成立。王泽鉴先生认为，此项见解，尚有研究余地。所谓有可认为承诺之事实，就为意思表示抑为意思实现，系"民法"上有名的争议问题，然无论采取何说，均应以有承诺意思为必要，此就"承诺"的本质而言，应属当然，就第 153 条第 1 项言，亦应肯定。倘相对人主观上无承诺意思，仅依客观上可认为承诺之事实，即可成立契约，使其负担契约上的义务，不但与私法自治原则相违，抑且不足保护相对人利益，此在现物要约最为显然。再者，一方面认为第 161 条所规定的，为契约因"承诺意思"之实现而成立。一方面又认为有无承诺之意思，在所不问，前后似有难以自圆其说之处。盖既曰承诺，自不能排除其主观的意思，否则意思实现将成为事实行为矣！倘排除"承诺意思"的因素于承诺之外，则相对人为限

---

① 王泽鉴：《债法原理》，北京大学出版社 2009 年版，第 142 页。

② 崔建远：《合同法总论》（上卷），中国人民大学出版社 2008 年版，第 165 页。

③ 王泽鉴：《债法原理》，北京大学出版社 2009 年版，第 142 页。

制行为能力人，无行为能力人或无意思能力时，是否能仅依客观上可认为承诺之事实，即可成立契约，亦有疑问。①

意思实现，是否属于要约、承诺的缔约方法，存在着分歧。有学者认为，意思实现已经不属于要约承诺的模式，冠名于"以要约和承诺以外的方法成立的契约"。笔者则认为，意思实现仍然属于要约、承诺的过程和方式。其理由如下：

（1）从学说的角度看，按照意思表示说，意思实现以承诺意思为构成要素，属于意思表示的范畴，具体说是承诺采取了意思表示的形式，只不过欠缺表示意识。既然如此，我们完全可以断定意思实现仍然属于要约、承诺方式缔约的范畴，而非"以要约和承诺以外的方法成立合同"。退一步说，即使按照非意思表示说，意思实现同样是法律行为，其特殊之处，仅在于承诺采取了实施行为而非表示行为的态样，承诺在合同的成立上照样存在并起着关键的作用。

（2）从《合同法》有关规定的解释看，《合同法》第 22 条但书使用了"通过行为作出承诺"、第 26 条第 1 款后段使用了"承诺不需要通知"和"作出承诺的行为"的字样，显然将意思实现作为了承诺的一类形态。既然合同的成立需要要约和承诺，将意思实现作为"以要约和承诺以外的方法成立合同是自相矛盾的。②

另外，值得探讨的是，对于要约不实施任何积极的行为（沉默），是否可以认为是承诺的意思表示？关于这一点，在当事人之间事先具有了解的场合自然无需多言，在同种的交易持续进行的场合（商第 590 条有明确规定）、在该交易行业具有如不承诺则须实施一定的积极行为的实际情况的场合等，具有特别情事的场合，沉默也被认为具有承诺的事实。相反，如没有这样的特别情事，即使要约人自作主张，表示"如果没有回复则视为承诺"，也不发生效力。即使要约人自作主张地寄送物品，并且表示如果不购买则需寄回（如不寄回则被视为购买），被寄送人也不发生返还义务。但是在受领物品后，则负有与对自己的财产同样的注意进行保管的责任。③

① 王泽鉴：《债法原理》，北京大学出版社 2009 年版，第 143 页。

② 崔建远：《意思实现理论的梳理与评论》，《河北法学》2007 年第 5 期，第 8 页。

③ ［日］我妻荣：《债权各论》（上卷），徐慧译，中国法制出版社 2008 年版，第 67 页。

4.依指令性计划签约

《合同法》第 38 条规定:"国家根据需要下达指令性任务或者国家订货义务的,有关法人、其他组织之间应当依照有关法律、行政法规规定的权利和义务订立合同。"根据此规定,合同的当事人此时有义务签订合同,合同的主要内容要依据计划文件的规定。这类合同的成立,并不是当事人要约和承诺一致的结果,有别于要约承诺的订约方式。

三、合同的内容和形式

(一) 合同的内容

当事人依程序订立合同,意思表示一致,便形成合同条款,构成作为法律行为的合同的内容。合同条款固定了当事人的权利义务,成为法律关系上的合同的内容。合同的条款与合同的内容具有紧密的关系。有学者指出,合同的内容是指合同的各项条款。合同的条款是合同内容的外在的具体体现。[①] 也有学者指出,当事人依程序订立合同,意思表示一致,便形成合同条款,构成了作为法律行为意义上的合同的内容。合同条款固定了当事人各方的权利义务,成为了法律关系意义上的合同的内容。[②] 合同的条款是合同中经双方当事人协商一致、规定双方当事人权利义务的具体条文。合同的条款就是合同的内容。合同的权利义务,除法律规定的以外,主要由合同的条款确定。合同的条款是否齐备、准确,决定了合同能否成立、生效以及能否顺利地履行、实现订立合同的目的。[③] 可见,合同条款与合同内容是形式和内容的关系。

《合同法》第 12 条规定:"合同的内容由当事人约定,一般包括以下条款:①当事人的名称或者姓名和住所;②标的;③数量;④质量;⑤价款或者报酬;⑥履行期限、地点和方式;⑦违约责任;⑧解决争议的方法。当事人可以参照各类合同的示范文本订立合同。"应当注意的是,该条规定属于任

[①]　王利明:《合同法研究》(第 1 卷),中国人民大学出版社 2002 年版,第 347 页。

[②]　崔建远:《合同法总论》(上卷),中国人民大学出版社 2008 年版,第 181 页。

[③]　胡康生主编:《中华人民共和国合同法释义》,法律出版社 2009 年版,第 26 页。

意性规定，上述八项条款，仅仅是一般情况下合同所应当具备的条款，而不完全是必备条款。合同的必备条款即主要条款，是指在合同中必须具备的条款，否则合同就不成立。所以，当事人订立合同可以参照该条的规定，也可以不完全按照该条规定的内容订立合同。合同的成立与否，有效与否，并不完全取决于是否遵照该条款订立。

(1) 当事人的名称或者姓名和住所

当事人的名称或者姓名和住所这一项条款，是有关合同主体的内容。在合同的一般内容中，首先应当写明合同的当事人。

当事人的名称或姓名，是区别于其他民事主体的代表符号，用以确定合同的主体。当事人应当使用法定的名称和姓名，法人和其他组织的法定名称是其在工商行政管理机关或有关机关登记的名称；自然人的法定姓名是其户口本或身份证上载明的姓名。

当事人的住所，是民事主体发生民事法律关系的地理区域。自然人以其户籍所在地的居住地为住所，经常居住地与住所不一致的，经常居住地即居所被视为住所。所谓经常居住地是指公民离开住所地最后连续居住一年以上的地方，但住医院治病的除外；公民由其户籍所在地迁出后至迁入另一地前，无经常居住地的，仍以其原户籍所在地为住所。法人和其他组织以其主要办事机构所在地为住所。在合同中载明住所的意义在于，决定债务履行地、诉讼管辖、涉外法律适用的准据法、法律文书送达的处所等。

(2) 标的

合同的标的，就是合同当事人权利义务指向的对象。标的在任何一类合同中都是合同的主要条款和必备条款，没有标的，合同就会无的放矢，不能实现其目的；合同标的不确定，当事人也就无从履行。由于标的名称在涉外合同中会涉及关税问题，因而我们在订立合同时应该对标的名称进行准确的定位，即使在国内签订各种合同时，也会有同一标的而不同名称或同一名称而其实不同的情况，因此对于合同标的名称应当使用规范的、具体的、准确的称谓。此外，合同的标的还需合法，这是合同生效的条件之一。

(3) 数量

标的物的数量作为以数字和计量单位来衡量标的的尺度，没有约定数量或约定不明确的协议，不能成立合同。因此，数量条款是合同的主要条款、必备条款。标的物的数量应该确切，应选择双方当事人共同接受的计量单位，确认当事人双方认可的计量方法，以单位个数、重量、面积、长度、容积、体积等确定。

（4）质量

质量是标的物内在素质和外观形态的综合，包括标的名称、品种、规格、型号、等级、标准、技术要求等。填写合同的质量条款时，标的物的品种、规格、型号、等级、花色等要写具体，因为这是区分同一类标的物的标志。同时对标的物的质量标准和技术要求也要指明，有法定标准的，要按照国家标准和行业标准签订，当事人有特殊要求的，双方要协商签订。

质量是度量标的物的条件，但是相对而言，质量的内容没有数量的内容重要，因而质量条款不是必备的条款。合同没有约定质量标准或者质量标准约定不明确的，可以根据《合同法》第61条、第62条规定的方法确定。

（5）价款或者报酬

价款或者酬金是取得标的物或接受劳务的一方向对方以货币支付的代价。标的物为货物时，代价称为价款；标的物为劳务时，代价称为报酬。标的的价格或报酬，一般由当事人协商协定。价款或者报酬约定不明确的，依据《合同法》第61条、第62条规定的方法确定，可以依据一定的方法予以确定。因此，价款和报酬不是必备的条款。

（6）履行期限、地点、方式

履行期限，是指合同当事人双方实现合同规定的权利和履行合同规定的义务的时间；履行合同直接关系到合同履行的经济意义，合同中如果没有履行期限，就会使双方当事人的权利义务在时间上处于不明确状态。但履行期限不是合同的必备条款，在没有约定履行期限的情况下，可根据《合同法》第61条、第62条的规定予以确定。

履行地点，是指合同规定的一方当事人履行义务和另一方当事人接受履行义务的地方。履行地点往往关系到运费的负担、标的物所有权的转移、意外灭失风险的转移和发生纠纷的案件管辖问题，所以应当格外引起当事人的重视。但它不是合同必备的条款，合同没有约定履行地点时，应当按照合同法第61条和第62条的规定确定。

履行方式，是指合同当事人以何种方法履行义务，如标的物的交付或完成工作的方法以及价款、酬金的支付方法等。这一项内容也不是合同必备的条款，但是与当事人的利益关系很大，应当在合同中尽量予以明确，避免发生争议。在没有约定履行方式的情况下，根据《合同法》第 61 条、第 62 条的规定予以确定。

（7）违约责任

违约责任，是指当事人不履行或者不适当履行合同义务时，违约者必须承担的法律责任。它虽然不是合同的必备的条款，即使当事人没有约定，违约方也应当依据法律规定承担违约责任，但是在有明确约定的情况下，能够有利于及时解决纠纷，保护当事人的利益。

（8）解决争议的方法

解决争议的方法，是指在将来合同发生纠纷时，应当诉诸何种方式或方法予以解决。当事人既可以约定解决争议的方式是选择诉讼还是仲裁，也可以根据民事诉讼法的规定选择管辖的法院。本条款不是合同的必备条款，即使当事人没有事先约定，在纠纷发生后，也可以再行商定，即使协商不成，仍然可以按照法律规定处理。

（二）合同的形式

合同的形式，又称为合同的方式，是当事人合意的表现形式，是合同内容的外在表现，即合同内容的载体。

1. 合同形式的目的与发展

合同的形式，又称合同的方式，是当事人合意的表现形式，是合同内容的外部表现，是合同内容的载体。[1] 合同的形式是当事人合意的表现形式，是合同内容的载体。合同的形式在要件上有两层含义：第一层含义指的是合同的内容即合意的外观形式，即合同采取什么样的形式订立，究竟是采取口头形式、书面形式还是其他实际履行的行为方式。第二层含义是指合同的识别与确认形式，即在要约、承诺以外的合同的成立、生效是不是还需要满足一些特殊的形式要件的要求，比如说是不是需要经过审批和登记。[2]

---

① 崔建远主编:《合同法》，法律出版社 2003 年版，第 65 页。
② 沈德咏、奚晓明主编:《最高人民法院关于合同法司法解释（二）理解与适用》，人民法院出版社 2009 年版，第 22 页。

总体上而言，法律规定或者当事人约定合同形式，其目的大致如下：

（1）证据目的。如果当事人只是在口头上达成合意，日后不免就是否有效地缔结了合同、何时成立的合同、以何内容成立的合同等事项发生争执。而一旦当事人将其合意作成书面形式，特别是经过签字或者盖章的合同书形式，虽不能说可以完全杜绝日后发生争执，但可以大量地避免此类争执的发生。

（2）警告目的对于一些在法律上具有相当重要性的意思表示，通过要求形式要件，实际上是最后给当事人一次深思熟虑的机会，以避免作出草率的决定。

（3）境界线目的。形式的规定，往往还具有在合同交涉与合同缔结之间划定境界线的目的。

（4）信息提供目的。在现代的立法上，出于保护消费者之类弱者的目的，往往特别要求经营者就交易内容作成书面形式交付给消费者，称为"合同书面的作成交付义务"，尤其是就其中的关键事项，要求必须用明确的文字表示出来。在这种场合，书面形式还具有信息提供的目的。

（5）其他目的。除上述目的外，特定的合同形式（特别是合同书）要求还可以具有其他的目的或功能，比如包括：对合同缔结及其内容的确认，合同对外的公示，特定企业对同种类合同的内容的管理，因书面化而可以使其内容对外展示等等。[1] 可见，从合同的形式的目的来看，对合同的形式作出规定是非常有必要的。

从合同形式的历史发展可见，古代法律十分重视形式。但随着交易的发展，现代合同法越来越重视交易形式的简化、实用、经济、方便，从而在合同形式的选择上不再具有重视书面、轻视口头形式的倾向，而是根据需要，对有些合同规定为书面，对有些合同规定为口头。[2] 后来由于社会经济的发展，要求在交易安全的前提下追求交易的高效快捷，合同形式上经历两个方面的变迁。一是古老的、笨拙的、令人厌烦的形式慢慢减少了，而代之以简单的替代形式。作为现今典型的形式要件是简单的书面形式以及由某些

---

[1]　韩世远：《合同法总论》，法律出版社 2008 年版，第 99 页。

[2]　苏惠祥主编：《中国当代合同法论》，吉林大学出版社 1992 年版，第 91 页。

机构（如公证机关）证实的文件。① 二是合同法立法意旨逐渐从重形式过渡到重意思，非要式原则几乎获得现代法律体制的一致确认。法律仅在出于某种特殊的价值考量时才会要求某种合同具有特别形式。② 但这是否意味着合同形式在现代法中越来越不重要了呢？事实上也并非如此。

遵循某种形式之必要性，可给当事人产生某种交易性之气氛，可唤醒其法律意识，促使其三思，并确保其作出之决定之严肃性。此外，遵守形式可明确行为之法律性质，仿佛硬币上之印纹，将完整性的法律意识刻印在行为上面，并使法律行为之完成确定无疑。最后，遵守形式还可永久性保全法律行为存在及内容之证据，亦可减少或者缩短、简化诉讼程序。③ 尽管现代合同法重视交易的简捷和迅速，但同时也重视交易的秩序与安全。这就需要对合同的形式作出一些特定的要求，以督促人们正确、谨慎地缔约。尤其是许多合同涉及国家利益和社会公共利益，法律通过形式要件的特别要求，从而对这些利益进行特别保护。此外，现代合同法注重保护消费者和弱者的利益，因此对于书面形式的要求，有利于防止消费者和弱者蒙受损失。在最近的几十年里，在消费者信贷合同、住房租赁合同、全包度假合同、培训合同等合同中越来越要求采取书面形式，形式的要求又一次升温。有些学者将此种现象称为"形式主义的复兴"（renaissance du formalisme）。④《合同法》第10 条规定："当事人订立合同，有书面形式、口头形式和其他形式。法律、行政法规规定采用书面形式的，应当采用书面形式。当事人约定采用书面形式的，应当采用书面形式。"第 11 条规定："书面形式是指合同书、信件和数据电文（包括电报、电传、传真、电子数据交换和电子邮件）等可以有形地表现所载内容的形式。"这两个条文是《合同法》对合同形式的具体规定。

2. 书面形式

书面形式，是指以文字或数据电文等表现当事人所订合同的形式。合同书以及任何记载当事人要约、承诺和权利义务内容的文件，都是合同的书

---

① 〔德〕康拉德·茨威格特、海因·科茨：《合同形式》，纪海龙译，《中外法学》2001 年第 1 期，第 81 页。
② 〔德〕海因·克茨：《欧洲合同法》（上卷），周忠海等译，法律出版社 2001 年版，第 113 页。
③ 〔德〕海因·克茨：《欧洲合同法》（上卷），周忠海等译，法律出版社 2001 年版，第 114 页。
④ 王利明：《合同法研究》（第 1 卷），中国人民大学出版社 2002 年版，第 463 页。

面形式的具体体现。[①] 根据《合同法》第11条的规定：书面形式是指合同书、信件和数据电文（包括电报、电传、传真、电子数据交换和电子邮件）等可以有形地表现所载内容的形式。

书面形式的主要优点在于它能够通过文字凭据确定当事人之间的权利义务关系，既有利于当事人依据该文字凭据作出履行，也有利于在发生纠纷时有据可查，准确地确定当事人之间的权利义务和责任，从而能够合理公正地解决纠纷。不过书面形式主要表现为一种证据的作用，有书面形式存在能够有效地证明合同关系的存在、合同的内容，尤其是作为书面形式的合同书，更能够有效地证明合同关系。如果不存在书面形式，一方要主张合同关系的存在，应当对此负举证责任。[②]

一般情况下，当事人可以自由选择合同的形式，但依据有关法律规定，以下合同必须采用书面形式：

（1）不动产转让及抵押合同。不动产是指根据财产本身的特性不能移动，或者移动之后价值会遭到很大损失的物，如土地、森林、房屋及其他在土地上固定的建筑物。对于这样的财产，难以寻求其他物替代，在发生纠纷后，如果没有书面合同，将很难同时弄清双方当事人的权利与义务。因而，国家对不动产转让及抵押合同予以干预，要求该类合同应当采取法定形式。

（2）涉及机动车、航空器、船舶等价值较大的动产的转让及抵押合同。汽车、飞机、轮船等虽然属于动产的范围，但由于其价值较大，对主体利益有重要的影响，一般参照不动产的转让来管理。因此，对这类财产的转让及抵押合同，应当采用书面形式。

另外，在某种情况下，法律还规定对一些合同必须采用特定的书面形式，如公证形式、鉴证形式等。

3. 口头形式

合同的口头形式，是指合同当事人以直接对话的方式相互表示意思而订立合同。以电话交谈方式订立合同的，亦属于口头形式，但录音只是口头形式的证据。口头形式的优点在于能保证交易的便捷和迅速。其缺点在于缺

---

① 崔建远：《合同法总论》（上卷），中国人民大学出版社2008年版，第209页。
② 王利明：《合同法研究》（第1卷），中国人民大学出版社2002年版，第470页。

乏客观记载，一旦发生纠纷，不易取证，不易分清是非。因此，口头形式大多适用于即时清结、小额的交易。当然，口头形式为一种不要式形式，合同采取口头形式，无需当事人特别证明。凡当事人无约定，法律未规定特定形式的合同，均可采取口头形式。

4. 其他形式

关于其他形式究竟包括哪一种形式，对此在学术上也存在不同看法。一些学者认为"其他形式"主要是指行为形式，及当事人并不直接用口头或者书面形式进行意思表示，而是通过实施某种作为或者不作为的行为形式进行意思表示。前者是明示意思表示的一种，后者是默示的意思表示方式，如存在长期供货业务关系的企业之间，一方当事人在收到与其素有业务往来的向对方发出的订货单或提供的货物时，如不及时向对方表示拒绝接受，则推定为同意接受。① 另一些学者认为，所谓其他形式，是指推定形式，也有学者称为默示形式。推定形式是当事人未用语言、文字表达其意思表示，而是仅用行为向对方为要约，双方通过一定的行为作出承诺，从而使合同成立。②

（1）推定形式

当事人未用语言、文字表达其意思表示，仅用行为甚至沉默向对方发出要约，对方接受该要约，做出一定的或者指定的行为作为沉默，合同成立。例如，商店安装自动售货机，顾客将规定的货币投入机器内，买卖合同即成立。③《合同法司法解释（二）》第2条规定："当事人未以书面形式或者口头形式订立合同，但从双方从事的民事行为能够推定双方有订立合同意愿的，人民法院可以认定是以合同法第十条第一款中的"其他形式"订立的合同。但法律另有规定的除外。"可见，该司法解释已经对"其他形式"的含义做了明确的界定。现实生活中如租赁房屋的合同，在租赁房屋的合同期满后，出租人未提出让承租人退房，承租人也未表示退房而是继续交房租，出租人仍然接受租金。根据双方当事人的行为，我们可以推定租赁合同继续有效。又如，当乘客乘上公共汽车并达到目的地时，尽管乘车人与承运人之间

---

① 吕伯涛主编：《适用合同法重大疑难问题研究》，人民法院出版社 2001 年版，第 17 页。
② 王利明：《合同法研究》（第 1 卷），中国人民大学出版社 2002 年版，第 480 页。
③ 崔建远主编：《合同法》，法律出版社 2007 年版，第 93 页。

没有明示协议，但可以依当事人的行为推定运输合同成立。

（2）混合形式

事物的"混合"本身就有其长处，可以起到优势互补，发挥特殊的功能。针对合同而言，不同的典型合同的内容混合于同一合同内，成为混合合同，比如旅游合同便混合有买卖、运输等合同的内容；不但内容可以混合，合同的形式同样也可以混合。合同的部分内容可以采用书面形式，其余的部分则可以采用口头形式，这是合同自由、方式自由的题中应有之意。而且，这种混合形式可以结合不同方式的优点，更好地为当事人服务。[1]

（三）合同形式欠缺的法律后果

契约有要式契约和非要式契约之分。要式契约又有法定要式契约和约定要式契约之分。惟法律为使行为人慎重其事，并确保契约之存在及保全其内容，特别规定契约之成立须循一定之方式为之者，是为法定要式契约；基于契约自由原则，双方当事人亦得约定于特定之契约，须践行一定方式得成立者，是为约定要式契约。[2]根据《合同法》第10条第2款的规定：法律、行政法规规定采用书面形式的，应当采用书面形式。当事人约定采用书面形式的，应当采用书面形式。那么违反此种要求的法律后果是什么，法律并没有作出明确的规定，根据体系解释可以做出以下结论：

1. 一般后果：合同不成立

通常的理论认为，要式合同所要求之方式是合同的成立要件。我国合同法第36条规定："法律、行政法规规定或者当事人约定采用书面形式订立合同，当事人未采用书面形式但一方已经履行主要义务，对方接受的，该合同成立。"这是对合同书面形式法律效果的例外规定，对此作反面解释，即可认为如果应当采用而没有采用书面合同原则上不成立。

2. 特别后果：合同无效

我国原来的司法实践中，对于不符合法律规定的合同形式的合同，往往认定为无效。从比较法来看，有些大陆法系国家的立法也是将合同欠缺法

---

[1] 韩世远：《合同法总论》，法律出版社2008年版，第103页。

[2] 孙森焱：《民法债编总论》（上册），法律出版社2006年版，第61页。

定形式的效果规定为无效。现在，我国合同法原则上是将要式合同的方式作为合同的成立要件的。不过，合同法第 44 条第 2 款又规定："法律、行政法规规定应当办理批准、登记等手续生效的，依照其规定。"这是鉴于有的法律、行政法规已经将合同的方式作为合同的生效要件，比如担保法第 41 条规定："当事人以本法第四十二条规定的财产抵押的，应当办理抵押物登记，抵押合同自登记之日起生效。"这类规定比较特别，且已遭到法学界的批评。

3.其他特别后果

除上述法律效果外，还可以有其他的特别后果。比如合同法第 215 条规定，租赁期限六个月以上的，应当采用书面形式。当事人未采用书面形式的，视为不定期租赁。

4.因履行而治愈

合同法第 36 条规定，法律、行政法规规定或者当事人约定采用书面形式订立合同，当事人未采用书面形式但一方已经履行主要义务，对方接受的，该合同成立。该条中所谓"履行"只应理解为"履行的提交"，一方当事人提交履行，说明他是按照合同义务的要求而行为；对方接受可表明其对合同的肯定，基于与英美"禁反言"法理相似的道理，受领方是不能够再反悔的。采用合同书形式订立合同的，合同的成立要求要有当事人的签字或盖章，且自签字或盖章时合同成立（第 32 条）。如果没有签字或者盖章，但一方已经就主要义务提交了履行，对方对此受领，合同形式上的缺陷亦因此而治愈，合同成立（第 37 条）。

四、缔约过失责任

（一）缔约过失责任的概念和特征

缔约过失责任，是指在订立合同过程中，一方因违背其依据诚实信用原则和法律规定的义务致另一方的信赖利益的损失时所应承担的损害赔偿责任。缔约过失责任制度具有悠久的历史。有学者指出，"缔约过失制度萌芽于罗马法。一方面，作为缔约过失责任理论基础的诚实信用原则，其法律化最早源头始于罗马法，这为该制度的萌芽奠定了初步的理论基础；另一方面，罗马法已规定，在缔约过程中一方对另一方应当负有'勤谨注意的义务'，这是先合同义务法律规定的先声。"① 德国著名法学家耶林教授在1861年系统地阐述了该理论。耶林在其主编的《耶林法学年报》第4卷上发表了《契约上过失：契约无效与未完成时之损害赔偿》一文，该文指出，"从事契约缔结的人，是从契约外的消极义务范畴，进入契约上的积极义务范畴；其因此而承担的首要义务，系于缔约时须善尽必要的注意。法律所保护的，并非仅是一个业已存在的契约关系，正在发生中的契约关系亦应包括在内；否则，契约交易将暴露于外，不受保护，缔约一方当事人不免成为他方疏忽或不注意的牺牲品！契约的缔结产生了一种履行义务，若此种效力因法律上的障碍而被排除时，则会产生一种损害赔偿义务，因此，所谓契约无效者，仅指不发生履行效力，非谓不发生任何效力。简言之，当事人因自己过失致使契约不成立者，对信其契约为有效成立的相对人，应赔偿基于此项信赖而生的损害。"② 耶林的学说最大的贡献在于，肯定了当事人因缔约行为而产生了一种类似于契约的信赖关系，此种关系属于法定债的关系，从而完善了债法理论。尤其是耶林的理论提出了当事人在合同订立阶段，彼此应负有相互主义和照顾义务，为当事人从事交易活动确定了新的义务规则。比较法上的研究已证实耶林的理论对外国法的形成亦深著贡献。由于现行民法采罗马法以来的理论体系，将民事责任分为契约责任及侵权责任，缔约过失责任的出现改变了民事责任体系的结构，被誉为"法学上的重要发现"③，缔约过失责任的发展首先建立在这样的考虑之上，侵权责任并不适于在先合同领域的所有情况中为有望成为合同当事人的人提供适当的保护。④ 缔约过失责任理论被提出后，并没有马上被立法所认可，但是对判例和学说产生了重大的影响。最终经过学说一般化努力，缔约上过失制度才逐渐被法典化。受德国立法、判例与学说的影响，大陆法系国家瑞士、希腊、意大利、日本、荷兰及我国台湾地区等纷纷确立了缔约过失制度。如《希腊民法典》第197条规定："从

---

① 焦富民：《论缔约过失责任制度——兼评合同自由与合同正义》，《扬州大学学报》2002年第5期。

② 王泽鉴：《民法学说与判例研究》（第一册），中国政法大学出版社2005年版，第84页。

③ 王泽鉴：《民法学说与判例研究》（第四册），中国政法大学出版社2005年版，第8页。

④ ［德］迪尔克·罗歇尔德斯：《德国债法总论》，沈小军、张金海译，中国人民大学出版社2014年版，第69页。

事缔结契约磋商行为之际，当事人应负遵循依诚实信用及交易惯例所要求的行为义务。"第 198 条规定："于为缔结契约磋商行为之际，因过失致相对人遭受损害时，应负损害赔偿责任，即使契约未成立亦然。"2002 年施行的《德国债法现代化法》明确规定了缔约过失责任制度。根据该法，顾及对方当事人权利、法益及利益的义务也可因开始契约缔结、开始契约接触以及因类似交易接触而产生。① 台湾地区在债法修订时也明确规定了缔约过失责任制度。《合同法》第 42 条的规定，缔约过失责任具有以下法律特征：

1. 缔约过失责任是在订立合同中产生的法律责任

缔约过失责任，仅仅发生于双方当事人为订立合同而接触、磋商的过程中，而不是发生于合同成立之后。合同成立后发生的责任是违约责任，而不是缔约过失责任。缔约过失责任与违约责任的区别在于，归责的事由发生的时间是不相同的，缔约过失责任的归责事由应当是发生在合同成立之前的合同订立阶段。那么合同订立的起始时间便是确定缔约过失责任的主要标准。起始的时间必然涉及合同成立过程的起点与终点。缔约过失责任的产生，必须在双方当事人之间产生一定程度的信赖关系，那么在合同成立之前，双方当事人之间必然存在广泛的磋商与交流，那么开始磋商或交流的时间应当是合同缔结过程的起点，这个起点一般认为是要约邀请或者是要约到达对方当事人的时间。终点便是合同成立的时间。根据我国立法和司法实践，在合同成立时间问题上，应注意三种情况。首先，依据当事人的特别约定和依法必须以书面形式缔结合同，如果当事人就合同条款以书面形式达成协议并已签字，即为合同成立。所以，双方虽然就合同主要条款达成口头协议，尚未以书面形式记载下来并在合同上签字，应视为合同未成立，当事人仍处于缔约阶段。其次，通过信件、电报、电传达成协议，一方当事人要求签订确认书的，只有在签订了确认书以后，方为合同成立。在确认书尚未签订以前，当事人仍处于缔约阶段。再次，依据法律行政法规的规定，应由国家批准的合同，获得批准时，方为合同成立。因此未经批准时，当事人仍处于缔约阶段。但依据《合同法》第 36 条，如果双方当事人都已经履行了主要义务，也可以认为合同已经成立。

---

① 杜景林等：《德国债法改革》，法律出版社 2003 年版，第 65—67 页。

2.缔约过失责任的理论基础是诚实信用原则

缔约过失责任产生的基础是诚实信用原则所产生的义务。在订约阶段，当事人之间虽无合同关系，但随着双方当事人的密切联系，依据诚实信用原则，在当事人之间产生了诚实、忠实、保密、协助、照顾、保护、通知等义务，这是法定的义务。当事人一方如不履行这种义务，不仅会给他方产生损害，而且也会妨害社会秩序。所以，为了加强缔约人的责任心，防止缔约人因故意或过失使合同不能成立或欠缺有效要件，维护社会经济秩序，法律要求当事人必须履行上述根据诚实信用原则产生的义务，否则将要负缔约过失责任。

3.缔约过失责任违反的是先合同义务

"无义务就无责任"这是民事法律上的通则，正是由于缔约过程中，一方当事人违反了其根据诚实信用应当承担的义务，才承担缔约过失责任。当事人为缔结契约而接触与协商之际，已由原来的普通关系进入到特殊的联系阶段，德国最高法院曾称其为"类似的契约关系"，因而与普通的事实关系有异，由于当事人之间交流的加深，逐渐产生了信赖关系，此时，双方应根据诚信原则负互相协助、照顾、保护等义务。德国学者艾尔曼称这个阶段当事人之间的关系为法定的债权关系，当事人之间以诚信原则应互负的义务为法定的先契约义务。承认先合同保护义务的内在理由是信赖原则（vertrauensprinzip）。合同磋商或交易性接触的开始建立了这样的期待，即每个人都将顾虑他人的权利、法益与利益。在此种期待中当事人互相为对方提供了对自己的领域施加更高程度影响的可能性。如果这一期待破灭，以合同法准则为依据的责任就变得正当了。①

根据诚实信用原则，这种先契约义务一般包括：

（1）无正当理由不得撤销要约的义务。《合同法》第19条规定，要约人确定了承诺期限或者以其他形式明示要约不可撤销和受要约人有理由认为要约是不可撤销的，并已经为履行合同做了准备工作，要约不得撤销。这就确认了在订约中不得随意撤销要约的义务。

---

① 〔德〕迪尔克·罗歇尔德斯：《德国债法总论》，沈小军、张金海译，中国人民大学出版社2014年版，第69—70页。

（2）使用方法的告知义务。这主要是产品制造人应在其产品上附使用说明书，或向买受人告知标的物的使用方法。

（3）合同订立前重要事情的告知义务。例如乙方应向另一方如实告知财产状况、履行能力等状况，出卖人应将标的物的瑕疵告知对方，不得故意隐瞒产品瑕疵。

（4）协作和照顾的义务。在合同订立过程中，应为他人提供必要的便利，不得滥用经济上优势地位，胁迫他方，或利用他方缺少经验或急迫需要而取得不当利益。因不可抗力造成履行不能时，债务人应通知债权人，以免债权人蒙受以外损失。

（5）忠实义务。即订约过程中，禁止欺诈行为，如作虚假广告、虚假说明、隐瞒产品瑕疵等，诱使他人与自己订约。

（6）保密义务。不得向第三人泄露在缔约过程中对方透露的技术及商业秘密等。

（7）不得滥用谈判自由的义务。如果双方的谈判已经进入一定阶段，足以使一方当事人合法的相信对方当事人会与其订立合同，并为此支付了一定费用，那么中断谈判将会造成一方当事人的损害。只要当事人违背了其负有的应以诚信原则产生的先契约义务，破坏了缔约关系，并给一方当事人造成了信赖利益的损失，就应当承担缔约过失责任。

4. 缔约过失责任是过错责任

即当事人在谈判签约过程中，违背了诚信原则，主观上有故意或过失，从而致使对方遭受损失。如果当事人主观上无过错，即使在缔约过程中导致对方损失，也不承担责任。对此种过失的存在，应由受害人举证。

5. 缔约过失责任是一种损害赔偿责任

缔约过失行为人因自己的故意或过失未遵守法定义务，因而造成对方财产上的损失，应当承担责任，依据等价有偿原则赔偿相对人因此造成的财产损失。补偿性是缔约过失责任的基本特征之一，缔约过失责任的赔偿范围限于因信赖合同成立所遭受的损失，其目的是恢复到合同订立前的财产状况。因此，缔约过失责任，就是缔约中因过错引起的损害赔偿责任。

（二）缔约过失责任与相关责任的区别

为进一步了解缔约过失责任的性质，有必要区分缔约过失责任、违约责任和侵权责任三种民事责任形式。

1. 缔约过失责任与违约责任

缔约过失责任与违约责任都属于合同法上的责任，都与合同有关，但二者仍有明显区别：

（1）缔约过失责任适用于合同订立过程中以及合同因不成立、无效和被撤销的情况下所产生的责任；违约责任是因违反有效合同而产生的责任，它以合同关系的合法存在为前提。

（2）缔约过失责任是违反先合同义务所产生的责任，先合同义务是法定义务；违约责任是违反合同债务所产生的责任，合同债务主要是当事人约定产生的义务。

（3）缔约过失责任适用过错原则；而违约责任适用无过错原则。

（4）缔约过失责任只是法定的责任，不能由当事人约定，且只以损害赔偿为其责任形式；而违约责任可以由当事人约定，其责任形式有违约金、损害赔偿、继续履行等。

2. 缔约过失责任与侵权责任

缔约过失责任与侵权责任都是违反法定义务的结果，且可能产生竞合的情形，二者的主要区别有：

（1）缔约过失责任以当事人之间存在特殊的信赖关系为前提，是在订立合同过程中形成的责任，即缔约责任与合同有关；而侵权责任存在于一切社会交往之中，一般与合同无关。

（2）缔约过失责任，在本质上是违反了依诚实信用原则而产生的先合同义务的后果；而侵权责任则是违反了不得侵害他人财产和人身的一般义务的后果。

（3）缔约过失责任适用过错责任；而侵权责任一般适用过错责任原则，例外适用无过错责任和公平责任原则。

（4）缔约过失责任的形式是赔偿损失；而侵权责任的形式除了赔偿损失以外，还有停止侵害、消除危险、排除妨碍、消除影响等等。

（5）缔约过失责任的赔偿范围是信赖利益的损失，是财产损失；而侵权责任赔偿损失的范围则不仅包括现有财产的灭失和可得利益的丧失，而且包括非财产损害，如精神损害赔偿等。

（三）缔约过失责任的成立要件

根据以上论述及合同法的规定，缔约过失责任的构成须具备以下条件：

1.缔约人一方违反了先合同义务

这是缔约过失责任产生的首要条件，否则根本不会发生缔约过失责任。但此先合同义务作为一种法定义务，并非缔约双方一开始接触即产生，而是随着向有效成立合同关系的逼进而逐渐产生。一般来说，先合同义务自要约生效时开始产生。至于要约生效前的损失，如果是由于缔约人一方的过错所致，如虚假广告给另一方造成损失，可以借助于侵权行为法加以解决。当事人是否负有先合同义务，应视具体缔约磋商接触情形，依诚实信用原则而决定。至于行为人是否违反此项义务，应视行为人是否已尽交易上必要的注意而定。在此方面，必须特别斟酌缔约当事人彼此间的信赖关系及各当事人在交易上通常所应承担的危险。

2.缔约人一方主观上有过错，即缔约人一方有故意或过失

判断某一行为是否为缔约过失行为，最主要的标准就在于该行为是否导致他人信赖利益的损害。与缔约行为相联系，必然存在一个先前的予信行为。否则既不可能存在合理的信赖，也不可能产生所谓的信赖利益的损害。为明确缔约过失责任的适用，《合同法》第42条和43条规定了三种具体的缔约过失行为类型。另外，《合同法》第42条还规定了一个概括性条款，即当事人在订立合同过程中的其他违背诚实信用原则的行为也属于缔约过失行为，具体来说，包括：

（1）假借订立合同，恶意进行磋商

假借订立合同，恶意进行磋商又被称为恶意谈判，它是指行为人根本没有与对方订立合同的目的，与对方进行磋商只是个借口，其目的是为了损害对方或者他人利益。恶意谈判属于一种严重违背诚实信用原则的行为。当事人磋商缔结合同自应本着真诚促进合同成立的心态行事，而不能以订立合同为幌子，利用对方急于签合同的心态骗取对方财务，或名义上与对方谈

判，实际上在拖延时间，使对方丧失与第三方缔约的机会。凡有上述行为并给对方造成损失的，过错方负赔偿损失的责任。

所谓"假借"就是根本没有与对方订立合同的目的，与对方进行谈判只是个借口，目的是损害对方或者他人利益。所谓恶意，是指假借磋商、谈判，而故意给对方造成损害的主观心理状态。恶意必须包括两方面内容：一是行为人主观上没有谈判意图，二是行为人主观上有给对方当事人造成损害的目的和动机。恶意是此种缔约过失行为的核心要件。对于该规定，应当注意的是缔约过失责任的承担不能妨害当事人享有的谈判自由。双方在谈判过程中根据合同自由原则都享有订立或不订立合同的自由，因此，双方当事人均有权在合同成立前中断谈判，一方中断谈判也不需要给对方以合理的理由，除非其进行谈判和中断谈判出于恶意，且另一方有足够的证据证明中断谈判的一方具有恶意。

（2）故意隐瞒与订立合同有关的重要事实或者提供虚假情况

在先合同义务中，缔约方的一个重要义务就是告知义务。只有缔约各方将足以影响合同的情况如实相告，才能使合同的成立有坚实的基础；否则，因一方隐瞒情况或提供虚假情况等欺诈行为而签订合同，对方当事人将陷入错误的认识，如因此而蒙受经济损失，欺诈方理应给予赔偿。此种情况属于缔约过程中的欺诈行为。所谓欺诈是指一方当事人故意实施某种欺骗他人行为，并使他人陷入错误而订立合同。最高人民法院《关于贯彻执行〈中华人民共和国民法通则〉若干问题的意见（试行）》第68条规定："一方当事人故意告知对方虚假情况，或者故意隐瞒事实情况，诱使对方当事人作出错误意思表示的，可以认定为欺诈行为"。故意隐瞒与订立合同有关的重要事实或者提供虚假情况是典型的欺诈行为。所谓故意告知虚假情况也就是指虚伪陈述，如将赝品说成真迹，将质量低劣的产品说成优质产品。所谓故意隐瞒真实情况是指行为人有义务向它方告知真实情况而故意不告知。合同双方负有重要事实的告知义务。第一，财产状况、履约能力等方面的告知义务，即在订约时，一方应当向对方如实告知其财产状况、履约能力等，不能吹嘘扩大自己的履约能力。第二，瑕疵告知义务。出卖人应将标的物的瑕疵告知对方，不得故意隐瞒产品瑕疵。尤其是对于隐蔽瑕疵，必须向对方如实告知。第三，性能和使用方法的告知义务，即出卖人应向买受人明确告知产品的性能、适用方法、标的物的状况等。在订约过程中，一方当事人故意隐瞒上属于订立合同有关的重要情况，或提供虚假情况，构成缔约过失，应承担缔约过失责任。

(3) 违反保密义务

此处的"密"特指商业秘密。在谈判磋商阶段，由于缔结合同的需要或相互之间的信赖关系，一方可能知晓对方的一些技术信息与经营信息，若上述信息符合反不正当竞争法对商业秘密的界定，属于商业秘密的话，缔约方即不得将之公开或为自己之利益使用该信息。违反保密义务并给对方造成损失的，应承担缔约过失责任。商业秘密是社会发展构成中的重要社会财富，世界各国对其的保护均有具体规定，我国《刑法》以及《反不正当竞争法》以及国务院的相关行政法规及部门规章对于商业秘密的保护均有规定。在此背景下，《合同法》将商业秘密的保护纳入到缔约过失责任的范畴，自然有其合理性。但是"合同未成立，仍旧须依《合同法》承担损害赔偿责任，这在一般人看来是说不通的，因而直至 1998 年 12 月之前的诸草案中，也并无此说。但毕竟国际上多年的贸易活动（尤其是技术秘密的贸易活动）已把这种责任作为惯例，这种管理多年前已于国外专著及国际组织文件中，并被介绍到中国，在这种背景下《合同法》最后接受了这种看似违背常理，却又是保护商业秘密必不可少的规定。"[1] 将该规定纳入缔约过失责任的范畴有两方面原因。从实践的角度讲，我国的合同订立过程中，关于商业秘密泄露的情况较为严重；从理论上讲，在缔约过程中，双方的信任度增加，由于信任，一方不可避免的向另一方公开某些秘密，此时心中有一些预期，即对方不会将该秘密向第三人公开。当事人的这种正当的预期应受保护。因此这条规定的立法目的在于，"首先保护当事人的正当和善良的心理；其次，也在于否定尔虞我诈，以期善良风俗的形成；最后，在于保护正当的交易关系能够正常进行。"[2]

(4) 其他违背诚实信用原则的行为

除上述三种情况以外，在实践中还存在其他违反诚实信用原则的缔约

---

① 郑成思：《知识产权法：新世纪初的若干研究重点》，法律出版社 2003 年版，第 98—99 页。

② 李国光主编：《合同法解释与适用》，新华出版社 1999 年版，第 186 页。

过失的行为。这主要表现在：

其一，违反初步的协议或许诺。如果双方在协商过程中，已就合同的主要条款达成初步的意向，但双方并未以书面形式记载下来并在上面签字，而依据法律和合同的规定需要以书面合同的形式达成，或者依据法律或合同的规定该合同依法需要报请批准，或者一方要求签订确认书等，在此期间，合同虽未成立，但双方已建立信赖关系，如一方因其过失违反了对另一方作出的允诺，破坏了信赖关系，则应承担缔约过失责任。其二，违反有效的要约邀请。要约邀请为事实行为，发出要约邀请的时间仍处于缔约过程中。在特殊的情形下，要约邀请的内容足以使相对人产生一定的信赖，相对人为此发出要约并支付了一定费用，若因为邀请人的过失或恶意行为致相对人损失，应负缔约过失责任。其三，要约人违反有效要约。我国合同法允许要约人撤销要约，但要约人在下列情况下不得撤销要约。第一，要约人确定了承诺期限或者以其他形式明示要约是不可撤销的。第二，受要约人有理由认为要约是不可撤销的，并已经为履行合同做了准备工作。除这两种情况，要约人不得撤销要约外，其他情形下，如果要约生效后，要约人撤销要约给相对人造成损失的，应当承担缔约过失责任。其四、合同无效和被撤销。我国《合同法》第58条规定："有过错的一方应当赔偿对方因此所受到的损失，双方都有过错的，应当各自承担相应的责任。"该条并没有指出损害赔偿责任的请求权基础。然而确定请求权基础是必要的，因为不同的请求权基础损害赔偿的范围是有差异的，如果是缔约过失，则涉及的是信赖利益的赔偿，如果是侵权行为，则涉及的是赔偿全部实际损失，如果是合同上的违约责任，则可能涉及履行利益的问题。其五，违反强制订约义务。《合同法》第289条关于公共运输规定从事公共运输的承运人有强制缔约义务，在违反强制缔约义务而拒绝承载旅客时，由于此时合同并未成立，此时仍有可能发生缔约过失责任，因为，此时仍处于缔约阶段，且当事人信赖利益受到损失。因为强制缔约义务的存在，使得一方当事人信赖缔约是正当的，因信赖对方要缔约而支付的各种费用，完全可以根据缔约过失责任要求赔偿。在这些情况下，行为人违反了诚实信用原则，造成他人信赖利益损失，构成缔约过失，依法应负缔约过失责任。

3. 未违反先合同义务一方遭受损失

这里讲的损失主要是指信赖利益的损失。所谓的信赖利益，它是指由于一方当事人先前的予信行为导致相对人产生合理的信赖，因法律承认并保护这一信赖而获得的有利状态。如果予信行为人故意或因疏忽而破坏该信赖时，将承担由此导致的对方损失的赔偿。

（四）缔约过失责任的赔偿范围

缔约过失责任的赔偿范围涉及两个问题，第一就是赔偿的损害应是信赖利益的损害还是履行利益的损害；第二个问题是如果是信赖利益的损害，是否以不超过履行利益为限。

在缔约过失责任中，应当以信赖利益作为赔偿的基本范围。信赖利益的损失限于直接损失，这里的直接损失是指因信赖合同的成立和生效所支出的各种费用，具体包括：①订约费用；②履约费用；③因支出上述费用所支付的利息。应当指出的是，各种费用的支出必须是合理的而不是受害人所任意支出的。所谓合理，是指受害人应当谨慎合理地支付各种费用。只有合理的费用才和缔约过失行为有因果联系，并且应当有行为人承担赔偿责任。这是"因为契约并未成立，故当事人不可能发生履行利益。盖契约之成立，究应由当事人互相表示意思一致而后可，是为契约自由原则之意旨所在，既未成立契约既无所谓如能成立即可获得之利益可言，从而信赖契约能成立所受之损害系指信赖利益者损害。"[1] "一般言之，被害人得请求的，系若无加害行为时，其所处的状态，故应以信赖利益为原则。"[2] "在缔约过失责任中，应当以信赖利益作为赔偿的基本范围。"[3] 从上可以看出，缔约过失责任赔偿范围限于信赖利益的损失应当是学术界的通说。对于第二个问题而言，即信赖利益是否应当以不超过履行利益为限，学者之间有不同的观点，"对于信赖利益的损失，违反先合同的缔约方应当给予赔偿，但通常情况下，赔偿数额以不超过履行利益为限。"[4] "一般言之，被害人得请求的，系若无加

---

① 孙森焱：《民法债编总论》（下册），法律出版社 2006 年版，第 572 页。
② 王泽鉴：《民法学说与判例研究》（第一册），中国政法大学出版社 2005 年版，第 95 页。
③ 王利明：《合同法研究》（第一卷），中国人民大学出版社 2002 年版，第 342 页。
④ 房绍坤、郭明瑞、唐广良：《民商法原理（三）》，中国人民大学出版社 1999 年版，第 303 页。

害行为时，其所处的状态，故应以信赖利益为原则；至其范围，应视违反义务的态样及侵害行为而有不同。若因违反保护义务，侵害相对人身体健康或所有权，而此种情形亦可认为得构成契约上过失责任时，则加害人所应赔偿的，系被害人于其健康或所有权所受一切损害，即所谓维持利益，而此可能远逾，从而不发生以履行利益为限的问题，若加害人所违反者，系信赖义务，例如未适当阐明或告知致他方支出无益费用，加害人所应赔偿的，亦不以履行利益为限度。此为德国学术界通说。"[1]"信赖利益之损害如超过履行利益之损害者，赔偿责任应当以履行利益额为限，盖契约纵经当事人合意而成立，其所得利益亦以履行利益为限，于契约不成立时，他方当事人的请求赔偿之损害额，亦以此金额为限，始属合理。台湾多数学者持此见解。"[2] 可见，在缔约过失责任中，应当以信赖利益作为赔偿的基本范围，但是对于信赖利益是否以履行利益为限，学界则存在争议。

---

[1]　王泽鉴:《民法学说与判例研究》(第一册)，中国政法大学出版社 2005 年版，第 95 页。

[2]　孙森焱:《民法债编总论》(下册)，法律出版社 2006 年版，第 572 页。

第 十 章

合同的效力

一、合同效力概述

（一）合同效力的概念

合同的效力，又称合同的法律效力，它是指已成立的合同将对合同当事人乃至第三人产生的法律后果。

合同的效力是法律对当事人的合意进行评价的结果，体现了法律的强制作用。如果当事人的合意符合法律的规定而依法成立，则合同生效。《合同法》第44条规定："依法成立的合同，自成立时生效。"合同是否成立取决于当事人是否就合同的必要条款达成合意，而合同是否生效即是否产生法律效力，则取决于其是否符合法律规定的生效条件。也就是说，当法律对当事人的合意予以肯定性评价时，会发生当事人预期的法律后果，即合同有效；如果法律对当事人的合意给予全部否定性评价时，则发生合同绝对无效的法律后果；如果法律对当事人的合意给予相对否定性评价时，则发生合同可撤销或效力待定的法律后果。这些不同的后果均属于合同效力的范畴，是合同效力的不同状态。

（二）合同效力的表现形式

合同效力的表现形式，是指合同成立后对当事人所产生的法律后果。

并非所有成立的合同都具有法律约束力。已经成立的合同，根据不同的情况，可能出现以下几种结果：一是有效合同；二是无效合同；三是可撤销合同；四是效力待定合同。其中，可撤销合同是相对无效合同。对于已经成立但欠缺某些生效要件的效力待定合同，则应区别对待其效力，经过补正，符合法定生效要件的效力待定合同，属于有效合同；反之，则是无效合同。可见，已经成立的合同，最终在合同的效力上只产生两种法律后果，即有效和无效。

合同生效后便受到法律的保护，其法律效力主要体现在以下几方面：(1) 双方当事人之间约定的民事权利和义务得到法律的承认，当事人应当按照合同要求全面履行合同义务，同时依法享有合同的各项权利，如请求给付权、抗辩权等。

(2) 当事人非经协商或依法律规定，不得擅自变更、解除合同。

(3) 当事人违反合同义务时应依法承担违约责任。

对于无效合同、被撤销的可撤销合同和已经成立但欠缺某些生效要件又没有经过补正的效力待定合同，由于不符合法定生效要件，从订立时起就不具有法律效力。当事人在这些合同中所约定的权利和义务，不受法律保护，对双方当事人都没有法律约束力。

（三）合同生效的时间

依《合同法》第44条的规定，依法成立的合同，自成立时生效，但在下列情形下除外：

(1) 法律、行政法规规定应当办理批准、登记等手续生效的，自依法办理批准、登记等手续时生效。

(2) 附条件和附期限合同的生效时间问题。《合同法》第45条规定，当事人对合同的效力可以约定附条件。附生效要件的合同，自条件成就时生效。附解除条件的合同，自条件成就时失效。当事人为自己的利益不正当地阻止条件成就的，视为条件已成就；不正当地促成条件成就的，视为条件不成就。《合同法》第46条规定，当事人对合同的效力可以约定附期限。附生效期限的合同，自期限届至时生效。附终止期限的合同，自期限届满时失效。

（3）当事人之间存在采取特定形式或履行特定手续时合同才生效的特别约定时，自采取特定形式或履行特定手续时合同生效。当事人未采取特定形式或履行特定手续，但一方当事人已经履行主要义务，对方接受的，根据合同的特别成立规则，合同自依法成立时生效。

二、合同的生效要件

合同的生效要件，是指合同能够产生法律约束力并为法律所保障而必须具备的条件，在当事人双方达成合意之后，法律对当事人的合意进行法律上的评价。这种评价以合同的生效要件作为标准。对符合生效要件的合同，赋予当事人的合意以法律效果，对不符合生效要件的合同，则区分情况，分别按无效、可撤销或效力待定加以处理。

根据《民法通则》以及合同法的有关规定，合同的一般生效要件包括：①订立合同的当事人应该具有相应的民事行为能力；②意思表示真实；③合同不违反法律或者社会公共利益；④合同必须具备法律要求的形式。

（一）订立合同的当事人应具有相应的民事行为能力

所谓民事行为能力，是指当事人通过自己的行为取得民事权利、承担民事义务的能力。在民事活动之中，行为能力主要表现为作出意思表示的能力。因此，行为人是否具备正确理解自己的行为性质和后果、独立地表达自己的意思的能力，是法律上判断是否授予其相应的行为能力的基本前提。具体到合同法领域，民事行为能力表现为缔约能力，它是指直接以自己的行为订立合同并受合同约束的能力。是否承认当事人的缔约能力，主要的考虑标准在于当事人是否具备正确理解其缔约行为的性质和后果并受到合同关系约束的能力。民事行为能力是民事主体通过自己的行为取得和行使民事权利、设定和履行民事义务的资格。行为能力乃能独立为法律行为的能力。行为能力有广义与狭义两种含义，广义的行为能力，包括得为适法行为的能力也即法律行为及准法律行为的能力，以及得为违法行为的能力也即债务不履行及侵权行为的能力（责任能力）。狭义的行为能力则仅指得为适法行为的能力，也即得为法律行为及准法律行为的能力，又称为"法律行为能力"。所谓行为能力，一般指狭义的行为能力而言。①

需要注意的是行为能力与身份行为的关系。有关行为能力的一般规定，主要适用于财产行为，身份行为则不能完全适用；基于公益上的考虑，并且尽量减少身份行为无效的情形，因此身份法的行为能力常有特别的规定，学理上称为"特别行为能力"。② 例如，订婚能力、结婚能力。

行为能力制度之功能有二：保护意思能力不足之人；保障交易至安全。③ 行为能力须以意思能力为前提。欠缺意思能力的人的行为不能发生法律上的效力，其目的在于保护欠缺意思能力的人。主张欠缺意思能力而不发生法律效果者，需证明行为时不具有完全的意思能力，此项举证责任实际上并不容易。为了避免举证上的困难，民法特别规定行为能力的有无，以年龄为一般的抽象标准，将行为能力标准化，一方面保护无行为能力人的利益，一方面减少无行为能力制度在社会交易上所生的不便。④

《合同法》第 9 条规定："当事人订立合同，应当具有相应的民事权利能力和民事行为能力。"这一规定与《民法通则》关于法律行为有效要件的规定相对应。根据《合同法》的规定，能够成为合同当事人的民事主体包括自然人、法人和其他组织。它们在成为合同主体时，都应当具备相应的缔约能力。合同法在这一基础之上形成了严密的缔约能力规则体系。

1. 自然人的缔约能力

根据《民法通则》的规定，年满 18 周岁的人，如不属于不能辨认自己行为性质的精神病人，则是具有完全行为能力的自然人。16 周岁以上不满 18 周岁的自然人，以自己的劳动收入为主要生活来源的，视为完全行为能力人。完全行为能力人具有完全的民事行为能力，可以自主进行民事活动。完全行为能力人具有完全的缔约能力。

10 周岁以上的未成年人和不能完全辨认自己行为性质的精神病人，是限制民事行为能力人，只能进行与其年龄、智力和精神状况相适应的民事活动；其他民事活动必须由其法定代理人代理，或者征得其法定代理人的同

① 施启扬：《民法总则》，中国法制出版社 2010 年版，第 79 页。
② 施启扬：《民法总则》，中国法制出版社 2010 年版，第 83 页。
③ 林诚二：《民法总则》（上册），法律出版社 2008 年版，第 141 页。
④ 施启扬：《民法总则》，中国法制出版社 2010 年版，第 82 页。

意。限制民事行为能力人的缔约能力也受到限制。根据《合同法》第47条的规定，限制行为能力人只能订立与其年龄、智力、精神状况相适应的合同。在这一范围之内，不必经过其法定代理人的追认便可以有效。对于那些不能完全辨认自己行为性质的精神病人，由于缺乏正常的认识能力和判断能力，不能完全理解自己的行为的性质和法律后果，因此只能实施一些与其精神健康状况相适应的民事活动，其他民事活动由其法定代理人代理，或者在征得其法定代理人的同意后方能实施。总之，限制行为能力人只具有限制的缔约能力。

10周岁以下的未成年人和完全不能辨认自己行为性质的精神病人是无行为能力人，一般不能自主进行民事活动，而必须由他的法定代理人代理进行民事活动。无行为能力人不具有缔约能力。

需要注意的是行为能力不得抛弃。行为能力系为保护能力薄弱之人，倘容许其以一己的意思，予以全部或一部的抛弃，将使其不能依其意思享受权利、负担义务，而影响社会生活，影响其人格的发展。民法关于行为能力的规定，均具强行性，废除或限制行为能力的意思表示或约定应属无效。①

自然人签订合同，原则上须有完全行为能力，限制行为能力人和无民事行为能力人不得亲自缔约，由其法定代理人代为签订，但有如下例外：①可独立签订接受奖励、赠与、报酬等纯获利益，或被免除义务的合同；②限制行为能力人可以签订与其年龄、智力和精神健康状况相适应的合同；③可独立签订日常生活中的格式合同或事实合同，如利用自动售货机、乘坐交通工具、进入游园场所；④签订处分自由财产的合同，如学费、旅费等由法定代理人预定使用目的的财产和处分；⑤其他征得法定代理人同意的合同。②

值得探讨的是，电子合同的签订是否需要当事人具有相应的行为能力。有学者指出，电子合同的签订通过网络的虚拟市场进行，当事人之间大多互不谋面，有无相应的行为能力，不易查考，硬要调查清楚，成本高昂，消磨掉了电子合同的优势。有鉴于此，越来越多的专家学者主张，当事人及其法

---

① 王泽鉴：《民法总则》，中国政法大学出版社2001年版，第121页。
② 崔建远：《合同法总论》（上卷），中国人民大学出版社2008年版，第253页。

定代理人不得以欠缺相应的行为能力为由影响合同的效力。在这方面在，中国台湾地区的"电信法"规定，无民事行为能力或限制行为能力的人使用电信，对于电信事业，视为有行为能力（第 9 条）。这具有合理性，值得我们采纳。①

2. 法人的缔约能力

法人的民事行为能力与对法人本质的认识具有紧密的关系。若采法人拟制说者，因法人之人格系有法律所拟制的，故法人无意思能力，又因行为能力系以意思能力为基础，是主拟制说者，只能依据代理之法理，由董事来代理法人行使权利及履行义务，使代理行为之效力及于法人。若采社会组织体说，因组织体具有意思能力，当然有行为能力，所以采代表说，由董事就法人一切事务，对外代表法人。②

根据法人拟制说的理论是不承认法人有行为能力的，但在现代，法人实在说为通说，承认法人也具有民事行为能力。然而，民事行为能力是以意识能力为根据的，而法人作为一个社会组织，是不可能如同自然人一样的具有意识能力，所以法人的民事行为能力与自然人的行为能力不同。法人的民事行为能力，既不能如同自然人那样区分为完全民事行为能力、限制民事行为能力和完全民事行为能力，也不能如同自然人那样以其意识能力判断之。法人是通过法定代表人为其行为的，也就是说法人的民事行为能力是通过法定代表人来行使的。

法人的法定代表人是法人的机关，对外代表法人，法人代表人的行为也就是法人的行为。但是法人的法定代表人又是一个自然人，可以自己的名义进行民事活动，因此并非其实施的一切行为都是法人的行为，只有其以法人的名义、代表法人实施的行为，才能为法人的行为。当然，法人的民事活动并非完全是由法定代表人进行的，法人也可由其代理人实施民事行为。但是代理人代理法人实施民事行为的，须由法人即法定代表人的授权，而法定代表人为法人的行为时，则不需另行授权。代理人代理法人为民事行为的，适用代理的规定；而对于法定代表人代表法人所为的民事行为，则不能适用

---

① 崔建远:《合同法总论》（上卷），中国人民大学出版社 2008 年版，第 253 页。

② 林诚二:《民法总则》（上册），法律出版社 2008 年版，第 194 页。

关于代理的规定。法人通过法定代表人进行民事活动也好，通过代理人进行民事活动也好，其所实施的行为也只有在其具有相应的民事行为能力即在民事行为能力的范围内，才能是有效的。因为法人虽皆是具有完全民事行为能力的，但法人的民事行为能力却不具有一致性，也就是说，并不是所有的法人的民事行为能力都是相同的，所以就法人实施的民事行为来说，也有一个行为人是否具有相应的民事行为能力问题。

法人的分支机构，在得到法人书面授权后，可以自己的名义签订合同。合伙企业、筹备中的法人等其他组织有资格独立签订合同。

3. 其他组织的缔约能力

法人之外的其他组织也可以成为合同的主体，这种组织通常被称为非法人组织。具体说，指的是不具有法人资格但可以自己的名义从事民事活动的组织，又称为非法人团体，如法人的分支机构、合伙等。在我国学说上将非法人组织分为三类：非法人企业、非法人经营体、非法人公益团体。非法人团体不具有独立承担民事责任的能力，在非法人组织不能清偿债务时，应由设立该组织的法人或者合伙人、投资人等负责。

至于那些未领取营业执照的其他组织，如车间、企业的部门，不得以自己的名义独立从事民事活动，而只能以法人的名义订约，因此不具有独立的缔约资格。

（二）意思表示真实

所谓意思表示，是指行为人将其所欲产生、变更、终止民事权利和民事义务的意思表达于外部的行为。意思表示一般包括效果意思和表示行为两个组成部分。效果意思是表意人内心所欲发生一定法律效果的意思；表示行为则是表意人将其内心效果意思表达于外部的行为。意思表示真实是指表意人的表示行为应当真实地反映其内心的效果意思，也即效果意思与表示行为相一致。根据意思自治原则的要求，当事人只能受其真实的意思表示的约束。所以法律只承认当事人真实的意思表示，并赋予其法律上的约束力。这反映在合同法上，当事人意思表示真实即成为合同的有效要件之一。

在大多数情况下，行为人通过表示行为表达于外部的意思与其内心真实意思是一致的，但有时也会出现行为人表达于外部的意思与其内心真实的效果意思不相符的情况，这就产生了意思表示不真实的情形。根据意思表示不真实产生的原因，可将其分为内心效果意思与外部表示意思不一致和不自由的意思表示。前者是指由于表意人自己的故意或者过失所造成的内心效果意思与外部表示意思之间的不一致。这种不一致没有受到外力因素的影响，而是产生于表意人自己的行为。不自由的意思表示是指虽然表意人的表示行为与内心效果意思一致，但这种一致并不是表意人自愿作出的，而是他人不正当干涉的结果。因此，表意人的效果意思不是表意人真实的效果意思。根据意思自治原则，当事人不受不自由的意思表示的约束。因此，不自由的意思表示是无效或者可撤销的。

　　总之，无论是意思与表示不一致，还是不自由的意思表示，都属于意思表示不真实的情形，此时不能仅以行为人表示于外部的表示意思为根据，而不考虑行为人的内心真实的效果意思。意思表示不真实使得合同不能正常产生法律效力。不真实的意思表示对合同效力的影响，要根据具体情况而确定。一般来说，如果当事人所作出的意思表示违反了法律的强行性规定和社会公共利益，则应当认定此种意思表示无效。但如果不真实的意思表示不具有违反现行法律强行性规定和社会公共利益的内容，那么原则上应将此种意思表示不真实的合同作为可撤销的合同对待，这样更有利于保护相对人的利益，维护交易的安全。

（三）不违反法律或者社会公共利益

　　从法律上看，合同之所以能产生法律效力，就在于当事人的意思表示符合法律的规定。合同作为当事人自由协商订立的产物，不仅要反映当事人的意志还要受到强制性法规的合法性审查。这是当事人订立的合同受法律确认和保护的前提条件。只有那些目的和内容符合法律的强制性规定的合同才能够得到法律的认可和保障，反之，那些目的和内容违反法律规定的合同不仅得不到法律的认可和保障，还会发生当事人承担法律责任的问题。

　　我国合同法对合同当事人的合同自由的限制包括两个方面，一是合法性要求，这表现在当事人订立的合同不得违反法律。这里的"法律"是指一切对合同当事人具有强制性效力的法律法规。它不仅包括全国人大及其常委会通过的法律，也包括国务院颁发的各种行政法规。在合法性要求之外，我国合同法还通过公序良俗原则来对当事人的合同自由进行限制。这表现在违反公共利益的合同无效这一制度之上。《合同法》第7条规定："当事人订立、履行合同，应当遵守法律、行政法规，尊重社会公德，不得扰乱社会经济秩序，损害社会公共利益。"公序良俗原则实际上是对合同合法性原则的补充。

（四）合同必须具备法律要求的形式

当事人可以依法选择合同的形式，但如果法律对合同的形式作出了特殊规定，当事人则必须遵守法律的规定。《合同法》第44条第2款规定："法律、行政法规规定应当办理批准、登记等手续生效的，依照其规定。"换言之，有些合同的生效除了具备一般生效要件外，还应当具备法律、法规规定的特殊条件才能生效。

三、合同欠缺生效要件的法律后果

尽管合同是当事人的合意，反映了当事人的目的，但该合同只有在不违反法律要求时才具有法律效力，才受法律保护。当合同存在违反法律要求的因素时，法律就会作出不同程度的否定性评价，或不让合同径行生效，或令其当然无效。合同的生效要件就是法律对合同生效的基本要求，如果合同欠缺合同的生效要件，合同的效力就会受到影响。《合同法》将合同欠缺生效要件的法律后果分为三种类型：无效合同、可撤销合同及效力待定合同。根据《合同法》第58条和59条的规定，合同无效或者被撤销后，因该合同取得的财产，应当予以返还；不能返还或者没有必要返还的，应当折价补偿。有过错的一方应当赔偿对方因此所受到的损失，双方都有过错的，应当各自承担相应的责任。当事人恶意串通，损害国家、集体或者第三人利益的，因此取得的财产收归国家所有或者返还集体、第三人。

（一）无效合同

1. 无效合同的概念与特征

无效合同，是指合同虽然已经成立，但因欠缺法定生效要件而受到法律的否定性评价，自始不具有法律效力的合同。无效合同具有以下特征：

（1）合同已经成立

合同成立与合同生效是两个不同的概念。即使合同成立，如果不符合合同的生效要件，该合同也不产生法律效力。合同成立是判断合同是否有效的前提，合同不成立，则无所谓合同效力问题。

（2）合同具有违法性

无效合同的违法性，表示此类合同不符合国家意志或立法目的，当事人所表现的个人意志与国家意志相冲突。因此，无效合同不受法律保护，不能产生当事人预期的法律后果。

（3）合同自始无效

自始无效是指无效合同从订立时起就没有法律约束力，以后也不可能转化为有效合同。由于无效合同从本质上违反了法律规定，不符合社会公共利益，因此它不仅不受法律保护，而且对当事人也没有约束力。这主要表现在以下两个方面：一方面，当事人在订立无效合同后，不需依合同实际履行，也不承担不履行合同的违约责任；另一方面，如果当事人已履行或部分履行了合同义务，对于已经履行的部分，应通过返还财产、赔偿损失等措施使当事人的财产关系恢复到合同订立前的状态。

（4）合同绝对无效

由于合同的无效是由合同的违法性决定的，因此，无效合同是法律禁止订立的合同，它不能得到法律的承认和保护。无效合同的认定无需当事人请求，人民法院或仲裁机构可以主动审查。对于无效合同采用绝对不保护原则，当事人也不能请求承认其效力而使其变为有效合同。

2. 无效合同的情形

《合同法》第52条规定："有下列情形之一的，合同无效：（1）一方以欺诈、胁迫的手段订立合同，损害国家利益；（2）恶意串通，损害国家、集体或者第三人利益；（3）以合法形式掩盖非法目的；（4）损害社会公共利益；（5）违反法律、行政法规的强制性规定。"据此，在出现上述情形时，导致合同绝对的整体无效。

（1）一方以欺诈、胁迫的手段订立合同，损害国家利益

所谓欺诈，是指以使他人陷于错误并基于该错误而为意思表示为目的，故意陈述虚假事实或者隐瞒事实情况的行为。判断某一行为是否构成欺诈，

主要考虑是否具备以下四方面要件：①客观上欺诈行为的存在；②欺诈人有欺诈故意；③受欺诈人因欺诈而陷于错误；④受欺诈人因该错误而为意思表示。由于受欺诈人基于他人的错误信息而作出意思表示，所以其意思表示不反映其真实的内心意思，意思表示存在瑕疵。

所谓胁迫，是指一方向对方当事人表示施加不法的侵害，使其发生恐惧，并使其基于这种恐惧而为一定意思表示的行为。胁迫的构成需要存在胁迫行为、胁迫人有胁迫的故意、受胁迫人因胁迫而发生恐惧、受胁迫人因恐惧而为意思表示、胁迫人所表示施加危害系属违法或不当等构成要件。被胁迫人在受到胁迫的情况下做出的意思表示属于不自由的意思表示，不反映其真实的意思。在这种情形之中产生的合意显然也存在瑕疵。

（2）恶意串通，损害国家、集体或者第三人利益

这一无效的原因包括了主观和客观两个方面的因素。就主观因素而言，表现为当事人恶意串通，希望通过订立合同损害国家、集体或者第三人的利益。这种串通既可以是明示的串通，表现为双方当事人事先达成协议，互通声息，也可以是默示的由一方当事人做出意思表示，对方当事人明知其意图而默示接受。具有这种主观上的串通之后，在具体行为上它可以是双方当事人分工配合，也可以是双方共同实施某一行为。就客观因素而言，合同必须损害国家、集体或者第三人的利益。这种串通所导致的利益的侵害既可以是导致国家、集体或者第三人既有利益的损失，也可是侵害消极利益，即导致受害者应该增加的利益没有得到增加。

（3）以合法形式掩盖非法目的

以合法形式掩盖非法目的是指当事人订立的合同在形式上是合法的，但订立合同的目的，以及合同的内容违法。在这样的情况下，合同不过成为当事人实现非法目的的工具。构成这一无效原因必须存在一个实质上的违法行为。但是，这一违法行为被进行了合法的伪装。

（4）损害社会公共利益

私人之间的活动不得损害社会公共利益是一项基本的私法原则。在私人利益与社会公共利益发生冲突时，优先保护公共利益是一项基本的价值判断。公共利益作为一个内涵不确定的范畴，它的主要内容体现在公序良俗原则之中。

（5）违反法律、行政法规的强制性规定

私人之间的约定不得改变法律的强制性规定来源于法律渊源效力等级的基本要求。这里所说的法律，是指所有具有强制效力的规范性法律文件。它包括了对合同的当事人适用的法律和行政法规之中的所有强制性规范，而法律、行政法规则指全国人民代表大会及其常务委员会颁布的法律中的强行性规范，以及国务院颁布的行政法规中的强行性规范。从合同自身看，指缔约目的、合同内容违反了强行性规范。

（二）可撤销合同

1. 可撤销合同的概念和特征

可撤销合同，是指合同欠缺一定生效要件，其有效与否取决于有撤销权的一方当事人是否行使撤销权的合同。享有撤销权的一方当事人是撤销权人。

可撤销合同具有如下特征：

（1）可撤销合同主要是意思表示不真实的合同，如因重大误解而成立的合同、因欺诈而成立的合同、因胁迫而成立的合同等。合同法把因欺诈、胁迫而成立的合同分为两种不同的类型，将其中具有"损害国家利益"因素的合同规定为无效合同，而将其他的具有欺诈和胁迫性质的合同规定为可撤销合同。

（2）可撤销合同在未被撤销以前，仍然有效。合同存在可撤销原因的，仍然产生法律效力。但是，如果撤销权人行使撤销权，则合同自始无效，如果撤销权人不行使撤销权，合同的效力正常继续，同时，可撤销的合同经变更后，即成为完全有效的合同。所以，可撤销合同既不同于有效合同，也不同于无效合同。可撤销合同既存在变成有效合同的可能性，也存在变成无效合同的可能性。

（3）对可撤销合同的撤销，要由撤销权人通过行使撤销权来实现。但撤销权人是否行使其撤销权由其自主决定。这也是它与无效合同的不同之处，合同存在无效原因的，自始当然无效，当事人不得主张其效力并进行履行行为。可撤销合同则赋予了撤销权人的选择自由，可以不行使撤销权从而使合同继续有效，也可以行使撤销权使合同自始归于无效。

2.可撤销合同的类型

根据《合同法》第54条规定，可撤销合同包括以下的类型：

（1）因欺诈、胁迫而订立的合同

欺诈、胁迫属于当事人之间合意的瑕疵，应该赋予受到欺诈、胁迫的当事人一方以决定权。所以，在合同法之中，作为一般规则因欺诈、胁迫而成立的合同为可撤销合同。撤销权由受到欺诈和胁迫的一方当事人行使。但是，在特殊的情形下，即一方以欺诈、胁迫的手段订立合同，损害国家利益时合同无效。这种情况下的无效，并非由于意思表示的瑕疵，而是由于该合同损害国家利益，后者是决定性的因素。欺诈是一种严重背离诚实信用原则的行为。所以1993年通过的《消费者权益保护法》第49条针对经营者的欺诈行为要实行惩罚性损害赔偿制度。2013年修订的《消费者权益保护法》进一步发展了惩罚性损害赔偿制度。该法第55定："经营者提供商品或者服务有欺诈行为的，应当按照消费者的要求增加赔偿其受到的损失，增加赔偿的金额为消费者购买商品的价款或者接受服务的费用的三倍；增加赔偿的金额不足五百元的，为五百元。法律另有规定的，依照其规定。经营者明知商品或者服务存在缺陷，仍然向消费者提供，造成消费者或者其他受害人死亡或者健康严重损害的，受害人有权要求经营者依照本法第四十九条、第五十一条等法律规定赔偿损失，并有权要求所受损失二倍以下的惩罚性赔偿。"

（2）乘人之危的合同

所谓乘人之危，是指一方当事人故意利用他人的危难处境，迫使他方订立的对其极为不利的合同。乘人之危的特点在于一方利用他方的危难处境，而非主动实施胁迫行为。乘人之危的构成要件为：①他方陷于危难境地；②一方当事人故意利用他方的危难处境；③陷于危难之中的一方当事人迫于自己的危难处境接受了极为苛刻的条件，不得已与利用其危难境地的一方订立了合同；④乘人之危的结果导致合同权利义务分配上的显失公平。

（3）因重大误解订立的合同

所谓重大误解，是指误解人在做出意思表示时，对涉及合同法律效果的重要事项存在着认识上的显著缺陷，其后果是使误解人受到重大损失，以至于根本违背当事人订立合同的目的。构成重大误解，一般需要具备以下条件：重大误解与合同的订立或合同条件存在着因果关系；误解是合同当事人自己的误解；误解必须是重大的；当事人不愿承担对误解的风险。①

一般认为，重大误解包括以下类型：①对合同性质的误解，如误以出租为出卖，误以借贷为赠与。②对方当事人的误解，如把甲误认为乙而与之订立合同。在信托、委托、保管、信贷等以信用为基础的合同中，在赠与、无偿借贷等以感情及特殊关系为基础的合同中，在演出、承揽等以特定人的技能为基础的合同中，对当事人的误解为重大误解。③对标的物品种、质量、规格的误解，如以临摹作品当作真迹，以轧钢机为轧铝机而购买。④对标的物的数量、包装、履行方式、履行地点、履行期限等内容的误解如果给误解人造成重大损失时，也构成重大误解。

一般来说，构成重大误解的因素必须与合同的内容有关。合同内容以外的事项不构成误解的对象。因此当事人对订立合同的动机的误解一般不属于对合同内容的误解，也不构成导致合同可撤销的事由。在一般情况下，误解人的动机如何，在它未作为合同条件提出时，外人难以了解，法律也无法作出评价。因此，动机的误解原则上不视为内容的误解。但是，如果当事人把动机作为合同条件提出来的话，它即成为合同的内容的组成部分之一，在这种情况下，对动机的误解可以看作是对合同内容的误解，在给误解人造成较大损失时，构成重大误解。

重大误解之中的当事人的意思表示与真实意思的不一致是表意人自身的原因所导致的，所以，法律在承认重大误解的当事人可以行使撤销权的同时，也保护相对人的正当利益。"重大误解，是一种可原谅、可宽宥的错误，因此，《合同法》规定了撤销权；为防止交易关系长期处于不稳定的状态，《合同法》又规定了撤销权的消灭。可宽宥性在于：首先，重大误解，一般是双方误解，有时，一方的误解是另一方误解的原因，或者一方的过失性误述是另一方误解的原因。既然如此，重大误解就不是只考虑一方的救济措施。其次，单方误解在另一方已知或应知时，才构成重大误解。在对主体身份产生错误时，也建立在另一方已知或应知的基础上。笔者认为，如果另一方没有任何理由知道或应当知道对方的误解，那么不应当认为是重大误解，

---

① 隋彭生：《关于合同法中"重大误解"的探讨》，《中国法学》1999 年第 3 期，第 106—107 页。

否则合同难有稳定性可言。再次，过错一方要承担对方因变更、撤销合同带来的损失，重大误解只是要求变更、撤销合同的理由，并非免责的理由。从以上分析来看，重大误解是具有"合理性"的，与漠不关心难以等同。基于法律的公正价值目标，对误解者给予适当的保护还是有必要的。"[①] 如果合同由于一方过错导致的重大误解而被撤销，对方当事人因此受有损失的，误解人应该承担缔约过失责任，赔偿对方当事人的损失。

（4）显失公平的合同

显失公平，是指在双方当事人达成的合同关系中，权利义务的配置明显不平等，使一方处于重大不利的境地。显失公平的基本构成要件为：①双方当事人的权利义务明显不对等；②这种不对等违反公平原则，超过了法律允许的限度。

显失公平制度虽然确认了国家在特殊的情况下干预当事人实体公平的判断的权力。但是这种干预也应该受到严格的限制，以避免侵犯当事人意思自治的权利和破坏合同的法律约束力。在判断当事人达成的合同是否存在显失公平，除了根据其基本构成要件进行判断之外，还应该根据合同涉及的具体情况进行判断。从合同当事人的状况来看，对于职业从事市场交易的人员，这种认定应该从严。某次交易的损失，不过是其应该承担的职业风险而已。从合同所涉及的利益对当事人的意义来看，对于生活利益的保障应该优先于商业利益的保护。总之，认定合同是否显失公平应该从严，并在认定之中贯彻该制度的立法精神。

3. 可撤销合同的撤销权及其行使的方法

撤销权，是指撤销权人依其单方的意思表示使合同等法律行为溯及既往地消灭的权利。撤销权在性质上属于形成权。

撤销权的行使，根据《民法通则》第 59 条第 1 款以及《合同法》第 54 条第 1 款的规定，撤销权人必须通过诉讼方式，请求人民法院或仲裁机构予以变更或者撤销。据此规定，可撤销合同的撤销并不能通过拥有撤销权的一方当事人向对方通知撤销合同的意思表示而加以撤销，而是必须由当事人向法院或仲裁机构提出请求，由法院或仲裁机构审查是否确实符合可撤销合同

[①] 隋彭生：《关于合同法中"重大误解"的探讨》，《中国法学》1999 年第 3 期，第 109 页。

的条件，在符合条件的情况下，根据当事人的请求宣告撤销合同。

由于存在可撤销事由的合同之中的当事人之间的权利义务关系处于不稳定状态，撤销权人可以随时行使撤销权而溯及既往地消灭合同关系，其相对人处于不利的地位，因此，有必要限制撤销权人行使撤销权的期间，尽可能地稳定当事人之间的法律关系。为此，法律一般规定，撤销权须在除斥期间内行使。而所谓除斥期间，是指法律规定的一定权利的存在期限，当事人在法定期限内不行使有关权利的，该权利即归于消灭。

《合同法》第55条规定撤销权的除斥期间为1年。该期限自撤销权人知道或者应当知道撤销事由之日起开始计算。超过1年而不行使撤销权的，撤销权消灭。

撤销权人有决定是否行使撤销权的自由。这自然意味着，撤销权人可以放弃撤销权。放弃撤销权可以通过明确的意思表示的方式，也可以通过其实际的行为表明其放弃撤销权的意思，比如主动履行合同，或接受对方当事人的履行而不表示异议的。《合同法》第55条规定，如果撤销权人知道撤销事由后明确表示或以自己的行为放弃撤销权的，撤销权消灭。放弃撤销权的意思表示不得撤回。

撤销权的行使，使合同溯及至成立时无效。

（三）效力待定合同

1. 效力待定合同及其效力补正概述

所谓效力待定合同，是指已经成立的合同欠缺一定的生效要件，能否发生当事人预期的法律效力尚未确定的合同。效力待定合同，只有经过有权追认其效力的人的追认，才能补足欠缺的生效要件，使合同发生当事人预期的法律效力；如有权作出追认的人在一定期间内不予追认，则合同归于无效。有权进行追认的人进行的追认行为，又被称为合同效力的补正。

在合同的效力待定的情况下，有权进行补正的人的追认行为，是指明确表示同意该效力待定合同有效的行为。这种追认是一种单方的意思表示，无须相对人的同意即发生补正的法律效力，使效力待定合同变为确定有效的合同。根据《合同法解释（二）》第11条规定，追认的意思表示自到达相对人时生效，合同自订立时生效。根据合同法的规定，追认的意思表示一般应以明示的方式作出。但是，如果有追认权的人以其明确的行为表明其追认意思的，也可以达到追认的效果。有追认权的人所进行的追认，须是无条件的，对整个合同全部内容的承认。如果仅承认合同部分条款，而拒绝其余的内容，视为拒绝追认并同时提出了新的要约，须相对人同意其追认的内容，才可使该部分有效。

2. 效力待定合同的种类及其处理

对于效力待定合同的界定，法律一般将那些以他人名义订立的合同但是代理权存在瑕疵，或在法律上规定必须得到他人的同意才可以订立的合同规定为效力待定合同。效力待定合同一般包括限制民事行为能力人所订立的依法不能独立订立的合同、无权代理人订立的合同、无处分权人订立的合同等。

（1）限制行为能力人所订立的依法不能独立订立的合同

根据《民法通则》第58条的规定，无民事行为能力人实施的行为或限制民事行为能力人依法不能独立实施的民事行为是无效民事行为。因此，他们订立的合同一概认定为无效合同。与《民法通则》此条规定不同的是，《合同法》则将限制民事行为能力人依法不能独立订立的合同规定为效力待定合同。《合同法》第47条第1款明确规定："限制民事行为能力人订立的合同，经法定代理人追认后，该合同有效，但纯获利益的合同或者与其年龄、智力、精神健康状况相适应而订立的合同，不必经法定代理人追认。"可见，限制民事行为能力人要进行与其年龄、智力或精神健康状况不相适应的民事活动，应由其法定代理人代理，或者征得其法定代理人的同意。限制民事行为能力人订立了与其年龄、智力或精神健康状况不相适应的合同后，应当经其法定代理人追认后方能生效。

具体地说，限制民事行为能力人订立的合同并非一律无效，其效力表现为以下两个方面。首先，限制民事行为能力人与他人订立的合同，如果未经其法定代理人追认，一般情况下为无效合同，特殊情况下为有效合同。所谓特殊情况，是指限制民事行为能力人与他人订立的纯获利益的合同（如接受赠与、奖励、报酬等）或者与其年龄、智力、精神健康状况相适应的合同（如为满足日常生活需要所进行的简单民事活动）。这类合同的效力是确定的，即为有效合同，不必经过法定代理人的追认。除此之外的情况下，限制民事行为能力人与他人订立的合同，则属于效力待定合同。如果未经法定代理人追认，应当认定为无效合同。其次，限制民事行为能力人自己与他人订立的合同，如果经过法定代理人的追认，应当认定为有效合同。这类合同一般涉及重大民事行为，其主体资格经法定代理人追认，即予以补正后，便符合合同的生效要件。

需要注意的是，确定限制民事行为能力人依法不能独立订立的合同的效力，其核心问题是法定代理人的追认权。追认权是一种形成权，法定代理人追认的意思表示一经做出，即发生追认的效力，该合同不仅立即生效，而且自始有效。追认权可以是限制民事行为能力人的法定代理人自行行使，也可以经相对人催告后行使，但行使追认权须采用明示的方式。法定代理人对合同的效力没有明确追认的，法律规定实行推定，即根据法定代理人没有做出明确追认的意思表示的事实，推定其对该合同的效力拒绝追认。

由于法律对限制民事行为能力人给予了特殊保护，为了防止相对人的正当利益受到损害，《合同法》在赋予限制民事行为能力人的缔约权和法定代理人的追认权的同时，还赋予了相对人的权利，即催告权和撤销权。《合同法》第47条第2款规定："相对人可以催告法定代理人在一个月内予以追认。法定代理人未做出表示的，视为拒绝追认。合同被追认之前，善意相对人有撤销的权利。撤销应当以通知的方式做出。"这一规定表明，一方面，相对人与限制民事行为能力人订立合同后，相对人享有催告权，即有权催告法定代理人在一个月内予以追认。催告期满，如果法定代理人不做表示的，视为拒绝追认，合同不发生法律效力。催告权是善意相对人催告法定代理人追认合同效力的权利，它是一种告知权利而非实体权利，相对人只能对法定代理人是否追认进行催告，而法定代理人究竟是否追认则决定于他自己的决定。一旦超过法定代理人进行追认的除斥期间，相对人的催告权也即消灭。另一方面，善意相对人对该合同享有撤销权，即善意相对人与限制民事行为能力人订立合同后，在法定代理人追认前，有权以通知的方式撤销合同。撤销权是善意相对人在法定代理人追认之前撤销合同的权利，其作用在于否认限制民事行为能力人订立的合同效力。撤销权是一种实体权利，其性质应为形成权。只要善意相对人以通知的方式做出撤销合同的意思表示，即发生撤销合同的效力，该合同自始无效。应当注意的是，法律只规定了善意相对人享有撤销权，如果相对人明知或应当知道行为人为限制民事行为能力人的，则属于恶意相对人，他们对这类合同没有撤销权。

（2）无权代理人订立的合同

无权代理是指行为人没有代理权、超越代理权或代理权终止后以被代理人名义进行的民事行为。所谓无权代理行为人订立的合同，是指不具有代理权的行为人以被代理人名义与第三人订立的合同。它包括三种情况：行为人没有代理权而订立的合同，即行为人未经过被代理人的授权，就以被代理人的名义签订合同；行为人超越代理人而订立的合同，即行为人与被代理人之间有代理关系存在，但代理人超越了被代理人的授权范围而与第三人签订合同；行为人的代理权终止后而订立的合同，即行为人与被代理人之间原有的代理关系终止后，仍然以被代理人的名义与第三人签订合同。

由于无权代理行为人不具备代订合同的主体资格，其行为对被代理人一般不发生法律效力，但经过被代理人追认，该合同则对被代理人产生法律约束力。《合同法》第48条明确规定："行为人没有代理权、超越代理权或者代理权终止后以被代理人名义订立的合同，未经被代理人追认，对被代理人不发生效力，由行为人承担责任。相对人可以催告被代理人在一个月内予以追认。被代理人未做表示的，视为拒绝追认。合同被追认之前，善意相对人有撤销的权利。撤销应当以通知的方式做出。"由此可见，《合同法》将无权代理行为人订立的合同规定为效力待定合同，不仅赋予被代理人享有追认权，而且还赋予相对人享有催告权以及善意相对人享有撤销权。

根据《合同法》第48条的规定，无权代理行为人所订立的合同可能产生以下几种法律后果：①未经被代理人追认的，合同无效。这种情况下，对被代理人不发生效力，由行为人承担责任。②经善意相对人撤销的，合同无效。根据《合同法》第48条第2款的规定，合同被追认之前，善意相对人享有撤销的权利。善意相对人是指在不知对方没有代理权的情况下而与之签订合同的相对人。撤销权是一种形成权，只要善意相对人以通知的方式做出撤销合同的意思表示，该合同因被撤销而归于无效。③经过被代理人追认的，合同有效。在无权代理的情形下，被代理人享有对无权代理行为的追认权。如果被代理人对无权代理行为予以追认，则该合同生效，对被代理人发生法律效力。根据《合同法解释（二）》第12条规定，无权代理人以被代理人的名义订立合同，被代理人已经开始履行合同义务的，也视为对合同的追认。与限制民事行为能力人订立合同一样，无权代理行为人所订立合同的相对人也享有催告权，即相对人可以催告被代理人在一个月内予以追认。但一个月内被代理人未做表示的，视为拒绝追认。

以上内容是《合同法》对无权代理行为人所订立合同的效力的一般规定及处理。《合同法》第49条又规定："行为人没有代理权、超越代理权或者代理权终止后以被代理人名义订立合同，相对人有理由相信行为人有代理权的，该代理行为有效。"在合同法理论与实务中，该无权代理构成了表见代理，它是无权代理的一种特殊形式。根据《合同法》此条的规定，行为人的表见代理行为有效，因此其订立的合同是有效合同而不属于效力待定合同。所谓表见代理，是指无权代理行为人以被代理人名义订立合同，足以使善意相对人有理由相信其具有代理权，因而产生的法律后果由被代理人承担的法律制度。我国合同法采用承认表见代理的法律效力，规定被代理人承担其法律后果的立法体例。这主要在于保护善意第三人的信赖利益，既维护了交易安全，又提高了交易效率，同时还促使被代理人履行其注意义务。

（3）无处分权人订立的合同

无处分权人，是指无权处分他人财产权利的行为人。无处分权人订立的合同一般具有以下几个特点：行为人对他人的财产没有处分权；行为人实施了处分他人财产的行为；行为人以自己的名义处分财产，这是无权处分行为与无权代理行为的区别；该合同属于效力待定合同。

一般来说，无处分权人处分他人财产，不仅其处分行为无效，而且也是对他人财产所有权的侵犯，应当承担相应的民事责任，这是民法的基本原则和一般规定。但是，在实际生活中，又可能发生无处分权人的处分行为事后得到财产所有权人的追认或者订立合同后取得财产的处分权的情况。为了维护交易安全，在不损害权利人的前提下保护善意第三人的利益，《合同法》并没有一概否认无处分权人订立的合同的效力，而是将其规定为一种效力待定合同，即在符合一定条件的前提下，这类合同仍然可以发生法律效力。该法第51条规定："无处分权的人处分他人财产，经权利人追认或者无处分权的人订立合同后取得处分权的该合同有效。"根据这一规定，无处分权人订立的合同可能产生两种法律后果：

①未经权利人追认或者在订立合同后行为人仍未取得处分权的，合同无效。这是因为无处分权人订立合同所处分的财产权利属于他人，未经他人授权，其处分行为不仅无效，而且构成侵权。因此，无处分权人处分他人财产所订立的合同不发生法律效力。

②经权利人追认后或者无处分权人订立合同后取得处分权的，合同有效。虽然无处分权人在订立合同前没有获得财产权利人的授权，但事后经过权利人追认，则视为权利人已授予其对财产的处分权。此时，无处分权人处分财产所订立的合同自始有效。权利人对该种合同的追认权是一种形成权，只要做出追认的单方意思表示即发生效力。在此种情况下，财产权利人变为合同当事人，无处分权人则成为权利人的代理人。无处分权人订立合同后取得处分权，是指除以权利人追认以外的其他形式取得对财产的处分权，如订立合同后无处分权人与权利人达成了将该财产转让的协议等。无处分权人处分他人财产的行为之所以不发生效力，是因为处分权存在瑕疵。如果无处分权人订立合同后取得处分权，这种瑕疵消除，合同即为有效。

第 十 一 章

合同的解除

　　合同关系是一个动态的关系，有一个从发生到消灭的过程，其终点就是合同的消灭。由于一定法律事实的发生可以使合同所设定的权利义务在客观上不再存在，即合同消灭。清偿、抵销、提存、免除、混同等都是包含合同之债在内的债的消灭原因，除此之外，作为合同之债特有的消灭原因还有合同解除。

一、合同解除的概念与特征

（一）合同解除的概念

　　合同的解除是指在合同有效成立后，当解除条件具备时，因一方或者双方的意思表示，使合同的权利义务关系归于消灭的行为。合同的解除，是合同的权利义务终止的原因之一。在现实生活中，由于各种原因而使合同目的无法完全达到而解除合同的情形时有发生。

　　合同被解除，有可能违背订立合同时的初衷，是合同当事人不愿看到的。但是，合同成立之时，难以预料将来合同履行过程中可能发生的各种变化，如市场环境的变化，当事人履约能力的下降等。所以，合同解除阻止了合同损失的进一步扩大，不失为一种对合同当事人权利的消极救济手段。

（二）合同解除的特征

1. 合同的解除是对有效合同的解除

合同有效成立后，由于主客观情况的变化，可能使合同的履行成为不必要或者不可能，甚至与订立合同时的最初目的相违背，如果合同继续履行下去，可能对一方或双方造成损害。这时可以通过解除合同，避免损失的进一步扩大。合同的解除就是要使有效成立的合同在履行完毕前归于消灭。所以，能够解除的合同必须是有效成立且尚未履行完毕的合同。对于无效和可撤销合同不存在解除制度适用的问题。当然，已经履行完毕的合同，也谈不上解除的问题。

2. 合同的解除必须具备解除条件

合同是双方当事人意思表示一致的结果，且有效成立的合同具有法律拘束力，因此，为了维护正常的交易秩序和当事人的合法利益，当事人不能任意解除合同，合同的解除应当具备一定的条件。这些条件既可以是法定的，即当法律规定的某种解除事由出现后，当事人享有的依法解除合同的权利；也可以是双方意定的，即当事人事先在合同中约定解除事由或在合同的履行过程中协议解除合同。当事人事先在合同中约定解除事由的，当约定事由出现后，当事人一方或双方可以依约解除合同。但是，约定解除合同的条件是合同的条款，应符合合同的成立和生效要件，否则该约定无效。

3. 合同解除须有解除行为

当合同解除的条件出现后，并不当然解除合同，还须有当事人的解除行为，才能达到解除合同的目的。当事人一方主张解除合同的，应当通知对方。合同自通知到达对方时解除。解除合同以当事人的意思表示为必要，解除行为有两种：一是当事人双方协商一致而解除合同；二是按照法律规定或者双方当事人的约定，一方当事人享有解除权，依其解除合同的意思表示而解除合同。

4. 合同解除的效力是使合同关系消灭

合同解除的法律效果是使合同关系消灭。但其消灭是溯及既往，还是仅向将来发生？各国的立法不尽相同。一类是使合同关系自始消灭，即溯及合同成立之时，承认合同解除有溯及力；另一类是使合同关系自解除时消灭，即解除的效力仅向将来发生，解除以前的债权债务关系依然存在，不承认解除有溯及力。《合同法》第 97 条规定，合同解除后，尚未履行的，终止履行；已经履行的，根据履行情况和合同性质，当事人可以要求恢复原状、采取其他补救措施，并有权要求赔偿损失。可见，我国对于合同解除的规定，依据不同的情况，合同解除有的可以溯及既往，有的无溯及力。是否具有溯及力，尊重当事人的选择，但应以不损害国家和社会公共利益为前提。

合同一旦被解除，即发生合同的终止，合同关系消灭，从这点来看，与前面所讲的合同的无效和撤销颇为相似，如都使合同对当事人失去约束力，发生溯及既往的效果等，但合同解除与合同的无效和撤销毕竟是不同的制度，应加以区分。

合同解除与合同无效的主要区别。第一，合同的解除是以有效成立的合同为前提，而合同的无效是根本不具备生效要件的合同，合同关系原本就不成立。第二，合同的解除无论法定解除还是约定解除，都需要有享有解除权的当事人做出解除合同的意思表示，否则合同会继续有效；而合同的无效不依当事人的意志为转移，不管当事人是否主张合同无效，合同自始无效。第三，合同的解除是由当事人自己决定，只要实施了符合解除条件的解除行为，即可产生合同解除的效果，国家不予干涉；而合同的无效须由法院或者仲裁机构的确认才能产生无效的结果。第四，合同的解除如果溯及既往，当事人要返还财产，恢复原状；而无效合同除当事人要返还财产，恢复原状外，如果该合同损害了国家或公共利益的，还要追缴当事人所获得的非法财产。第五，合同解除后，既可以溯及既往，也可以仅向未来发生效力；而无效合同一律都是自始无效，不存在向未来发生效力的问题。另外，合同解除的事由可以由当事人约定，而无效合同则是法定的。

合同解除与合同撤销的主要区别。第一，合同可撤销的原因如重大误解、显失公平等是法律明确规定的；而合同解除的原因既可以是法定的，也可以通过双方当事人来约定。第二，合同的撤销必须由享有撤销权的当事人提出，并经法院或者仲裁机关确认始发生合同撤销的效果；而合同的解除则由当事人一方或双方决定即可，无需有关机关的确认。第三，合同一经撤销，便发生溯及既往的效力，合同视为自始无效；而合同的解除既可发生溯及既往的效力，也可不发生溯及既往的效力。

二、合同解除的类型

合同的解除可分为意定解除和法定解除两种。

（一）意定解除

意定解除，或称为约定解除，是合同当事人协商一致或者约定解除合同的条件而解除合同。由于合同是双方当事人意思表示一致的产物，虽然依法成立的合同具有法律拘束力，但是只要合同的解除不违反法律和国家或社会公共利益，当事人就可以通过在合同中约定或者合同履行完毕前的进程中协商一致而解除合同，法律会尊重当事人的选择而不必强加干涉。意定解除可分协议解除和约定解除事由两种。

1. 协议解除

协议解除，是指合同成立后，在合同未履行或者未履行完毕之前，当事人双方通过协商一致而解除合同的行为。协议解除实质上是当事人通过订立一个新的合同来解除原来的合同，因此当事人之间解除合同的合意应符合合同的成立与生效要件，才能产生解除合同的效果。否则，不能产生合同解除的效力。

2. 约定解除事由

约定解除事由是指合同双方当事人在合同中约定一方解除合同的条件，当解除条件成就时，享有解除权的一方当事人可以解除合同。这种合同解除的特点是在合同中赋予一方或双方当事人在特定情况下享有解除权。这种解除权可以在订立合同时约定，也可以在订立合同后约定，但必须是合同没有履行或没有完全履行之前进行约定。

通过在合同中约定赋予当事人可以解除合同的解除权，往往是与一方的违约联系在一起的，此时当事人一方行使解除权就成为对对方违约的一种救济方式。这显然与协议解除有所不同，协议解除并不是赋予当事人以解除权，而是贯彻意思自治的原则，对双方原约定的权利义务关系重新做出修正或调整，这对双方当事人均无不利，且有利于纠纷的解决。

（二）法定解除

法定解除是指由法律对解除合同的事由做出规定，当解除事由出现时，当事人一方有权行使法定解除权而解除合同。法定解除是一种单方解除，只有当法定的原因出现后，当事人才可以行使解除权。享有法定解除权的当事人行使解除权时，无须征得对方同意。有下列情形之一的，当事人可以解除合同：①因不可抗力致使不能实现合同目的；②在履行期限届满之前，当事人一方明确表示或者以自己的行为表明不履行主要债务；③当事人一方迟延履行主要债务，经催告后在合理期限内仍未履行；④当事人一方迟延履行债务或者有其他违约行为致使不能实现合同目的；⑤情事变更；⑥法律规定的其他情形。现分述如下：

1. 因不可抗力致使不能实现合同目的

不可抗力是指不能预见、不能避免并不能克服的客观情况。如地震、洪水、罢工、战争等均是。不可抗力的发生并不必然导致合同的解除，只有不可抗力的发生致使合同目的不能实现时，当事人才可行使法定解除权解除合同。合同可以部分履行的，仍应部分继续履行。

2. 在履行期限届满之前，当事人一方明确表示或者以自己的行为表明不履行主要债务

一般认为，这一点规定了预期违约制度：在履行期限届满之前，当事人一方明确表示不履行主要债务的，为明示违约；在履行期限届满之前，当事人一方以自己的行为表明不履行主要债务的，为默示违约。无论是明示违约还是默示违约，都已表明违约方完全不愿意受合同的约束，实际上已经剥夺了非违约方订立合同预期的利益，使对方当事人订立合同的目的有不能实现之虞，继续维持很可能对受害方不利，因而赋予受害方以合同解除权，免受合同约束。当然，在预期违约的情况下，享有解除权的一方当事人既可以解除合同，也可以等待履行期限的届至而追究违约方的违约责任。但是需要注意的是，从给付义务被违反，一般不产生解除权。违反从给付义务必须达到相对人的合同目的因此而落空的程度才允许解除合同。①

---

① 崔建远：《合同一般法定解除条件探微》，《法律科学》2011 年第 6 期，第 121 页。

3. 当事人一方迟延履行主要债务，经催告后在合理期限内仍未履行

所谓迟延履行，是指当事人没有在合同规定的履行期限内履行其主要债务的行为。当事人一方迟延履行主要债务，构成违约行为，但当事人不可以解除合同。要解除合同，须具备如下条件。一是迟延履行的债务必须是主要债务。究竟何为主要债务，应当根据具体合同进行具体判断。二是须经催告后债务人仍然在合理期限内未履行债务。债务人迟延履行主要债务后，债权人应当催告债务人履行并给予一定的合理期限，当债务人超过该合理期限仍不履行债务时，债权人方可依法解除合同。

4. 当事人一方迟延履行债务或者有其他违约行为致使不能实现合同目的

当事人订立合同，总是要追求一定经济利益的实现。合同目的的实现，无论对合同的债权人还是对市场交易的良好运转都至关重要。因此，一旦一方当事人的违约行为导致合同目的的丧失，则非违约方可以解除。如季节性较强的标的物买卖，若当事人一方迟延履行债务，对方当事人订立合同所期望的利益就不能达到，因而可以解除合同。否则，若此时不能解除合同而允许违约方继续履行，可能给非违约方带来的不是利益而是损失。不仅如此，只要是导致不能实现合同目的其他违约行为，均可解除合同。"考察《合同法》的立法史可知，在《合同法》上，'不能实现合同目的'与'（严重）影响订立合同所期望的经济利益'具有相同或相似的含义。我们应从违约行为给守约方造成的经济损失的角度界定不能实现合同目的的意义。如此，所谓不完全履行致使合同目的不能实现，可被界定为不完全履行（严重）影响了当事人订立合同所期望的经济利益。这个结论，从全国人民代表大会常务委员会法制工作委员会民法室对于《合同法》第 94 条第 4 项关于'履行期限构成合同的必要因素，超过期限履行将严重影响订立合同所期望的经济利益；继续履行不能得到合同利益；债务人拒绝履行合同的全部义务；履行质量与约定严重不符，无法通过修理、替换、降价的方法予以补救'等解释中得到印证。"① 但是需要注意的是"违反从给付义务、附随义务，只有在导致合同目的落空的情况下，才可以解除合同。《合同法》第 410 条关于任意解除合同的规定应当限缩适

---

① 崔建远：《论合同目的及其不能实现》，《吉林大学社会科学学报》2015 年第 3 期，第 47 页。

用。"① 我国将"不能实现合同目的"的合同单方解除情形仅限于不可抗力和当事人一方迟延履行债务或者有其他违约行为是不合适的。正如有学者指出的："合同目的不能实现作为行使合同解除权的原因体现于因不可抗力和因违约行为所致两种情况。这种界定过于狭隘且判断标准不明确。因为除了不可抗力及一方当事人的违约行为外，不可归责于目的落空一方当事人的原因还有很多，比如意外事件、政府行为、合同当事人死亡等，这些情形的共性是该目的必须因订立合同时不能合理预见的情形而导致合同目的根本性落空，并且该情形的发生不可归责于受挫一方当事人的原因。"②

5. 情事变更

《合同法解释（二）》第26条规定：合同成立以后客观情况发生了当事人在订立合同时无法预见的、非不可抗力造成的不属于商业风险的重大变化，继续履行合同对于一方当事人明显不公平或者不能实现合同目的，当事人请求人民法院变更或者解除合同的，人民法院应当根据公平原则，并结合案件的实际情况确定是否变更或者解除。这一规定一般认为属于情事变更引起的合同解除。

6. 法律规定的其他情形

当事人可以解除合同的其他情形，如承租人未按照约定的方法或者租赁物的性质使用租赁物，致使租赁物受到损失的，出租人可以解除合同；定作人可以随时解除承揽合同等。

三、合同解除的程序

（一）协议解除的程序

协商解除是双方当事人通过合意的方式对合同进行的解除，不存在一方当事人行使解除权的问题。因此协议解除不以享有解除权为前提，也不以合同当事人一方的意思为转移，而是双方当事人协商一致的结果。实质上，

---

① 崔建远：《合同解除的疑问与释答》，《法学》2005年第9期，第69页。
② 原蓉蓉：《论合同解除中的合同目的不能实现》，《学术论坛》2012年第5期，第71页。

协议解除是以一个新的合同解除原合同关系。正因为协议解除要成立一个新合同，所以要经过要约、承诺的订立过程，符合合同的成立、生效要件。法律、行政法规规定解除合同应当办理批准、登记等手续的，须依照其规定。采取协议解除，须经批准、登记的，批准、登记之日为合同解除之日；不需批准、登记的，自双方当事人协商一致时，合同解除。

（二）约定解除事由和法定解除的程序

无论是约定解除事由和法定解除，都是当事人享有解除权的解除。当一方或者双方当事人在行使解除权解除合同时，无须征得他方同意，即可单方做出解除合同的意思表示，自通知到达对方时产生合同解除的法律效力。当事人一方主张解除合同的，应当通知对方。合同自通知到达对方时解除。对方有异议的，可以请求人民法院或者仲裁机构确认解除合同的效力。合同解除虽有异议，但在约定的异议期限届满后才提出异议并向人民法院起诉的，人民法院不予支持；当事人没有约定异议期间，在解除合同通知到达之日起三个月以后才向人民法院起诉的，人民法院不予支持。法律规定或者当事人约定解除权行使期限，期限届满当事人不行使的，该权利消灭。法律没有规定或者当事人没有约定解除权行使期限，经对方催告后在合理期限内不行使的，该权利消灭。法律、法规规定了解除合同要办理批准、登记等手续的，应从其规定。否则，不生合同解除的法律效力。

四、合同解除的效力

合同解除的效力是指合同被解除后所发生的法律后果。合同一旦被解除，将发生什么样的法律后果，是否具有溯及既往的效力还是仅仅向将来发生效力，将产生什么样的责任等，都是要解决的问题。

合同解除将发生如下法律效力：

（一）终止履行

《合同法》第97条前半段规定，合同解除后，尚未履行的，终止履行。合同解除的效力首先是使合同关系消灭，合同的权利义务终止。合同尚未履行或者尚未完全履行的，终止履行。一方要求履行的，可以拒绝履行，已履行部分，不产生返还请求权。

（二）合同解除的溯及力问题

《合同法》第97条后半段规定，已经履行的，根据履行情况和合同性质，当事人可以要求恢复原状、采取其他补救措施，并有权要求赔偿损失。从这条规定来看，合同的解除原则上发生溯及既往的效力。但在不损害国家和社会公共利益的前提下，允许当事人通过约定而使合同被解除后不产生溯及力。一般来说，由于非继续性合同被解除时能够恢复原状，所以解除该类合同原则上具有溯及力。所谓非继续性合同是指履行为一次行为的合同。而继续性合同是指履行在一定继续的时间内完成，而不是一次性完成的合同。这类合同的特点是一旦履行无法恢复，因此，继续性合同原则上应无溯及力。合同是否具有溯及力，还要根据合同的性质和可能履行的情况决定。

在合同解除具有溯及力的情况，解除合同最常见的法律后果是恢复原状。由于合同自始失去效力，所以当事人双方应恢复到订立合同之前的状态。在受领物存在时，应当返还原物；在原给付物不存在时，可以相同种类物返还或依价款偿还。同时，还应当返还对方为给付时所支付的费用以及可能产生的孳息等。

（三）合同解除的其他补救措施和赔偿损失

合同解除后，为了防止损失的发生或者扩大，在采取补救措施具有可能性时，一方当事人可以要求另一方当事人按照法律的规定或者合同的约定采取相应的补救措施，以减少可能带来的损失；在因不可抗力而解除合同的情况下，另一方当事人应当采取补救措施防止损失的扩大，否则，有过错方应就扩大部分承担责任。

合同解除后是否可以请求损害赔偿，大陆法系存在三种不同的立法例。一是认为合同解除与损害赔偿不能并存。其理由是，合同解除使合同关系恢复到订约前的状态，与未发生合同关系一样，因而要求债务不履行的损害赔偿没有存在的基础。所以，在债务人不履行债务时，债权人只能在解除合同与请求赔偿之间进行选择，要么解除合同，要么请求赔偿。二是认为合同的解除与债务不履行的损害赔偿可以并存。其理由是，债务不履行所发生的损害赔偿在合同解除前就已存在，不因合同的解除而丧失。故当事人一方不履行合同时，债权人既可解除合同，又可请求因债务不履行产生的损害赔偿。三是认为合同的解除与信赖利益的损害赔偿可以并存。理由是，合同因解除而消灭，不再有因债务不履行的损害赔偿责任，但非违约方却会遭受因相信合同存在而实际不存在所致的损害，对该种损害应当赔偿。这种赔偿与合同的不履行无关，而是直接源于法律的规定。

《民法通则》第 115 条规定，合同的变更或者解除，不影响当事人要求赔偿损失的权利。《合同法》第 97 条规定，根据履行情况和合同性质，当事人可以要求恢复原状、采取其他补救措施，并有权要求赔偿损失。由此可见，我国立法承认合同解除与损害赔偿可以并存。在当事人享有解除权而解除合同时，遭受的损失可以要求违约方赔偿；在协议解除的情况下，当事人双方可以通过签订解除协议，协商确定损失赔偿的数额；由于不可抗力为法定免责事由，所以，因不可抗力解除合同的，当事人一般不负赔偿责任，但在迟延履行发生不可抗力的情况下，迟延履行人应当承担赔偿责任。

（四）合同解除不影响合同中结算和清理条款的效力

合同解除后，合同权利义务终止，但是，合同中结算和清理条款因不属于合同当事人需要履行的实体权利义务条款，因此，该类条款不受合同权利义务终止的影响。不仅如此，合同中结算和清理条款有助于合同权利义务终止后相关问题的解决。

第 十 二 章

违 约 责 任

一、违约责任概述

（一）违约责任的概念

违约责任，又称违反合同的民事责任，是指合同当事人不履行合同义务或履行合同义务不符合约定所应承担的法律责任。在英美法中违约责任通常被称为违约的补救，而在大陆法中则被包括在债务不履行的责任之中，或被视为债的效力的范畴。违约责任和侵权责任同属于民事责任体系中两大责任，但是二者也存在明显区别。违约责任和侵权责任是自罗马法以来就已经形成的两类不同性质的民事责任。违约责任的承担者违反了约定义务，侵权责任的承担者违反了法定义务；违约行为所侵害的是相对权，侵权行为所侵害的是绝对权；前者当事人事先存在合同关系；后者当事人之间的损害赔偿关系自侵权行为实施时发生；违约损害赔偿仅限于财产损失，侵权损害赔偿可包括精神赔偿。[1]

对于违约责任的性质，主要存在以下观点：一是担保说，认为违约责任是对债务履行的担保；二是法律制裁说，认为违约责任是合同当事人不履行合同债务时，依照法律规定或合同约定所必须承受的法律制裁；三是补偿

---

[1] 王利明：《违约责任和侵权责任的区分标准》，《法学》2002 年第 5 期，第 45 页。

说，认为违约责任是当事人按照合同约定或法律的规定，用给付违约金或赔偿金等方式承担给对方造成损失的责任；四是法律后果说，认为违约责任是违约当事人不履行合同时所应承担的法律后果；五是替代履行说，认为违约责任是对合同债务的一种强制替代，即债务人不履行合同的当为义务，而以法律的强制手段使债权人获得能够替代在债务人正常履行债务时所应得到的给付。[①]

《合同法》第 107 条规定，当事人一方不履行合同义务或者履行合同义务不符合约定条件的，应当承担继续履行、采取补救措施或者赔偿损失等违约责任。违约责任制度，是保证合同当事人履行义务的重要措施，有利于促进合同的履行和弥补违约所造成的损失，对保护合同当事人的合法权益和促进合同目的的实现具有十分重要的意义。合同依法订立生效后，对双方当事人产生法律拘束力，双方当事人应当恪守诺言，依约履行各自的义务。违约者之所以要承担法律责任，乃是由于违约即意味着违约的当事人对自己所做承诺的违反，从而不仅破坏了双方的合意，还损害了非违约方的利益，乃至于商品交换秩序，导致信用关系的紊乱。承担违约责任是合同法律效力的必然体现，违约责任制度是保障合同债权实现及债务履行的重要措施。在大陆法的合同法理论上，违约责任常被概括为履行合同债务的一般担保，即债务人对其不履行合同债务承担赔偿责任，应以其全部财产为担保，债权人可请求法院就其财产强制执行。当然，这种担保与《担保法》上所规定的特别担保具有不同的含义。因此，要求违约方承担损害赔偿等法律责任，不仅体现了法律公平正义的价值，也是商品交换最基本的要求。

违约责任作为民事责任体系中的核心成员，具有不可或缺的功能，有学者指出："违约责任制度是合同法中一项极其重要的制度，它是合同当事人之间的合意具有法律约束力的保障，不仅可以促使合同当事人双方自觉全面地履行合同义务，起到避免和减少违约行为发生的预防性作用，而且在发生违约时，通过追究违约方的违约责任，使守约方的损失得到补偿，使违约方受到相应的制裁，从而保护合同当事人的合法权益，维护社会经济秩序。"[②] 可

---

① 郭明瑞、房绍坤：《新合同法原理》，中国人民大学出版社 2000 年版，第 330 页。

② 徐杰：《合同法中的违约责任制度》，《中国法学》1999 年第 3 期，第 21 页。

见，违约责任制度价值在于可以减少或预防违约行为的发生，具有增强合同信用、督促合同当事人履行合同义务的作用。通过制裁违约的合同当事人，为受损害的合同当事人提供救济。没有违约责任制度，合同的履行是不可想象的。因此，违约责任在合同法中占有举足轻重的地位，《合同法》仅总则就规定了多达 16 个条文，其重要性从数目上可见一斑。

（二）违约责任的特征

1. 违约责任是一种民事责任

民事责任是指民事主体在从事民事活动中，因实施违法行为而依法应承担的法律责任。民事责任有多种，如违反合同的民事责任、侵权的民事责任、缔约过失民事责任，因无因管理和不当得利产生的民事责任等。违约责任是民事责任的一种。应注意与行政责任和刑事责任相区别。

2. 违约责任是当事人违反有效的合同义务所承担的民事责任

违约责任产生的前提是双方当事人之间存在着合法有效的合同关系。若当事人之间不存在合法有效的合同关系，则谈不上违约责任。不仅如此，还必须以一方违反合同义务为条件。因为依法成立的合同，受法律保护，任何一方违反合同，就会产生违约责任。所以违约责任的成立，必须以一方违反合同义务为条件。如果当事人违反的不是合同义务，而是其他法律规定的义务，则应承担其他责任，这也是与侵权责任或缔约过失责任的明显不同。

3. 违约责任具有相对性

违约责任的相对性是指违约责任只能在合同关系的当事人之间发生，合同关系以外的人不负违约责任，合同当事人也不对合同以外的第三人承担违约责任。违约责任的相对性是合同相对性原则的结果，也是合同本身不具有社会公示性决定的，《合同法》第 64 条规定，当事人约定由债务人向第三人履行债务的，债务人未向第三人履行债务或者履行债务不符合约定，应当向债权人承担违约责任；《合同法》第 65 条规定，当事人约定由第三人向债权人履行债务的，第三人不履行债务或者履行债务不符合约定，债务人应当向债权人承担违约责任；《合同法》第 121 条规定，当事人一方因第三人的原因造成违约的，应当向对方承担违约责任。当事人一方和第三人之间的纠纷，依照法律规定或者按照约定解决。这些规定都表明，违约责任只能在有合同关系的当事人之间发生。

同时，应当看到，无论是大陆法系国家还是英美法系国家，违约责任的相对性有所突破，随着债权的物权化、责任竞合等现象的发展，违约责任的相对性已有许多例外，如消费者购买商品有质量瑕疵的，消费者可直接对生产者提起诉讼。《合同法》所规定的债权人的代位权、撤销权以及出现的"第三人侵害债权"理论等，也都是对违约责任相对性的突破。

4.违约责任具有相对的任意性

违约责任的任意性，是指合同双方当事人对违约责任的约定以及对违约责任的选择。合同是双方当事人意思表示一致的结果，法律首先允许当事人对合同内容进行约定，法律当然也允许对违约责任加以约定。如既可以选择是否追究违约责任或什么情况下可免责，也可以选择承担违约责任的具体方式等。《合同法》第114条第1款规定："当事人可以约定一方违约时应当根据违约情况向对方支付一定数额的违约金，也可以约定因违约产生的损失赔偿额的计算方法。"但是，违约责任一旦约定后，即具有强制性，此时不以违约方当事人的意志为转移。

5.违约责任是一种财产责任

违约责任的直接目的，在于弥补债权人因对方违约所造成的经济损失。当当事人不履行合同义务时，应当向另一方给付一定金钱或财物，另一方也有权依照法律或者合同的规定，对义务人的财产请求法院予以强制执行。合同法中规定的违约责任主要有赔偿损失、实际履行、承担定金或者违约金责任等，规定的均是财产责任。随着社会文明的进步，现代民商法普遍认为，违约责任主要是财产责任，摒弃了古代债务人无力偿还债务时，债权人可以将债务人实行监禁、收为奴隶、甚至杀戮等残酷的人身责任。此外，赔礼道歉、恢复名誉等非财产责任，一般也不适用于违约责任的承担。

（三）违约责任与侵权责任

违约责任与侵权责任是民事责任制度中最重要的两种责任形式，都是民事主体对民事义务的违反而应承担的法律强制措施。但二者有明显的不同，其主要区别如下：

1. 归责原则不同

侵权责任采用以过错责任原则为主，无过错责任、公平责任等为辅的多元归责原则体系；而在合同法中，我国学者一般认为采取了无过错责任为主，过错责任为辅，二者相结合的归责原则。

2. 承担责任的前提条件不同

侵权责任是违反法律关于保护民事主体的具有绝对权性质的财产权利、人身权、知识产权等规定而应当承担的法律后果。侵权违反的义务一般为消极义务，具有法定性，不为事先约定；而违约责任以有效合同义务的存在且应当履行在无免责的事由情况下不履行为其发生前提条件。合同义务主要来自于当事人的约定，具有意定性，但依法成立的合同受法律保护，具有可强制执行力。

3. 责任的构成要件不同

侵权责任的构成要件除要具备侵权行为、过错外，还要有因侵权行为造成的损害事实，无损害即无责任；而违约责任构成要件只要有违约行为即可构成，无需有实际的损害。如违约金责任，不管有无对非违约方的实际损害，违约方均应承担违约责任。

4. 举证责任不同

侵权责任须请求方能举证证明行为人具有过错（例外情况下按照过错推定确定行为人责任）；而违约责任中请求方举证责任较轻，只需对对方违反有效合同义务负举证责任，即只要有违约事实的存在即可，一般无需证明对方是否具有过错。违约方就自己没有过错或可免责负举证责任。

5. 损害赔偿范围不同

侵权责任赔偿范围包括财产损害的赔偿、人身伤害的赔偿和精神损害的赔偿等，一般实行完全赔偿原则，直接损失与间接损失都属于赔偿范围，范围较广；而违约责任一般仅限于财产损害，且还要受"可预见规则"的限制，赔偿范围相对较窄。

6. 责任形式不同

侵权责任的责任形式除了财产责任以外，还有停止侵害、消除影响、恢复名誉、赔礼道歉等非财产责任；而违约责任主要限于财产责任，如违约金责任、定金责任、继续履行、采取补救措施等，其大部分只适于违约责任而不适于侵权责任。

7. 免责条件不同

侵权责任的免责事由较多且一般具有法定性，如不可抗力、正当防卫、紧急避险、意外事故、受害人同意、第三人行为等都属于免责事由；而违约责任的免责条件范围较窄，合同法主要规定了不可抗力为法定免责事由，且其适用还规定了因不可抗力而致履行不能的限制条件，但允许当事人在合同中约定免责条款。

8. 诉讼时效不同

侵权责任的诉讼时效一般为 2 年，特别的诉讼时效为 1 年；而违约责任的诉讼时效情形较多，如有的 2 年，有的 4 年，还有 1 年的或 180 天的等。

9. 法院管辖不同

侵权责任纠纷除专属管辖外，一般由侵权行为地或被告住所地法院管辖；而合同纠纷当事人可以选择被告住所地、合同履行地、合同签订地、原告住所地和标的物所在地人民法院管辖。

可以看出，违约责任与侵权责任有诸多不同，不可混淆。但是，在某些情况下，一个违法行为可能既具有侵权行为的特征，又具有违约行为的特征，此时，发生所谓的违约责任与侵权责任的竞合问题。关于这一问题，将在本章最后进行阐述。

二、违约责任的归责原则

（一）归责原则概述

归责原则，是指确定行为人民事责任的根据和标准。违约责任的归责原则，是指基于一定的归责事由而确定违约方是否承担违约责任的法律准则。世界各国的民事立法对于确定违约责任所采用的归责原则并不相同。英美法系国家一般采用严格责任原则，而大陆法系国家则以过错责任原则作为一般的归责原则。此外，《联合国国际货物销售合同公约》也采用了严格责任原则。我国《民法通则》、原《涉外经济合同法》、《技术合同法》均采用严格责任原则，只有原《经济合同法》是采用过错责任原则。

不同的归责原则，对于违约责任的成立及其内容起决定作用，主要表现在：

第一，归责原则决定着违约责任的构成要件。责任的构成要件的目的是最终借此确定违约责任是否存在以及应当由何人负担该法律责任，归责原则在于设定违约责任是否成立的标准，两者密切联系。采用严格责任原则，违约责任的构成要件仅需违约行为一项就够了，无需违约方有过错。如采用过错责任原则，则过错是违约责任成立的构成要件之一，违约方不但在客观上要有违约行为，而且要有过错，才应当承担违约责任。第二，归责原则决定着举证责任的内容。在实行过错责任原则的情况下，一般采取过错推定的办法来确定违约方的过错，违约方证明自己没有过错即能免责。如果实行无过错责任原则，违约方仅仅证明自己没有过错还不能免责，事实上，违约方也无须证明其没有过错。第三，归责原则决定违约赔偿的范围。在实行过错责任原则时，如果双方当事人均有过错，可根据双方当事人过错的程度来决定损害赔偿的范围。而在严格责任原则下，在确定赔偿范围时，原则上不考虑违约方的过错以及过错大小等因素。

（二）我国合同法的归责原则

我国合同法究竟采取什么样的违约责任的归责原则，学术界主要存在着两种截然不同的观点：一是主张违约责任采取过错责任，过错是各种违约责任的要件；二是主张违约责任是严格责任即无过错责任，不以过错为违约责任的构成要件。《合同法》第107条规定，当事人一方不履行合同义务或者履行合同义务不符合约定的，应当承担继续履行、采取补救措施或者赔偿损失等违约责任。可见，违约责任基本上不问过错的有无。

我国合同法在违约责任的归责原则方面、实行以严格责任原则为主导，以过错责任原则为补充的归责原则体系。严格责任原则和过错责任原则的关系是，由于严格责任是一般的归责原则，因此在发生违约以后，原则上应当适用严格责任原则；但如果法律规定适用过错责任原则，则应当适用过错责任原则。关于违约责任的归责原则，有学者指出，"违约责任的归责原则实质上应为违约损害赔偿的归责原则。违约损害赔偿责任是一种严格责任的观点，在理论与事实两方面皆存在严重问题。无论是《国际商事合同通则》

与《欧洲合同法原则》，还是法国法、德国法、英国法，皆奉行过错责任与
严格责任并行的二元化违约损害赔偿机制。《合同法》第107条仅旨在提纲
挈领地宣示违约的法律后果，关于违约损害赔偿的归责原则，应借鉴《国际
商事合同通则》与《欧洲合同法原则》的做法，通过解释方法，确立如下标
准：违反方式性义务者，应承担过错责任；违反结果性义务者，应承担严格
责任。"①

根据《合同法》的规定，以下有名合同实行过错责任原则：

（1）关于赠与合同，第189条规定："因赠与人故意或重大过失致使赠
与的财产毁损、灭失的，赠与人应当承担损害赔偿责任。"第191条第2款
又规定："赠与人故意不告知瑕疵或者保证无瑕疵，造成受赠人损失的，应
当承担损害赔偿责任。"

（2）关于租赁合同，第222条规定："承租人应当妥善保管租赁物，因
保管不善造成租赁物毁损、灭失的，应当承担损害赔偿责任。"

（3）关于承揽合同，第265条规定："承揽人应当妥善保管定作人提供
的材料以及完成的工作成果，因保管不善造成毁损、灭失的，应当承担损害
赔偿责任。"

（4）关于运输合同，第303条第1款规定："在运输过程中旅客自带物
品毁损、灭失，承运人有过错的，应当承担损害赔偿责任。"第311条又规
定："承运人对运输过程中货物的毁损、灭失是因不可抗力、货物本身的自
然性质或者合理损耗以及托运人、收货人的过错造成的，不承担损害赔偿
责任。"

（5）关于保管合同，第374条规定："保管期间，因保管人保管不善造
成保管物毁损、灭失的，保管人应当承担损害赔偿责任，但保管是无偿的，
保管人证明自己没有重大过失的，不承担损害赔偿责任。"

（6）关于委托合同，第406条规定："有偿的委托合同，受托人的过错
给委托人造成损失的，委托人可以要求赔偿损失。无偿的委托合同，因受托
人的故意或者重大过失给委托人造成损失的，委托人可以要求赔偿损失。受
托人超越权限给委托人造成损失的，应当赔偿损失。"

① 朱广新：《违约责任的归责原则探究》，《政法论坛》2008年第4期，第76页。

（7）关于居间合同，第 425 条规定："居间人故意隐瞒与订立合同有关的重要事实或者提供虚假情况，损害委托人利益的，不得要求支付报酬并应当承担损害赔偿责任。"[①]

严格责任原则为英美侵权行为法中的概念，大陆法上称为无过错责任。一般的观点认为，严格责任原则就是无过错责任原则。本书所使用的严格责任与无过错责任系同一含义。所谓无过错责任原则，是指违约方在违约行为发生后，不管在主观上是否存在过错，除不可抗力的法定事由外，应当承担违约责任。换句话说，在发生违约的情况下，违约人承担违约责任无须考虑其主观上有无过错，而只须有违约这一客观事实。只要不属于法定免责情形，就要承担违约责任。无过错责任原则具有以下特点：

第一，无过错责任原则不以行为人过错为违约责任的构成要件。在过错责任原则下，当事人一方要求违约方承担违约责任，则必须证明违约行为是违约方主观上的过错造成的。如果实行过错推定责任，在违约方不能证明自己没有过错的情况下，则推定违约方有过错，也要承担违约责任。而无过错责任原则只要求当事人证明违约方有违约行为，不需举证违约方是否有过错。在这一点上，它既不同于过错责任原则，亦不同于推定过错责任原则。

第二，非违约方主张权利时，对违约方有无过错不负举证责任。以违约行为与违约事实所产生的后果之间的因果关系为归责事由和核心要件。它是一种客观归责，当事人容易举证，便于判断，无需举证对方主观上有过错。

第三，是法定责任而非当事人约定的责任。无过错责任由法律明确加以规定，当事人不能任意约定。

第四，违约责任并非绝对责任，违约方可以依照法律规定或当事人约定的免责事由主张免责。

---

① 焦富民：《论合同责任归责原则》，《学海》2000 年第 5 期，第 126 页。

三、违约行为及其形态

（一）违约行为的概念和特征

违约行为，是指当事人违反合同义务的行为。违约行为是违约责任的核心条件，没有违约行为就不会有违约责任的承担。违约行为作为一种民事违法行为，与其他的民事违法行为相比较，具有以下特征：

1. 违约行为以有效的合同关系的存在为前提

只有在当事人之间存在合法有效的合同关系，不履行或不适当履行合同义务时，才可能产生违约行为。

2. 违约行为的主体是合同关系的当事人

违约行为的主体具有特定性，仅在合同当事人之间发生，第三人侵害债权造成合同不能履行，不构成违约，属于侵权行为。

3. 违约行为是违反合同义务的行为

合同义务主要是当事人通过协商确定的，同时也包括法律为维护交易安全和当事人合法权益而为当事人设定的义务，如注意义务、告知义务、照顾义务、说明义务、保密义务等附随义务。

4. 违约行为的后果是对合同债权的侵犯

违约行为不同于侵权行为，侵权行为是对物权、人身权和知识产权等的侵害，而违约行为是对合同债权的侵害。大部分违约行为，使债权人依赖合同产生的期待利益和信赖利益不能实现，并可能造成其他损失。但在某些情况下，违约行为不一定造成实际损失，但仍能成立违约行为。因此，违约行为致使债权不能实现，并不必然造成损害，侵害的只能是债权。

（二）违约行为的形态

违约行为的形态，简称违约形态，是指根据违约行为违反合同义务的特点、性质而对违约行为所作的分类。违约形态是违约责任制度中的一项重要内容，违约行为形态总是与特定的补救方式和违约责任联系在一起。从实践上说，设置违约形态有助于当事人在对方违约的情况下，寻求最有利的补救方式，同时也有利于审判人员根据不同的违约形态为违约方确定最为合适的责任形态。根据我国合同法的相关规定，加以归纳并建构体系如下：

1. 预期违约

预期违约，又称为先期违约，是指合同履行期届满之前，当事人一方明确表示或者以自己的行为表明不履行合同义务的行为。预期违约是英美法系合同法中的一项制度，后被我国所吸收。预期违约（Anticipatory Breach of contract），最早是在英国合同法中确立的法律概念。在英国王座法院审理的 Hochster v. DeLatour 案中，法院认为"在被告拒绝履行该协议之后，原告有权考虑他是否解除他对该合同的未来履行义务，同时保留就合同被毁所致损失诉请赔偿的权利。因此，他有权谋求为另一雇主提供服务，从而使他有权以违约为由请求赔偿的损失得以减少，而不是消极等待和花费金钱去进行徒劳无益的准备。"[①] 在这一案例中确认了在一方当事人预期违约时，另一方当事人可以解除合同并立即行使求偿权。这是明示预期违约的最初的法院判例。《美国合同法第二次重述》及《美国统一商法典》均采纳了预期违约规则。

"英美法的预期违约与大陆法的不安抗辩，同为保护合同期待权而构建的法律制度，二者既有相似的制度功能，又有相异的制度构造特征。我国《合同法》吸取两大法系的成功经验，在批判借鉴的同时，确立了具有中国特色的预期违约和不安抗辩法律制度。二者与同时履行抗辩和顺序履行抗辩，共同构筑起一套完整的保护合同期待权的法律制度体系。"[②]《合同法》第108条规定，当事人一方明确表示或者以自己的行为表明不履行合同义务的，对方可以在履行期限届满之前要求其承担违约责任。

预期违约包括明示毁约和默示毁约。明示毁约是指在合同依法成立之后履行期限届满之前，当事人一方明确肯定地拒绝履行合同；默示毁约是指当事人一方以自己的行为表明不履行合同义务且拒绝向债权人提供充分担保的一种违约行为。与预期违约相对应的是届期违约，两者相比，预期违约具有以下特点：

---

① 科宾：《论合同》（下），中国大百科全书出版社1998版，第449页。
② 蓝承烈：《预期违约与不安抗辩的再思考》，《中国法学》2002年第3期，第96页。

第一，预期违约发生在合同履行期届满之前。履行期尚未到来，当事人还不必要实际履行义务。因此，预期违约表现为未来不履行义务，而不是表现为现实的违反履行义务。第二，预期违约所侵害的是期待的债权而不是现实的债权。第三，在违约补救方式上，对方当事人享有更大的选择余地。在一方预期违约时，另一方当事人可以在履行期届满之前要求违约方承担违约责任，也有权等到履行期届满之后，要求对方继续履行合同或承担届期违约责任。

2. 届期违约

届期违约，又称为实际违约，是指合同履行期限届至以后发生的违约行为。根据《合同法》第107条的规定，届期违约包括不履行和不适当履行两种情况。

（1）不履行

不履行，是指当事人根本不履行合同义务。不履行包括履行不能和拒绝履行。履行不能是指合同成立后由于某种情形债务人客观上已经不可能再履行债务，对因可归责于债务人的事由而导致的履行不能，债务人应承担违约责任。如当合同标的物为特定物时，该特定物灭失，以人的劳务为给付标的的合同中，义务人丧失了劳动能力等。拒绝履行，是指在履行期限届满后，债务人能够履行合同义务而无正当理由明确地表示不履行债务。在拒绝履行的情形，当事人应当履行、可以履行而拒不履行，具有主观故意性。因此，拒绝履行与履行不能不同。

对于不履行的结果，他方当事人有权请求对方承担责任。不履行必然导致迟延履行，如果因此债权人的合同目的不能实现，他方可以解除合同。如果守约方认为拒绝履行一方的履行仍有必要，可以要求继续履行。

（2）不适当履行

不适当履行，又称不完全履行，是指当事人虽然履行了合同债务，但履行合同义务不符合法律或约定的要求。如标的物品种、质量等不合要求。主要包括迟延履行和瑕疵履行。

迟延履行，是指当事人履行合同超过了合同的履行期限的情形。广义的履行迟延包括债务人履行迟延和债权人履行迟延，狭义的仅包括债务人的履行迟延。由于是否构成履行迟延以履行的期限为依据，所以履行的期限的确定至关重要。合同约定有履行期日或期限的，按约定确定。超过履行期限履行的，为履行迟延。在分期履行中，任何一方不按时履行，即构成迟延履行。履行期限没有约定或约定不明确的，按《合同法》第62条的规定，履行期限不确定时，债务人可随时履行，债权人也可随时要求履行，但应给对方适当的准备时间。在给与合理的时间内若仍未履行，则构成迟延履行。

瑕疵履行，是指债务人没有完全按照债务的内容履行合同义务。瑕疵履行主要包括一般瑕疵履行和加害给付。一般瑕疵履行所包含的范围较广，如债务人给付数量不足、品种不合、质量不符、地点不当、时间不宜或方式不妥等。加害给付，是指债务人履行合同不但含有一般瑕疵，而且其瑕疵还造成对方当事人的其他财产和人身造成损害。如交付不合格的热水器漏电造成人身伤亡。加害给付的主要特点：不但债务人的履行本身不合约定，而且基于这一给付又造成了债权人履行利益以外的人身或财产的损害。因此，加害给付在违约的同时又构成了侵权。《合同法》第122条规定，因当事人一方的违约行为，侵害对方人身、财产权益的，受损害方有权选择依照本法要求其承担违约责任或者依照其他法律要求其承担侵权责任。

四、承担违约责任的形式

承担违约责任的形式，是指违约方承担法律责任的表现形式。从另一个方面讲，又是非违约方当事人可以采取的补救措施。根据我国合同法规定，承担违约责任的形式主要有：

（一）继续履行

继续履行，又称实际履行或强制实际履行，是指违约方不履行合同时，应守约方的要求，人民法院强制违约方依据合同的约定继续履行合同义务的责任形式。对于我国合同法中的实际履行，有学者认为其仅指"直接强制"，其方式因债务的具体内容的不同而不同，其通常适用的对象有交付金钱、财物、房屋土地等。从比较法的角度，如日本法上的强制履行，除此之外，尚包括代替执行和间接强制。代替执行是指由债权人或者第三人代替债务人履行债务，使债权内容获得实现，相关的费用由债务人负担的方法。间接强制式指若债务人于一定的期间内未履行债务，则法院命令其支付一定的金钱，以此对债务人的心理施加压力，间接地使债权的内容获得实现的办法。[1] 也有学者认为，非金钱债务才有强制履行的可能性。对于金钱债务，实际履行与一般的其他责任，如损害赔偿本身没有任何区别，所以不必适用强制履行。[2]

继续履行有以下特点。第一，继续履行是一种实现当事人订立合同目的的补救方法。实际履行的原则要求当事人严格按照合同约定履行义务，它是合同履行阶段指导当事人正确履行的原则，是合同义务的基本要求。是否请求继续履行是守约方的一项权利，也是寻求法律救济的方式之一。有学者认为，"继续履行请求权是给付请求权的一个效力，即诉请执行力，故准确地讲，继续履行请求权不过就是债的强制履行力，而非违约责任，但其具有违约救济的效果。强制履行的规范基础在于契约严守原则，其不仅约束债务人，亦约束债权人，其目的在于增强债的约束力。自债务人角度而言，基于强制履行之规则，债务人必须给付其所负担的标的物，不能通过损害赔偿替代标的物的给付。自债权人角度而言，债权人必须先为强制履行之请求或补救履行之请求，然后才能提起解除或损害赔偿之请求。"[3] 第二，继续履行不能以其他标的代替原合同的标的，也不能以违约金或者损失赔偿金代替合同履行。这是非违约方实现合同目的的实际需要。第三，继续履行并不排斥其他责任方式。继续履行可以与违约金、赔偿损失并用。即当事人不履行合同义务的，在履行义务后，还存在其他损失的，应当赔偿损失。但继续履行不能与解除合同并用，因合同解除后，债务不复存在，当然也没有履行合同问题。

根据《合同法》的规定，继续履行应具备以下条件：

1. 违约行为的存在

继续履行是当事人一方不履行或不适当履行合同义务的法律后果，所以，违约行为是继续履行的前提条件。

---

① 韩世远：《履行障碍法的体系》，法律出版社 2006 年版，第 234 页。

② 陈小君主编：《合同法新制度研究与适用》，珠海出版社 1999 年版，第 320 页。

③ 王洪亮：《强制履行请求权的性质及其行使》，《法学》2012 年第 1 期，第 104 页。

2. 守约方在合理期限内提出继续履行的请求

是否继续履行，法律将这一权利赋予给守约方，守约方可以根据实际情况加以选择。只有守约方在合理期限内提出请求，人民法院或仲裁机构才能做出继续履行的裁决，人民法院或仲裁机构不得以其职权强制违约方承担继续履行的责任。

3. 债务的标的适合强制履行

债务的标的适合强制履行，是指债务的强制履行将不违反合同的性质和法律的规定。对一些具有人身性质为履行标的的合同，如委托合同、劳务合同等不适于强制履行。

4. 债务的继续履行须为可能且履行费用合理

继续履行是强制违约方按合同规定的内容履行，这就要求继续履行的债务必须在事实上和法律上都是可以继续履行的，如特定标的物灭失，债务不具有继续履行的可能，则不能请求继续履行；如果履行费用过高，继续履行与其获得的利益之间根本不相称，应采用其他的违约责任方式，而不宜采用继续履行。

《合同法》对金钱债务和非金钱债务的继续履行加以区分，并作了不同的规定。首先，对于金钱债务的继续履行，只要当事人一方不支付价款或者报酬的违约情况，经守约方当事人的请求，违约方就应该支付价款或者报酬，继续履行合同义务。这是因为，对金钱债务的继续履行来说，一般不存在履行不能和不适于履行的问题。其次，非金钱债务不同于金钱债务，对某些债务可能发生履行不能，如特定物灭失的即是，无论违约方做出如何的努力，履行已成为不可能。所以，对非金钱债务适用强制履行做了例外规定：一是法律上或者事实上不能履行；二是债务的标的不适于强制履行或者履行费用过高；三是债权人在合理期限内未要求履行。

（二）赔偿损失

1. 赔偿损失概述

赔偿损失，是指违约方因己方的违约行为而给对方造成损失，以支付金钱的方式弥补受害方利益的损失。《合同法》第112条规定，当事人一方不履行合同义务或者履行合同义务不符合约定的，在履行义务或者采取补救措施后，对方还有其他损失的，应当赔偿损失。赔偿损失是一种最基本的违约责任形式，一般是以支付金钱的方式来进行的。

赔偿损失具有如下特点。第一，赔偿损失是因合同债务人违反合同义务所产生的法律责任。赔偿损失责任的前提首先是一方当事人对合同义务的违反。第二，赔偿损失责任具有补偿性。赔偿损失主要是为了弥补债权人因债务人的违约行为所遭受的损失，所以损失赔偿额一般应相当于因违约所造成的损失。第三，赔偿损失具有约定性和强制性。赔偿损失作为一种法律责任形式，既具有国家强制性的特点，但同时又允许当事人在合同中对赔偿损失事项进行约定，即合同当事人可以约定因违约产生的损失赔偿的数额及计算办法。《合同法》第114条规定，当事人可以约定一方违约时应当根据违约情况向对方支付一定数额的违约金，也可以约定因违约产生的损失赔偿额的计算方法。约定的违约金低于造成的损失的，当事人可以请求人民法院或者仲裁机构予以增加；约定的违约金过分高于造成的损失的，当事人可以请求人民法院或者仲裁机构予以适当减少。

赔偿损失是对受害方的经济损失的弥补，具有补偿性。问题是赔偿损失是否具有惩罚性，存有争议。《合同法》第113条第2款规定，经营者对消费者提供商品或者服务有欺诈行为的，依照《消费者权益保护法》（2013年）的规定承担损害赔偿责任。而《消费者权益保护法》第55条规定，经营者提供商品或者服务有欺诈行为的，应当按照消费者的要求增加赔偿其受到的损失，增加赔偿的金额为消费者购买商品的价款或者接受服务的费用的三倍；增加赔偿的金额不足五百元的，为五百元。法律另有规定的，依照其规定。经营者明知商品或者服务存在缺陷，仍然向消费者提供，造成消费者或者其他受害人死亡或者健康严重损害的，受害人有权要求经营者依照本法第四十九条、第五十一条等法律规定赔偿损失，并有权要求所受损失二倍以下的惩罚性赔偿。可见，赔偿损失的补偿性只是一般的规定，特殊情况下，损害赔偿也可具有惩罚性。

2. 赔偿损失的构成要件

（1）须有违约行为。违约行为是赔偿损失的前提条件，没有违约行为，即使一方当事人受有损失，另一方也不负赔偿损失的责任。

（2）须受有损失。损失的客观存在是承担赔偿责任的必要条件。损失主要是指财产损失，是否也包括精神损害，不无争议。在我国，合同法并没有明确规定。但是从理论上分析，不宜将精神损失纳入损害后果。这是因为，赔偿损失在性质上有可计算、换算成货币的特点，精神损失难以确定。我国司法实践一般也不认可精神损害的违约赔偿。尽管《合同法》第 122 条关于加害给付情况下受害人可以在违约责任和侵权责任择一行使请求权，但也不能说明选择违约责任就可以请求精神损害赔偿。

（3）违约行为与损失之间有因果关系。因果关系既是赔偿损失这一违约责任的适用条件，也是界定赔偿范围的依据。损失必须是由违约行为带来的确定的、直接的结果。赔偿损失目的在于使受害人恢复到相当于合同履行完毕时的状态，因果关系旨在将违约人的赔偿责任限制在一个合理的限度内，以体现损害赔偿的补偿性，避免无限扩大损害赔偿范围。如果违约行为没有造成实际损失，或者损失不是违约行为产生的结果，则违约方不应给予赔偿。

3. 赔偿损失的范围

（1）完全赔偿原则。完全赔偿原则是指违约方对其违约行为给对方造成的损失全部予以赔偿的原则。完全赔偿原则要求损失赔偿应是充分的、完全的，足以消除受害人的不利状态，使损失赔偿能够偿抵损失，在经济利益上使受害人不因对方违约而处于不利的处境，使受害人所遭受的损失可以恢复到合同如约履行的状态。《合同法》第 113 条规定，当事人一方不履行合同义务或者履行合同义务不符合约定，给对方造成损失的，损失赔偿额应当相当于因违约所造成的损失，包括合同履行后可以获得的利益。可见，完全赔偿原则是法律明确规定的重要原则。

从《合同法》第 113 条可以看出，违约人所要赔偿的损失包括直接损失和间接损失。直接损失是指违约行为给对方当事人造成的现有物质财富的直接减少，如造成财物毁损、灭失、费用支出等；间接损失是指因违约行为而造成对方当事人合同履行后可以取得的利益的丧失。这种损失虽然不是现实的财产损失，但它是在违约方如果依约履行的情况下，必然可以得到的利益的损失。从这个意义上讲，可得利益虽然是未来的利益，但由于它同时具有可期待性，所以也属于受害人所遭受的损失，应得到法律的保护。

（2）完全赔偿原则的限制。违约方给对方造成的损失，应适用完全赔偿的原则，这是一个原则性的规定。但是，赔偿数额的确定毕竟是一个复杂的问题，如何界定其范围，以不使赔偿漫无边际，以至于可能会加重债务人的责任，或使债权人获得额外的利益，所以，又要对完全赔偿原则加以限制。《合同法》第113条规定，违约方赔偿守约方的损失不得超过违反合同一方订立合同时预见到或者应当预见到的因违反合同可能造成的损失。经营者对消费者提供商品或者服务有欺诈行为的，依照《消法》的规定承担损害赔偿责任。可见，法律对完全赔偿原则作了如下限制：

①可预见规则。可预见性规则，是指违约方承担损害赔偿责任的最高数额不得超过其在订立合同时已经预见或应当预见到的因违约造成的损失。可预见性原则的采纳，将赔偿责任限制在一个必要的合理范围之内，避免了违约方当事人承担不应有的风险。这对促进和保障交易活动的正常发展具有重要作用。在合理预见规则中，预见的当事人应当是违约方而不是守约方；预见的时间为订立合同之时，而不是违约之时；预见的内容为订立合同时能够预见到或者应当预见到的损失，没有预见到的，不在赔偿范围之列。判断违约方是否应当预见，主要有主观标准和客观标准两种。主观标准是对违约人而言，看其所具有的知识、水平、能力以及他在订约当时已经知道或理应知道的所有情况和事实；客观标准是以一个抽象的合理人作为参照标准，如果合理人在同样情况下应当预见，就视为违约人也应当预见。在通常情况下，应从主观和客观等来综合确定。目前关于预见的内容主要有几种观点，预见的内容着重体现了在预见的时点所应当考虑的因素，这些考虑因素共同构筑了可预见性规则的内容，主要有：第一，考虑预见该损失因为违约可能会发生；第二，考虑预见损失的类型。美国判例法采取的预见类型的观点；第三，不仅要求预见损失的类型，还要求预见损失的程度，尤其以法国法为代表。法国法中，违约方需预见到其责任范围，有时甚至是具体的赔偿额，违约方才需承担赔偿责任，依此观点，被告不仅应当预见到损害的类型和原因，还应当预见到损害的范围。①

②减轻赔偿损失规则。减轻赔偿损失规则是指当事人一方违约而造成损害时，对方应当采取适当的措施防止损失的扩大，没有采取适当措施致使

---

① 王利明：《违约责任论》，中国政法大学出版社1996年版，第454页。

损失扩大的，对扩大的损失无权请求赔偿。《合同法》第119条规定，当事人一方违约后，对方应当采取适当措施防止损失的扩大；没有采取适当措施致使损失扩大的，不得就扩大的损失要求赔偿。但是，因为防止损失的扩大所支出的合理费用，由违约方负担。受害人防止损失扩大的义务是一种法定义务，因为由受害方防止己方损失扩大的风险最能控制和成本最小，所以法律将这种义务分配给受害方，是合理的。

③过错相抵规则。过错相抵规则，又称与有过失规则或混合过错规则，是指在受害人对损失的发生或扩大也有过失的、可以减轻或免除赔偿责任。《民法通则》第113条规定当事人双方都违反合同的，应当分别承担各自应负的民事责任。《合同法》第120条规定，当事人双方都违反合同的，应当各自承担相应的责任。这些都是对过错相抵规则的规定。适用过错相抵规则的效果，是减轻或免除责任。

（三）违约金

1.违约金概述

违约金，指当事人违反合同义务，按照法律规定或合同约定向对方支付一定数额的金钱。《合同法》第114条规定，当事人可以约定一方违约时应当根据违约情况向对方支付一定数额的违约金。违约金是违约责任中常见的责任形式之一，其具有以下特点：

第一，违约金具有预先约定性。当事人可以在订立合同时，对违约金的支付条件和数额作出约定。当事人约定违约金是合同意思自治原则的体现，只要约定的数额公平合理，不违反法律的精神，就应当受到保护。预先确定违约金，明确了违约后承担的责任，有利于督促当事人履行合同，对债的履行起到了担保作用。第二，违约金是违约发生后的补救方式。当事人订立违约金条款后，不能立即生效，只有发生违约行为，才能请求支付违约金。第三，违约金具有补偿性和惩罚性，包括两种含义。第一种含义，违约金具有补偿性，是指违约金用于弥补因违约造成的损失。具体表现在，约定的违约金低于造成的损失的，当事人可以请求人民法院或者仲裁机构予以增加；约定的违约金过分高于造成的损失的，当事人可以请求人民法院或者仲裁机构予以适当减少。《合同法》第114条第2款规定，约定的违约金低于造成的损失的，当事人可以请求人民法院或者仲裁机构予以增加；约定的违约金过分高于造成的损失的，当事人可以请求人民法院或者仲裁机构予以适当减少。第二种含义，违约金的惩罚性，是指只要有违约行为，不论损失大小，甚至没有任何损失，也都要按约定向对方支付违约金。

2. 对违约金责任适用的特殊问题的处理

（1）违约金与定金并存时的关系处理。《合同法》第 116 条规定，当事人既约定违约金，又约定定金的，一方违约时，对方可以选择适用违约金或者定金条款。该规定赋予守约方适用违约金或者定金的选择权，二者不能并用，只能择一行使。

（2）违约金与赔偿损失关系的处理。违约金与赔偿损失都具有补偿性，当违约金不足以弥补损失的，二者责任形式可以并用，但以不超过实际损失额为限。《合同法》第 114 条第 2 款规定，约定的违约金低于造成的损失的，当事人可以请求人民法院或者仲裁机构予以增加；约定的违约金过分高于造成的损失的，当事人可以请求人民法院或者仲裁机构予以适当减少。《合同法解释（二）》第 28 条规定："当事人依照合同法第一百一十四条第二款的规定，请求人民法院增加违约金的，增加后的违约金数额以不超过实际损失额为限。增加违约金以后，当事人又请求对方赔偿损失的，人民法院不予支持。"第 29 条规定："当事人主张约定的违约金过高请求予以适当减少的，人民法院应当以实际损失为基础，兼顾合同的履行情况、当事人的过错程度以及预期利益等综合因素，根据公平原则和诚实信用原则予以衡量，并作出裁决。当事人约定的违约金超过造成损失的百分之三十的，一般可以认定为合同法第一百一十四条第二款规定的'过分高于造成的损失'。"

（3）违约金与继续履行关系的处理。《合同法》第 114 条第 3 款规定，当事人就迟延履行约定违约金的，违约方支付违约金后，还应当履行债务。所以，二者可以并用，但适用的违约金责任应以不过分超过实际履行不足以弥补的损失额为限。

（4）合同当事人双方违约的处理。双方当事人均违约的，构成双方违约。《合同法》第 120 条规定，当事人双方都违反合同的，应当各自承担相应的责任。

（5）因第三人的原因造成违约时的处理。《合同法》第 121 条规定，当事人一方因第三人的原因造成违约的，应当向对方承担违约责任。当事人一方和第三人之间的纠纷，依照法律规定或者按照约定解决。这是合同相对性原则的具体体现。如果当事人一方违约是由第三人的原因造成的，守约方无权请求第三方承担违约责任。所以，解决的办法是，先由违约方向守约方承担违约责任，然后再由违约方向造成违约原因的第三人追究法律责任。

（四）定金责任

定金是合同当事人一方为担保合同的履行而预先支付给另一方的金钱。定金既是一种债的担保形式，又是一种债务不履行时的责任形式。《合同法》第115条规定，当事人可以依照《中华人民共和国担保法》约定一方向对方给付定金作为债权的担保。债务人履行债务后，定金应当抵作价款或者收回。给付定金的一方不履行约定的债务的，无权要求退还定金；收受定金的一方不履行约定的债务的，应当双倍返还定金。

定金的担保作用主要体现在定金罚则上，当然也是能够作为违约责任的根本所在。无论一方的违约是否造成对方损失，都导致定金责任。因此，定金具有惩罚性。既如此，应当给定金适用规定一定的条件，这主要体现在对定金数额的限制上。法律对定金的数额作了规定，《担保法》第91条规定，定金的数额由当事人约定，但不得超过主合同标的额的20%。另外，《合同法》第116条规定，当事人既约定违约金，又约定定金的，一方违约时，对方可以选择适用违约金或者定金条款。可见，定金与违约金作为两种独立的违约责任形式，守约方享有选择权，但不能同时并用。

（五）采取补救措施

《合同法》第107条规定，当事人一方不履行合同义务或者履行合同义务不符合约定的，应当承担继续履行、采取补救措施或者赔偿损失等违约责任。可见，采取补救措施也是在瑕疵给付的情况下，违约方承担违约责任的一种方式。具体规定补救措施的是《合同法》第111条："质量不符合约定的，应当按照当事人的约定承担违约责任。对违约责任没有约定或者约定不明确，依照本法第六十一条的规定仍不能确定的，受损害方根据标的的性质以及损失的大小，可以合理选择要求对方承担修理、更换、重作、退货、减少价款或者报酬等违约责任。"

质量条款是合同的重要条款，当事人应在合同中就标的质量及其违反该质量时所承担的违约责任做出约定。当合同标的质量不符合约定时，违约方按照合同约定承担相应的违约责任。如果当事人在订立合同时没有对质量不符合约定时如何承担责任进行约定，或者约定了但不明确，应当允许由双方当事人通过协议做出补充，无法达到补充协议的，应根据合同的有关条款或者交易习惯予以确定，仍不能确定的，受损害的合同一方当事人可以根据标的物的性质以及损失大小，在修理、更换、重作、退货、减少价款或者报酬等方式中选择一种合适的方式来要求对方承担违约责任。在适用这一规定时，列举的补救措施并无先后顺序。另外，《合同法》第 112 条规定，当事人一方不履行合同义务或者履行合同义务不符合约定的，在履行义务或者采取补救措施后，对方还有其他损失的，应当赔偿损失。可见，补救措施和赔偿损失可以并用。

五、违约责任的免责事由

（一）免责事由概述

免责事由，又称违约责任的免除，是指在合同的履行过程中，出现了法律规定的免责条件或者合同约定的免责条款导致合同不能履行时，债务人可以免除其违约责任。

免责事由可分为两种，即法定的免责事由和约定的免责条款。法定的免责事由，是指由法律规定的免除责任的事由。《合同法》第 117 条规定，因不可抗力不能履行合同的，根据不可抗力的影响，部分或者全部免除责任，可见，不可抗力是法定的主要的免责事由。除不可抗力外，合同法分则也规定了特定情形的法定免责事由，如《合同法》第 311 条规定，货运合同的承运人能够证明货物的毁损、灭失是因货物本身的自然性质或者合理损耗以及托运人、收货人的过错造成的，不承担损害赔偿责任。又如第 191 条规定，除附义务的赠与外，赠与的财产有瑕疵的，赠与人不承担责任。约定的免责条款，是指当事人在订立合同时约定的可以免除责任的条款。

（二）不可抗力

1. 不可抗力的概念

《合同法》第 117 条第 2 款规定，本法所称不可抗力，是指不能预见、不能避免并不能克服的客观情况。由此可见，不可抗力是指在合同订立后发生的，当事人订立合同时不能预见的且不能避免和不能克服的导致合同不能履行或不能按期履行的客观情况。不可抗力有如下特点：

第一，不可抗力的发生是订立合同时双方所不能预见的。第二，不可抗力的发生是不可避免并不能克服的。不可避免并不能克服，是指非人力所能够避免和克服，当事人尽了最大努力，仍然不能避免并克服某种事件的发生。第三，不可抗力的发生是一种客观情况，不以人的主观意志为转移。第四，不可抗力事件必须发生在合同履行期间内。对于发生在迟延履行期间的不可抗力所造成的合同不能履行，不能免除当事人的违约责任。

2. 不可抗力的范围

一般而言，不可抗力包括自然灾害和社会异常事件：

（1）自然灾害。自然灾害是一种典型的不可抗力，包括水灾、旱灾、风灾、地震、海啸等。尽管随着科学技术的发展，人类的预见能力不断提高，但自然灾害仍是人们难以预见和无法克服、避免的。

（2）社会异常事件。社会异常事件主要指阻碍合同履行的一些偶发事件，例如战争、罢工、骚乱等。这些事件由于在签订合同时无法预见，履行过程中也无法克服和避免。

（3）不可抗力的效力。《合同法》第 117 条规定，因不可抗力不能履行合同的，根据不可抗力的影响，部分或者全部免除责任，但法律另有规定的除外。当事人迟延履行后发生不可抗力的，不能免除责任。可见，虽然不可抗力作为违约责任的免责条件，但不可抗力的发生并不是当然免除责任或全部免除责任。不可抗力发生后，要根据具体情况不同对待：

第一，对于因不可抗力导致的合同不能履行，应根据不可抗力的影响程度，部分或全部免除责任，即免责的多少与不可抗力的影响程度来决定免责的范围。不可抗力造成全部不能履行的，可免除全部责任；不可抗力造成部分不能履行的，可免除部分责任。

第二，当事人在迟延履行后发生不可抗力的，不能免责。法律这样规定的原因是，当事人一方违约在先，已构成迟延履行，此时，即使发生不可抗力，也不能免除责任。

另外，《合同法》第118条规定，当事人一方因不可抗力不能履行合同的，应当及时通知对方，以减轻可能给对方造成的损失，并应当在合理期限内提供证明。这显然是明确了一旦在合同履行期间发生不可抗力而无法履行合同的，该方当事人负有及时通知对方的义务，其目的是以减轻可能给对方造成的损失。当然，不可抗力是客观存在的，而不是臆断或假想的，因此，法律要求当事人应能够在合理的期限内提供证明。

（三）约定免责条款

免责条款是指当事人双方在合同中约定限制或免除其未来责任的条款。免责条款的目的在于排除或限制当事人未来的违约责任，与不可抗力相比，它具有意定性的特点。免责条款必须由当事人明确订入合同并成为合同内容的组成部分，才能成为免责事由。

免责条款必须订入合同才可能发生免责的法律效力。但是，免责条款成为合同的组成部分，并不意味着就一定有效。要实际发生免责效果，还必须符合法律规定的有效条件，比如，合同成立有效、意思表示真实自愿、内容不违反法律的强制性规定以及符合法律的一般原则等。根据合同法的规定，一方以欺诈、胁迫的手段将免责条款订入合同，损害国家利益时无效；双方当事人恶意串通，免责条款损害国家、集体或者第三人的利益时无效；免责条款损害社会公共利益时无效；免责条款违反法律、行政法规的强行性规定时无效；对造成对方人身伤害的免责条款无效；因故意或者重大过失造成对方财产损失的免责条款无效等等。免责条款因重大误解订入合同时可被撤销，免责条款显失公平时亦然。但应注意的是，如果其中存在着无效的原因时，仍按无效处理。

另外，合同法对格式合同中的免责条款的效力作出了限制。第一，提供格式条款的一方应采取合理的方式提请对方注意免除或限制其责任的条款，按照对方的要求对该条款予以说明。如果违背了法定的提示义务、说明义务，该免责条款无效。第二，提供格式条款一方免除其责任、加重对方责任、排除对方主要权利的，该条款无效。第三，利用格式合同免除造成对方人身伤害或免除因故意或重大过失造成对方财产损失的责任的免责条款无效。

六、违约责任与侵权责任的竞合

违约责任与侵权责任的竞合，是指行为人实施的某一违约行为，具有违约行为和侵权行为的双重特征，从而导致了违约责任和侵权责任共同产生。如前述加害给付即构成违约责任与侵权责任的竞合。《合同法》第122条规定，因当事人一方的违约行为，侵害对方人身、财产权益的，受损害方有权选择依照本法要求其承担违约责任或者依照其他法律要求其承担侵权责任。由此看来，虽然一行为从特征上看可以导致两种责任，但这两种责任不能同时适用，行为人只承担一种责任。责任竞合是从责任承担者角度说的，如从权利人角度说，责任竞合就是请求权竞合。

（一）违约责任与侵权责任的竞合的特点

1. 这种责任竞合因某个违反义务的行为引起。责任竞合的产生是因一个违反义务的行为所致，数人共同实施同一不法行为，也视为一个行为。若数个不法行为，分别符合不同的责任构成要件，应使行为人承担不同的法律责任，而不能按责任竞合处理。

2. 一个违反义务的行为同时符合违约责任和侵权责任的构成要件。

3. 违约责任与侵权责任之间相互冲突。相互冲突意味着两个责任既不能相互吸收，也不应同时并存。因为其中任何一种责任都是对整个违法行为的全面救济，同时并用会造成责任上的重叠和重复，过分加重了责任人的负担，而受害人获得双倍利益，构成不当得利。因此，两种责任的并存适用，违背了民事责任的补偿性原理以及法律精神，导致显失公平。

（二）违约责任与侵权责任的竞合的处理

在同一不法民事行为引起违约损害赔偿责任和侵权损害赔偿责任的同时产生时，行为人应当如何承担民事责任或者说应承担什么样的损害赔偿责任的问题，先后产生了法条竞合说、请求权竞合说、请求权规范竞合说等比较有影响的理论学说。无论是法条竞合说、请求权竞合说，还是请求权规范竞合说，都有其合理之处，但也存在明显不足。① 有学者指出，责任竞合规则的设计不应偏向任何一方当事人，而是要依循责任规范的目的，使债权人获得其应当获得的赔偿，亦使债务人不受双重不利评价。为实现这一目的，我国完全可以采新法条竞合论探寻责任规范的意旨，对同一行为进行充分法律评价，既不评价过剩，也不评价不足。竞合情形通常应采"合同优先"原则，适用合同法规范群，这尊重了当事人对未来风险与利益的安排，符合私法自治的要求。②

根据我国《合同法》第122条的规定，在发生违约责任与侵权责任竞合情况下，权利人有选择权，可以选择有利于自己的诉由或诉因提起诉讼。当事人选择责任形式时可做以下几方面考虑：

第一，不法行为造成受害人人身伤害和精神损害的，请求承担侵权责任更为适宜，因为违约责任很难请求精神损害的赔偿。第二，因违约行为造成受害人财产损害的，如存在合同关系，追究违约责任比较有利，一方面不需要证明对方有过错，另一方面可以适用违约金责任或定金责任。第三，当事人一方和第三人恶意串通损害另一方当事人利益时，追究侵权责任较为有益。因为在不能证明第三人侵害债权的情况下，合同一方当事人和第三人不存在合同关系，根据合同的相对性原理，受害人不能向第三人请求承担责任。而按侵权责任处理，受害人可以请求当事人与第三人承担连带责任。

---

① 吴德桥：《违约责任与侵权责任竞合的几种理论学说评述》，《法学评论》1991年第2期，第40页。
② 谢鸿飞：《违约责任与侵权责任竞合理论的再构成》，《环球法律评论》2014年第6期，第25页。

第 十 三 章

合同的解释

一、合同解释概述

（一）合同解释的概念

所谓解释，又称诠释，含有分析、阐明、说明、注解之意。民法学所关注的解释主要为"法律的解释"和"法律行为的解释"，合同的解释属于一种法律行为的解释。[1] 事实上合同解释与法律解释是难以区分的。"合同解释的过程本身会涉及法律的规定，合同解释完成后进入法律适用阶段，而法律适用仍然与法律解释相连。由此决定合同解释与法律解释相互交织。其实，合同解释的过程往往伴随着法律解释，合同解释与法律解释时常交织。"[2] 所谓合同解释，是指对合同条款及其相关资料（包括合同当事人的行为）所做的阐释和说明。合同是当事人意思表示一致的产物。理想的合同应当准确、清楚地反映当事人的合意。但是实际上，并非在任何情况下合同都能达到这种要求。因此在现实生活中可能会出现仅靠合同文本无法准确界定当事人权利义务的情况，这就需要对合同文本及与合同有关的事物进行整合加以解释。"合同是一种合意，是缔约当事人共同意志的表现。由当事人共

---

[1] 韩世远：《合同法总论》，法律出版社 2008 年版，第 619 页。

[2] 崔建远：《合同解释与法律解释的交织》，《吉林大学社会科学学报》2013 年第 1 期，第 70 页。

同意志构成的合同充分地反映了私法中的个人独立（包括财产独立）、平等和自由选择的法律价值。合同成立后，其条款就具有法律的效力，当事人受这种共同意志的制约。合同的解释关系到当事人期待利益和合同价值的实现，它是合同制度中非常关键的一个问题。"①

根据解释主体的不同，合同解释有广义和狭义之分。对合同条款及其相关资料的含义加以分析和说明，任何人都有权进行，此即广义的合同解释。狭义的合同解释专指有权解释，即受理合同纠纷的法院或仲裁机构对合同及其相关资料所做的具有法律拘束力的分析和说明。

我国目前的合同解释规则尚不健全，有学者指出，现行立法存在着合同解释规则的成文法化程度不够、体系整合不足等问题。具体表现为合同解释规则较分散，没有专章或专节规定。没有充分发挥制约法官自由裁量权、防止枉法裁判的功能。我国应借鉴欧洲统一私法运动的研究成果，以民法典编纂为历史契机，整合、完善我国合同解释规则，实现合同解释规则制度充分的成文法化、体系化，发挥其约束司法权力、维护司法公正的制度功能。② 在司法实践中法官运用合同解释规则同样存在较大缺憾。正如有文章指出的，"实践中司法者对于合同解释方法的运用尚处于一种自发的不规范的状态，容易将合同解释问题混同于认证问题一并解决，而且当合同争议涉及运用两种以上合同解释方法时，欠缺顺位规律的把握。总体而言，司法实践中法官对合同解释方法的理论认识不足，对各种合同解释方法的适用和选择缺乏合理性和规律性，需要增强对基本理论和运用规则的自觉把握。"③

（二）合同解释的主体与客体

主体是指从事实践和认识活动的人。从字面意义理解，合同解释亦即对合同文本的解释。合同当事人、法官、仲裁员、律师、学者甚至任何人都可以对某一合同争议发表自己的见解，但是不同的解释具有不同的效力。严格来说，只有受案法官或受案仲裁员依照法定职权和程序作出的解释才可能

---

① 沈敏荣：《合同的解释与解释的合同》，《南京社会科学》2000 年第 1 期，第 48 页。
② 段小兵、李旭东：《论我国民法典编纂中合同解释规则的完善——以借鉴欧洲统一私法运动研究成果为视角》，《西南大学学报（社会科学版）》2011 年第 4 期，第 125 页。
③ 张艳：《论合同解释方法的运用》，《法律适用》2013 年第 11 期，第 68—69 页。

对合同权利义务的确定产生实质性的影响。其他人的解释或许对查明案情或者学术研究有一定的价值，但不会直接产生法律上的效果。因此，合同解释作为司法行为，其主体应该限定为讼争合同的裁判者，即法官或仲裁员。

客体是与主体对应的概念，是进入主体活动领域、为主体所指向的客观事物。意思表示是法律行为最核心的构成要素，法律行为的解释也可以称作意思表示的解释。有学者认为合同解释的客体是当事人的意思表示，但将意思表示等同于合同的"文字、词句、用语、条款"。事实上，意思表示不仅表现于合同行为的结果，还表现于行为本身。行为结果包括合同书及相关文件所载的内容。通常是书面条款、明示条款，但也可以是口头条款、隐含条款；此外，行为包括作为与一定条件下的不作为。其中缔约行为最能反映当事人意思，但考察履约行为、违约行为也有助与认定当事人意思。因此，合同解释的范畴不限于主体的意思表示，更不限于合同文本。

（三）合同解释的目的

合同的解释，有助于使合同的内容得到补充和完善。一般来说，合同的解释不涉及合同形式的确定问题。合同解释所涉及的主要是合同的内容的问题，合同解释的直接目的就在于正确地确定当事人的权利义务，从而合理地解决合同纠纷。合同解释的目的在于探求当事人的真意，这是历来不争的定论。但是究竟什么是当事人的真意，换言之，应依什么标准探求当事人的真意，则素有分歧。其观点大致分两派：意思主义（主观方法）与表示主义（客观方法）。两派解释的重点不同，前者重点在于主观的内在意思，后者重点在于客观的外在表示。[①]事实上，主观解释和客观解释是互相制约的，正如有学者指出的，"法官对合同的解释无法脱离其能动性，而主观性的解释须以客观性为目的。当法官在合同解释出现障碍时应恪守两个标准：理性第三人标准和社会公共利益标准。同时，必须对法官的能动性予以下列限制：法官在适用理性第三人标准时，应尽量避免以所谓的'理性第三人'之名而作出偏离缔约人真意的解释；法官在合同解释中的自由裁量权要受合同解释规则、合同文本内容、法官职业共同体之规则，公平、正义、诚信等基

---

① 韩世远：《合同法总论》，法律出版社 2008 年版，第 619 页。

本原则的限制。"① 特别应该注意的是，合同解释过程中应该避免法官的个人意志代替当事人的个人意志，这就背离了合同解释的规则。正如有文章指出的，法官在解释有争议合同条款时，是以合理第三人为标准的客观解释而得出的意思，如果这种意思被当事人所接受，也可以说是当事人的新的意思。也可能以合理第三人为标准而得出的意思因异于双方意思不被双方当事人所接受，但双方当事人又不愿意因错误而撤销合同，即愿意保持原来合同的有效性，法官就只能依被解释出的意思进行裁判。在法官对合同进行补充解释中，当事人因未约定缺漏内容，根本无所谓合意。因此，在补充解释中，如果说是当事人的意思，就显得更加牵强。在这种时候，当事人承担了一种根本不是源于其约定的权利义务，在这里已经从实际上消灭了当事人自治，而代之以以裁判为目的的规范性意思。那么，如果这种解释已经完全背离了当事人的意志，应当通过撤销制度来维护意思自治的完整性。②

《合同法》第 125 条规定："当事人对合同条款的理解有争议的，应当按照……确定该条款的真实意思。"基于合同解释的类型包括阐明解释、补充解释和修正解释，探求当事人"共同意愿"或"真实意思"就主要是阐明解释的目的；而补充解释的目的在于填补合同漏洞，其所表现的意思是基于对合同目的的判断和对当事人意图的推测而作出的；至于修正解释，则是裁判者对当事人真实意思的司法变更。因此，合同解释的目的应当是为公正裁判提供合理的支持，探求真意、补充漏洞乃至修正解释只是解释的手段。

具体说来，合同解释的内容主要包括确定合同的内容以及解释者在探究合同的含义时应考虑哪些因素、哪些手段和方法。由此，合同解释的目的主要包括如下两个方面：

（1）对合同成立和生效的判断。通常情况下，合同的解释是以合同的成立为前提的，但在许多合同的内容不明确或者存在漏洞的情况下，合同既可以被解释为已经成立或生效，也可以被解释为不成立或不生效，这就需要通过合同解释来促成合同的成立和生效。特别是在当事人双方都自愿接受合同的情况下，法官和仲裁机构首先应当通过解释来确定合同的成立和生效

---

① 尹凤桐：《合同解释中的司法能动与克制》，《政法论丛》2009 年第 4 期，第 63 页。

② 李永军：《论合同解释对当事人自治否定的正当性与矫正性制度安排》，《当代法学》2004 年第 2 期，第 53 页。

问题。

（2）明确合同的内容。所谓明确合同的内容，就是要解决诸如合同中的用语含糊不清，对合同的某些用语有多种理解，以及合同的内容有漏洞需填补等问题。解释的目的就在于要根据客观的因素确定出当事人作为一个合理的交易当事人所应当具有的意思，从而使合同得到正确履行，合理地解决纠纷。在作出解释时，必须依据法律规定的程序，并且必须是在当事人不能达成补充协议的情况下，才能"按照合同有关条款或者交易习惯确定"合同的内容。

二、合同解释的规则与方法

（一）合同解释的规则

合同解释的具体规则，简言之，就是合同解释的具体手段。常用的合同解释规则有：

1. "明示其一即排除其他"规则。如果当事人在合同中列明了特定的款项，未采用更为一般性的术语，其意图就是排除未列明的项目，尽管未列明的项目与列明的项目相类似。

2. 特定性条款优于一般性条款规则。条款内容越具体特定，就越可能反映当事人的真实意图。

3. 手写条款（词语）优于印刷条款规则。手写条款往往是当事人在印刷条款形成之后通过单独谈判而确定的条款，故应优于印刷条款。

4. 不利解释规则。如果一方提供的条款或用语可合理地作出两种解释时，应选择不利于条款或用语提供人的解释。该规则主要适用于存在格式条款的场合。

（二）合同解释的方法

法官在裁判过程中往往需要对下列内容进行确定：合同的性质、合同条款的准确含义、合同漏洞填补等。确定以上内容都属于合同解释的事情。要解决上述问题，需要运用多种合同解释方法才能达到确定合同含义，明确当事人权利义务的目的。

《合同法》对合同解释方法的规定有以下几条：第 41 条、第 61 条、第 62 条、第 125 条。第 41 条是对格式合同的解释规则，规定对格式条款的理解发生争议的，应当按通常理解予以解释。对格式条款有两种以上解释的，应当作出不利于提供格式条款一方的解释。格式条款和非格式条款不一致的，应当采用非格式条款；第 61、62 条是规定在当事人没有明确规定时，如何确定合同的内容，即合同漏洞的填补；第 125 条是合同解释规则的一般性规定，即在当事人对合同条款的理解有争议时，应当按照合同所使用的词句、合同的有关条款、合同的目的、交易习惯以及诚实信用原则，确定该条款的真实意思。从上述规定来看，立法者对合同的解释是高度重视的，并规定了较详细、全面的合同解释方法，要求法官在裁判过程中正确运用上述方法去解释合同、裁判案件。具体而言，解释方法主要有以下五种：

1. 文义解释

文义，就是文字词句的含义。所谓文义解释又称语义解释，就是指通过对合同所使用文字词句含义的解释，探求合同所表达当事人的真实意思。也就说是，合同的含义所反映的当事人的意愿，要从合同的文字中去寻找。因此，合同首先应按照其本身的条文、文字去解释。文义解释应是合同解释中最为基本的方法，它对合同当事人意思的确认有重要意义。为文义解释时，一般须按照词句之通常意义解释。[①]

当然，进行文义解释，不应仅仅满足于对词语含义的解释，不应拘泥于所使用之不当词句，不能机械地死抠字眼。文义解释应包括对合同条款笔误或口误进行必要的修正，以恢复当事人的真实意思。如当事人在买卖合同中的付款条件中约定"贷到付款"，而不是货到了就付款。如果严格依照字面确定合同含义，认为付款的条件是贷到款了才付款，显然是非常不合当事人真意的。这就需要法官在裁判的过程中，以当事人的真意进行解释，即货到付款。

如果某项合同条款根据文义解释的方法能够确定其含义，那么便不再适用其他的方法进行解释。但是，由于仅以文义解释往往又难以确定合同条

---

① 梁慧星：《民法解释学》，中国政法大学出版社 2000 年版，第 210 页。

款的真实意思，并且文义解释容易拘泥于合同所用文字，而导致误解或曲解当事人真实意思。因此，应与其他解释方法结合运用。

2. 目的解释

合同的目的，是指当事人合同行为所欲实现的法律效果。所谓目的解释，是指解释合同时，如果合同所使用的文字或某个条款可能作两种解释时，应采取最适合于合同目的的解释。"当事人为法律行为的目的，即其为法律行为所欲达成的期望，乃当事人真意所在，系决定法律行为内容之指针。若当事人意思表示之内容暧昧不明或者前后矛盾时，应使之明了调和，使符合当事人之目的。"① 当事人订立合同必有其目的，该目的是当事人真意所在，为决定合同内容的指针。因此，如果当事人意思表示的内容前后矛盾或暧昧不明，就应通过解释使之明确，以符合当事人的目的。如早些年经常出现的名为投资实为借贷的合同纠纷，需要法官根据当事人真实目的对合同性质进行解释，确定其为借贷合同。

如果某一合同既可以被解释为有效，也可以被解释为不生效，则原则上尽可能按照有效来解释。因为当事人订立合同目的都是为了使交易成立，使合同有效。在合同文本采用两种以上文字订立并约定具有同等效力时，对各文本使用的词句应推定具有相同含义。各文本使用的词句不一致的，应当根据合同的目的予以解释。合同所使用的文字或某个条款有两种相反的意思，应采取其中最适合于当事人目的的意思。需注意的是考虑缔约目的是指要考虑当事人双方而非一方缔约时的目的，或者至少是为对方当事人已知或应知的一方当事人目的，若属于对方不可能得知的一方当事人目的，就不得作为解释的依据。

3. 整体解释

合同文本具有整体性，各条款之间具有相关性。所谓整体解释又称体系解释，是指根据条款在整个合同中的位置与其他条款的关联确定各个条款在整个合同中所具有的正确意思。一个合同是一个整体，要理解其整体意思必须准确理解其各个部分的意思；反之，要理解各个条款的意思，也必须将各个条款置于合同整体之中，使其相互协调，才可能理解各个条款的正确意

---

① 　杨仁寿：《法学方法论》，中国政法大学出版 1999 年版，第 182 页。

思。如果将某个条款单独解释，或许存在不同的意思，难以确定哪一个意思是当事人的真意，但只要将该条款与其他条款相联系，相互解释，相互补充，即不难确定当事人的真实意思。在罗马法中，就有"误载不害真意（falsa demonstrio nocet）和"矛盾行为不予尊重（protestationi）"的合同解释规则，它实际上强调的是整体解释规则。① 整体解释规则是现代各国法律普遍采用的合同解释规则。《法国民法典》第 1161 条规定："契约的全部条款得相互解释，以确定每一条款从整个行为所获得的意义。"《意大利民法典》第 1361 条规定："契约条款要被相互对照着解释，给每一个条款以来源于行为整体性的涵意。"例如合同质量条款约定不明，解释时应当参考价格条款，如果约定的是上等价格，则应当解释为上等质量；约定的是中等价格，则应当解释为中等质量。同样，如果价格条款约定不明，也应当参考质量条款解释。

整体解释要求合同解释不能局限于合同的字面含义，也不应当仅仅考虑合同的条款，更不能将合同的只言片语作为当事人的真实意图，断章取义。当根据文义解释的方法难以解释用语的含义时，必须将争议的条款与整个合同的内容联系起来考察。如果合同中的数个条款相互冲突，也应当将这些条款综合在一起，将合同中所使用的语言文字联系起来而不是孤立地探究每一句话或每一个词的含义来考量，以确定合同的含义。

4. 习惯解释

交易习惯，是指在交易中大家普遍接受的，长期、反复实践的行为规则。所谓习惯解释，指合同所使用的文字词句有疑义时，应参照的习惯解释。习惯有地域习惯、行业习惯及当事人以前交易的习惯等，这些习惯如不违反法律强行性规定和公序良俗，即可作为解释当事人真实意思的依据。习惯解释方法在世界许多国家立法例中均有规定。《法国民法典》第 1159 条规定："有歧义的文字，依契约缔结地习惯上的意义解释之。"第 1160 条规定："属于习惯上的条款，虽未载明于契约，应以此种条款作为补充。"《德国民法典》第 157 条规定："契约应顾及交易习惯及依诚实信用原则解释之。"《美国统一商法典》第 1—205 条第 3 项和第 4 项规定："当事人之间的交易过程

---

① 王利明：《合同法研究》（第一卷），中国人民大学出版社 2002 年版，第 437 页。

和当事人所从事之行业或贸易中的行业惯例，或当事人知道或应当知道的行业惯例，使协议条款产生特定含义，并对协议条款起补充或限制作用。""在合理的情况下，应将协议的明示条款与适用的交易过程或行业惯例作一致解释。"

需要注意的是，采为解释依据的习惯，应是当事人双方共同遵守的习惯，如果仅为一方的习惯，除非订立合同时已将该习惯告知对方并获得对方认可，否则不应采为解释的依据。如当事人约定购买 10 车沙子，在履行过程中对是什么车产生了争议。在解释是可根据以下习惯确定车的类型：当地沙石场一般是什么车在运输，当事人以前交易的车是什么类型等。还可以看当事人约定的价格是多少，而当地这样的价格一般是什么样的车来确定。

各种交易习惯的存在以及内容，应当由当事人双方举证证明，在当事人未举证证明交易习惯的情况下，法官也可以根据自己对交易习惯的理解选择某种习惯来填补合同的漏洞。

5. 诚信解释

所谓诚信解释，是指解释合同应遵循诚实信用的原则。《合同法》第125 条规定："当事人对合同条款的理解有争议的，应当按照……诚实信用原则，确定该条款的真实意思。"这样就要求法官将自己作为一个诚实守信的当事人来判断、理解合同的内容和条款的含义。这实际上，也就将商业道德和公共道德运用到合同的解释之中了。该原则为各国立法和国际公约所普遍承认。德国民法典 157 条规定："对合同的解释，应遵守诚实信用原则，并考虑交易上的习惯。"《联合国国际货物销售合同公约》第 7 条（1）规定："在解释本公约时，应考虑到本公约的国际性质和促进其适用的统一以及在国际贸易上遵守诚信的需要。"诚信原则在英美法上也具有越来越重要的地位。在合同存在漏洞的情况下，英美法常常要求以诚信原则解释双方当事人的立场及履约是否合乎公平原则。[①]

诚信原则有"帝王条款"的美称，但是个不确定的概念，其内涵和外延具有不确定性。它主要是依据某种道德的、公平的观念来解释合同。这样一来，在某些情况下，法官依诚实信用原则所确定的意图可能与当事人的真

---

① 王利明：《合同法研究》（第一卷），中国人民大学出版社 2002 年版，第 442 页。

实意图不完全符合，而当事人的意图也不违反法律和社会公共道德，在此情况下还是应当尊重当事人的意愿。也因此，诚信解释作为解释方法之一，只有在其他解释方法均不能奏效，不能解决合同中的疑义和漏洞时，方可求助之。如果能够依据其他方法来解释合同，探求当事人的真实意图，就不宜由法官直接依据诚信解释的方法来解释合同。

参 考 文 献

1. 张民安:《法国民法》,清华大学出版社 2015 年版。

2. 郭明瑞主编:《民法学》,高等教育出版社 2007 年版。

3. [意] 彼得罗·彭梵得:《罗马法教科书》,黄风译,中国政法大学出版社 2005 年版。

4. [德] 迪尔克·罗歇尔德斯:《德国债法总论》,沈小军、张金海译,中国人民大学出版社 2014 年版。

5. 张广兴:《债法总论》,法律出版社 1997 年版。

6. 王利明等:《中国民法典学者建议稿及立法理由(债法总则编·合同编)》,法律出版社 2005 年版。

7. 史尚宽:《债法总论》,中国政法大学出版社 2000 年版。

8. 王利明主编:《民法》,中国人民大学出版社 2005 年版。

9. 李永军:《论债的科学性与统一性》,《法律科学》2013 年第 1 期。

10. 佟强:《侵害债权制度法律性质考察》,《现代法学》2005 年第 3 期。

11. 王泽鉴:《债法原理》,北京大学出版社 2009 年版。

12. 张雪忠:《自然之债的要义与范围》,《东方法学》2013 年第 6 期。

13. 王冰:《论不真正义务》,硕士学位论文,中国政法大学,2009 年。

14. 王泽鉴:《民法概要》,中国政法大学出版社 2003 年版。

15. 王利明:《侵权行为法研究》(上卷),中国人民大学出版社 2004 年版。

16. 刘凯湘主编:《民法学》,中国法制出版社 2004 年版。

17. 柳经纬：《我国民法典应设立债法总则的几个问题》，《中国法学》2007 年第 4 期。

18. 崔建远：《债法总则与中国民法典的制定》，《清华大学学报（哲学社会科学版)》2003 年第 4 期。

19. 崔建远：《中国债法的现状与未来》，《法律科学》2013 年第 1 期。

20. 李响：《多数人之债：认识错位的制度解析》，《理论与改革》2014 年第 2 期。

21. 张谷：《种类物与特定物的区别及意义》，《人民法院报》2003 年 10 月 24 日。

22. 杨学军：《任意选择之债与择一选择之债的区分——安徽宣城中院判决惠雪芬与王中平合伙协议纠纷案》，《人民法院报》2010 年 5 月 13 日。

23. 郑玉波：《民法债编总论》，陈荣隆修订，中国政法大学出版社 2004 年版。

24. 梁慧星：《中国民法典草案建议稿附理由（债权总则编)》，法律出版社 2013 年版。

25. 杨立新：《债法总则研究》，中国人民大学出版社 2006 年版。

26. 韩世远：《情事变更若干问题研究》，《中外法学》2014 年第 3 期。

27. [德] 卡斯腾·海尔斯特尔：《情事变更原则研究》，许德风译，《中外法学》2004 年第 3 期。

28. 王利明：《合同法研究》（第 2 卷），中国人民大学出版社 2003 年版。

29. 韩世远：《情事变更若干问题研究》，《中外法学》2014 年第 3 期。

30. 王成：《情事变更、商业风险与利益衡量——以张革军诉宋旭红房屋买卖合同纠纷案为背景》，《政治与法律》2012 年第 1 期。

31. 邱聪智：《新订民法债编通则》（下册），中国人民大学出版社 2004 年版。

32. 刘信业：《拒绝履行的理论问题》，《河南政法管理干部学院学报》2008 年第 6 期。

33. 王利明：《论履行不能》，《法商研究》1995 年第 3 期。

34. 王琼娟：《履行不能研究》，硕士学位论文，中国政法大学，2010 年。

35. 王茂祺：《论英国法履行不能规则的嬗变》，《法学评论》2005 年第

3 期。

36. 王泽鉴：《民法学说与判例研究》（第 3 册），中国政法大学出版社 2005 年版。

37. 韩世远：《履行迟延的理论问题》，《清华大学学报（哲学社会科学版）》2002 年第 4 期。

38. 杨军、张炳南：《瑕疵履行致使合同目的无法实现可解除合同》，《人民司法》2012 年第 14 期。

39. 王荣珍：《对加害给付概念与救济的再思考》，《政法论坛》2005 年第 5 期。

40. 韩世远：《构造与出路：中国法上的同时履行抗辩权》，《中国社会科学》2005 年第 3 期。

41. 马强：《试论同时履行抗辩权》，《法学论坛》2001 年第 2 期。

42. 朱广新：《先履行抗辩权之探究》，《河南省政法管理干部学院学报》2006 年第 4 期。

43. 郑方舟：《未履行合同附随义务并非先履行抗辩权的行使条件》，《人民司法》2014 年第 24 期。

44. 李军：《默示预期违约与不安抗辩权制度法系适应性之探讨》，《政法论坛》2004 年第 4 期。

45. 葛云松：《不安抗辩权的效力与适用范围》，《法律科学》2003 年第 1 期。

46. 曹更生、侯卫国：《不安抗辩权的适用条件及效力》，《人民法院报》2001 年 7 月 13 日。

47. 林诚二：《民法总则》（下册），法律出版社 2008 年版。

48. 王利明：《民法》，中国人民大学出版社 2007 年版。

49. 王利明：《论代位权的行使要件》，《法学论坛》2001 年第 1 期。

50. 崔建远：《债权人代位权的新解说》，《法学》2011 年第 7 期。

51. 曹守晔：《代位权的解释与适用》，《法律适用》2000 年第 3 期。

52. 孙森焱：《民法债编总论》（下册），法律出版社 2006 年版。

53. 赵钢、刘学在：《论代位权诉讼》，《法学研究》2000 年第 6 期。

54. 李锡鹤：《论民法撤销权》，《华东政法大学学报》2009 年第 2 期。

55. 尹秀：《论债权人撤销权制度的司法适用》，《私法研究》（第 15 卷），法律出版社 2014 年版。

56. 王松：《债权人撤销权的成立要件和法律效果》，《人民司法》2011 年第 24 期。

57. 张里安、胡振玲：《略论合同撤销权的行使》，《法学评论》2007 年第 3 期。

58. 张里安、胡振玲：《略论合同撤销权的行使》，《法学评论》2007 年第 3 期。

59. 徐山平：《债权人撤销权入库规则质疑》，《求索》2006 年第 5 期。

60. 申建平：《论未来债权让与》，《求是学刊》2007 年第 3 期。

61. 崔建远、韩海光：《债权让与的法律构成论》，《法学》2003 年第 7 期。

62. 申建平：《论未来债权让与》，《求是学刊》2007 年第 3 期。

63. 韩海光、崔建远：《论债权让与的标的物》，《河南省政法管理干部学院学报》2003 年第 5 期。

64. 方新军：《合同法第 80 条的解释论问题——债权让与通知的主体、方式及法律效力》，《苏州大学学报》2013 年第 4 期。

65. 其木提：《债权让与通知的效力——最高人民法院（2004）民二终字第 212 号民事判决评释》，《交大法学》2010 年第 1 卷。

66. 张峥嵘：《并存的债务承担》，《人民法院报》2004 年 2 月 18 日。

67. 陈福民、朱瑞：《免责的债务承担应以债权人的明确同意为要件——远策公司与华纪公司、赵国明合资、合作开发房地产合同纠纷上诉案》，《法律适用》2011 年第 7 期。

68. 梁慧星：《中国民法典草案建议稿附理由（债权总则编）》，法律出版社 2013 年版。

69. 梁慧星：《中国民法典草案建议稿附理由（债权总则编）》，法律出版社 2013 年版。

70. 杨与龄：《民法概要》（民法各编修正新版），中国政法大学出版社 2013 年版。

71. 严之：《代物清偿法律问题研究》，《当代法学》2015 年第 1 期。

72. 肖俊：《代物清偿中的合意基础与清偿效果研究》，《中外法学》2015

年第 1 期。

73. 其木提：《代物清偿协议的效力——最高人民法院（2011）民提字第 210 号民事判决评释》，《交大法学》2013 年第 3 期。

74. 曹守晔：《关于适用合同法若干问题的解释（二）的理解与适用》，《人民司法》2009 年第 13 期。

75. 曲佳，翟云岭：《论清偿抵充》，《法律科学》2014 年第 3 期。

76. 陈桂明、李仕春：《论诉讼上的抵销》，《法学研究》2005 年第 5 期。

77. 耿林：《诉讼上抵销的性质》，《清华大学学报（哲学社会科学版）》2004 年第 3 期。

78. 史浩明：《论提存》，《法商研究》2001 年第 6 期。

79. 韩世远：《提存论——〈合同法〉第 101—104 条的解释论》，《现代法学》2004 年第 3 期。

80. 郝倩：《试论我国的提存制度》，《烟台大学学报（哲学社会科学版）》1999 年第 1 期。

81. 张谷：《论债务免除的性质》，《法律科学》2003 年第 2 期。

82. 林诚二：《民法总则》（下册），法律出版社 2008 年版。

83. 崔建远：《合同法总论》（上卷），中国人民大学出版社 2008 年版。

84. [日] 我妻荣：《债法各论》（上卷），徐慧译，中国法制出版社 2008 年版。

85. 梁慧星：《论我国民法合同概念》，《中国法学》1992 年第 1 期。

86. 郭明瑞、房绍坤：《新合同法原理》，中国人民大学出版社 2000 年版。

87. 梁慧星：《合同法的成功与不足》（上），《中外法学》1999 年第 6 期。

88. 尹田著：《法国现代合同法》，法律出版社 2009 年版。

89. 林诚二：《民法债编总论——体系化解说》，中国人民大学出版社 2003 年版。

90. 隋彭生：《合同法要义》，中国政法大学出版社 2003 年版。

91. 谢怀栻等：《合同法原理》，法律出版社 2000 年版。

92. 邱聪志：《新订民法债编通则》（上册），中国人民大学出版社 2003 年版。

93. 李永军:《合同法》,中国政法大学出版社 2003 年版。

94. 陈自强:《民法讲义 I——契约之成立与生效》,法律出版社 2002 年版。

95. 王利明:《合同法研究》(第 1 卷),中国人民大学出版社 2002 年版。

96. 崔建远主编:《合同法原理与案例释解》,吉林大学出版社 1999 年版。

97. 杨桢:《英美契约法论》,北京大学出版社 2007 年版。

98. 胡康生主编:《中华人民共和国合同法释义》,法律出版社 2009 年版。

99. 沈德咏、奚晓明主编:《最高人民法院关于合同法司法解释(二)理解与适用》,人民法院出版社 2009 年版。

100. 苏惠祥主编:《中国当代合同法论》,吉林大学出版社 1992 年版。

101. [德] 康拉德·茨威格特、海因·科茨:《合同形式》,纪海龙译,《中外法学》2001 年第 1 期。

102. [德] 海因·克茨:《欧洲合同法》(上卷),周忠海等译,法律出版社 2001 年版。

103. 吕伯涛主编:《适用合同法重大疑难问题研究》,人民法院出版社 2001 年版。

104. 焦富民:《论缔约过失责任制度——兼评合同自由与合同正义》,《扬州大学学报》2002 年第 5 期。

105. 王泽鉴:《民法学说与判例研究》(第一册),中国政法大学出版社 2005 年版。

106. 王泽鉴:《民法学说与判例研究》(第四册),中国政法大学出版社 2005 年版。

107. 杜景林等:《德国债法改革》,法律出版社 2003 年版。

108. 李国光主编:《合同法解释与适用》,新华出版社 1999 年版。

109. 房绍坤、郭明瑞、唐广良:《民商法原理(三)》,中国人民大学出版社 1999 年版。

110. 施启扬:《民法总则》,中国法制出版社 2010 年版。

111. 隋彭生:《关于合同法中"重大误解"的探讨》,《中国法学》1999

年第 3 期。

112. 崔建远：《合同一般法定解除条件探微》，《法律科学》2011 年第 6 期。

113. 崔建远：《论合同目的及其不能实现》，《吉林大学社会科学学报》2015 年第 3 期。

114. 崔建远：《合同解除的疑问与释答》，《法学》2005 年第 9 期。

115. 原蓉蓉：《论合同解除中的合同目的不能实现》，《学术论坛》2012 年第 5 期。

116. 王利明：《违约责任和侵权责任的区分标准》，《法学》2002 年第 5 期。

117. 徐杰：《合同法中的违约责任制度》，《中国法学》1999 年第 3 期。

118. 朱广新：《违约责任的归责原则探究》，《政法论坛》2008 年第 4 期。

119. 焦富民：《论合同责任归责原则》，《学海》2000 年第 5 期。

120. 科宾：《论合同》（下），中国大百科全书出版社 1998 版。

121. 蓝承烈：《预期违约与不安抗辩的再思考》，《中国法学》2002 年第 3 期。

122. 韩世远：《履行障碍法的体系》，法律出版社 2006 年版。

123. 陈小君主编：《合同法新制度研究与适用》，珠海出版社 1999 年版。

124. 王洪亮：《强制履行请求权的性质及其行使》，《法学》2012 年第 1 期。

125. 王利明：《违约责任论》，中国政法大学出版社 1996 年版。

126. 吴德桥：《违约责任与侵权责任竞合的几种理论学说评述》，《法学评论》1991 年第 2 期。

127. 谢鸿飞：《违约责任与侵权责任竞合理论的再构成》，《环球法律评论》2014 年第 6 期。

128. 崔建远：《合同解释与法律解释的交织》，《吉林大学社会科学学报》2013 年第 1 期。

129. 沈敏荣：《合同的解释与解释的合同》，《南京社会科学》2000 年第 1 期。

130. 段小兵、李旭东：《论我国民法典编纂中合同解释规则的完善——

以借鉴欧洲统一私法运动研究成果为视角》,《西南大学学报(社会学科学版)》,2011 年第 4 期。

131. 张艳:《论合同解释方法的运用》,《法律适用》2013 年第 11 期。

132. 尹凤桐:《合同解释中的司法能动与克制》,《政法论丛》2009 年第 4 期。

133. 李永军:《论合同解释对当事人自治否定的正当性与矫正性制度安排》,《当代法学》2004 年第 2 期。

134. 梁慧星:《民法解释学》,中国政法大学出版社 2000 年版。

135. 杨仁寿:《法学方法论》,中国政法大学出版 1999 年版。

责任编辑:宫　共
封面设计:徐　晖

图书在版编目(CIP)数据

债与合同法总则研究/朱伯玉,管洪彦 著. -北京:人民出版社,2015.6
ISBN 978-7-01-015106-9

Ⅰ.①债…　Ⅱ.①朱…②管…　Ⅲ.①债权法-研究-中国②合同法-研究-
中国　Ⅳ.①D923.34②D923.64

中国版本图书馆 CIP 数据核字(2015)第 174916 号

债与合同法总则研究

ZHAI YU HETONGFA ZONGZE YANJIU

朱伯玉　管洪彦　著

人民出版社 出版发行
(100706　北京市东城区隆福寺街 99 号)

北京汇林印务有限公司印刷　新华书店经销

2015 年 6 月第 1 版　2015 年 6 月北京第 1 次印刷
开本:710 毫米×1000 毫米 1/16　印张:16.75
字数:270 千字

ISBN 978-7-01-015106-9　定价:42.00 元

邮购地址 100706　北京市东城区隆福寺街 99 号
人民东方图书销售中心　电话 (010)65250042　65289539